HEART OF ACCOUNTING

무료 동영상 강의를 제공하는

전산회계
운용사

3급 실기

SD에듀
(주)시대고시기획

2024 hoa 무료 동영상 강의를 제공하는
전산회계운용사 3급 실기

Always **with you**

사람의 인연은 길에서 우연하게 만나거나 함께 살아가는 것만을 의미하지는 않습니다.
책을 펴내는 출판사와 그 책을 읽는 독자의 만남도 소중한 인연입니다.
SD에듀는 항상 독자의 마음을 헤아리기 위해 노력하고 있습니다. 늘 독자와 함께하겠습니다.

안녕하세요.

전산회계운용사 3급 실기시험의 특징은 다음과 같습니다.

첫 째, 전산회계운용사 3급 실기시험은 '한국채택국제회계기준(K-IFRS)'이 적용되는 시험으로 전산회계운용사 3급 필기시험에 합격한 자(또는 실기시험 응시 가능자)에 한하여 응시할 수 있습니다.

둘 째, 매년 대한상공회의소 자격평가사업단에서 실제 시험과 유사한 모의고사를 공개하고 있어 수험생은 해당 모의고사 문제유형을 토대로 시험에 대비할 수 있으며, 기출문제는 외부에 공개되지 않습니다.

셋 째, 전산회계운용사 시험은 타 시험과 달리 상시시험으로 시행합니다.

본 교재는 전산회계운용사 3급 실기시험을 준비하는 수험생 여러분에게 최대한 많은 모의고사를 수록하여 다양한 문제를 풀어볼 수 있도록 구성하였습니다. 그것이 전산회계운용사 3급 실기시험을 대비하는 수험생 여러분에게 좀 더 정확하고 빠른 합격의 길을 제시해 줄 수 있다고 보았기 때문입니다.

본 교재를 출간하는 데 도움을 주신 SD에듀 출판관계자분들과 그 외 도움주신 분들께 감사의 말씀을 드립니다. 전산회계운용사 3급 실기시험에 도전하는 누군가에게 본 교재가 친절하고 명확한 길을 제시해 줄 수 있기를 바랍니다. 감사합니다.

with G. 박명희 저자

전산회계운용사 자격시험 안내 INFORMATION

◇ 종목소개

방대한 회계정보의 체계적인 관리 필요성이 높아짐에 따라 전산회계운용 전문가에 대한 기업 현장의 수요도 증가하고 있습니다. 전산회계운용사 3급은 회계원리에 관한 지식을 갖추고 기업체 등의 회계실무자로서 회계정보시스템을 이용하여 회계업무를 처리할 수 있는 능력의 유무를 평가합니다.

◇ 시험과목 및 평가방법

등 급		시험과목	출제형태	시험시간	합격기준(100점 만점)
1급	필 기	재무회계 원가관리회계 세무회계	객관식 60문항	80분	과목당 40점 이상이고 전체 평균 60점 이상
	실 기	회계시스템의 운용	컴퓨터 작업형	100분	70점 이상
2급	필 기	재무회계 원가회계	객관식 40문항	60분	과목당 40점 이상이고 전체 평균 60점 이상
	실 기	회계시스템의 운용	컴퓨터 작업형	80분	70점 이상
3급	필 기	회계원리	객관식 25문항	40분	60점 이상
	실 기	회계시스템의 운용	컴퓨터 작업형	60분	70점 이상

※ 계산기는 일반계산기만 지참 가능하며, 실기프로그램은 CAMP sERP, New sPLUS 중 택 1

◇ 시험일정 및 접수방법

구 분	내 용
시험일	상시(시험개설 여부는 시험장 상황에 따라 다름)
접수기간	개설일로부터 4일 전까지 인터넷 접수 또는 방문 접수
합격발표	대한상공회의소 자격평가사업단 홈페이지(license.korcham.net) 또는 고객센터(02-2102-3600) • 필기 : 시험일 다음 날 오전 10시 • 실기 : 시험일이 속한 주를 제외한 2주 뒤 금요일
검정수수료	필기 : 17,000원 / 실기 : 22,000원 ※ 인터넷 접수 시 수수료 1,200원 별도 부과

◇ 자격특전

구 분	내 용
공무원 채용 가산점	지역인재 9급 수습직원(회계 · 세무 · 관세) : 2%~4%
학점은행제 학점인정	1급 : 18학점 / 2급 : 14학점

※ 상기 내용은 각 주관처의 사정에 따라 변경될 수 있으므로 각 주관처의 확정공고를 확인하시기 바랍니다.

◆ **응시자격** ▌ 제한없음

◆ **전산회계운용사 3급 실기 출제기준**

주요항목	세부항목	세세항목
전표관리	회계상 거래 인식	• 회계상 거래와 일상생활에서의 거래를 구분할 수 있다. • 회계상 거래를 구성 요소별로 파악하여 거래의 결합관계를 차 · 대변 요소로 구분할 수 있다. • 회계상 거래의 결합관계를 통해 거래 종류별로 구별할 수 있다. • 거래의 이중성에 따라서 기입된 내용의 분석을 통해 대차평균의 원리를 파악할 수 있다.
	전표 작성	• 회계상 거래를 현금거래 유무에 따라 사용되는 입금전표, 출금전표, 대체전표로 구분할 수 있다. • 현금의 수입(지출) 거래를 파악하여 입금(출금) 전표를 작성할 수 있다. • 현금의 수입과 지출이 없는 거래를 파악하여 대체 전표를 작성할 수 있다.
	증빙서류 관리	• 발생한 거래에 따라 필요한 관련 서류 등을 확인하여 증빙여부를 검토할 수 있다. • 발생한 거래에 따라 관련 규정을 준수하여 증빙서류를 구분 · 대조할 수 있다. • 증빙서류 관련 규정에 따라 제 증빙자료를 관리할 수 있다.
자금관리	현금시재 관리	• 규정에 따라 현금 입 · 출금 관리 및 소액현금 업무를 처리할 수 있다. • 규정에 따라 입 · 출금 전표 및 현금출납부를 작성할 수 있다. • 규정에 따라 현금 시재를 일치시키는 작업을 할 수 있다.
	예금 관리	• 규정에 따라 예 · 적금 업무를 처리할 수 있다. • 자금운용을 위한 예 · 적금 계좌를 예치기관별 · 종류별로 구분 · 관리할 수 있다. • 은행업무시간 종료 후 회계 관련 규정에 따라 은행잔고를 확인할 수 있다. • 은행잔고의 차이 발생 시 그 원인을 규명할 수 있다.
	법인카드 관리	• 규정에 따라 금융기관에 법인카드를 신청할 수 있다. • 규정에 따라 법인카드 관리대장 작성 업무를 처리할 수 있다. • 법인카드의 사용범위를 파악하고 결제일 이전에 대금이 정산될 수 있도록 회계처리할 수 있다.
	어음 · 수표 관리	• 관련 규정에 따라 어음 · 수표를 발행 · 수령할 때 회계처리할 수 있다. • 관련 규정에 따라 수령한 어음 · 수표의 예치 업무 및 어음 · 수표의 분실처리 업무를 할 수 있다. • 관련 규정에 따라 어음관리대장에 기록하여 관리할 수 있다.
결산처리	결산준비	• 회계의 순환과정을 파악할 수 있다. • 회계 관련 규정에 따라 시산표, 재고조사표 및 정산표를 작성할 수 있다.
	결산분개	• 손익 관련 결산분개를 할 수 있다. • 자산 · 부채계정에 관한 결산정리사항을 분개할 수 있다. • 손익 계정을 집합 계정에 대체할 수 있다.
	장부마감	• 규정에 따라 주요장부 및 보조장부를 마감할 수 있다. • 규정에 따라 각 장부의 오류를 수정할 수 있다. • 자본거래를 파악하여 자본의 증감여부를 확인할 수 있다.
재무제표 작성	재무상태표 작성	• 자산 · 부채 · 자본을 회계관련 규정에 맞게 회계처리할 수 있다. • 재무상태표를 양식에 맞게 작성할 수 있다.
	손익계산서 작성	• 수익 · 비용을 회계관련 규정에 맞게 회계처리할 수 있다. • 손익계산서를 양식에 맞게 작성할 수 있다.
회계정보 시스템 운용	DB 마스터 관리	• 매뉴얼에 따라 계정과목 및 거래처를 관리할 수 있다. • 매뉴얼에 따라 비유동자산의 변경 내용 및 개정된 회계 규정을 적용하여 관리할 수 있다.
	프로그램 운용	• 매뉴얼에 따라 프로그램 운용에 필요한 기초 정보 및 정보 산출에 필요한 자료를 처리할 수 있다. • 매뉴얼에 따라 기간별 · 시점별로 작성한 각종 장부 및 작업 후 재무제표를 검색할 수 있다.
	회계정보 산출	• 회계정보를 활용하여 재무 안정성을 판단할 수 있는 자료를 산출할 수 있다. • 회계정보를 활용하여 수익성과 위험도를 판단할 수 있는 자료를 산출할 수 있다. • 경영진 요청 시 회계정보를 제공할 수 있다.

STEP 1

예제를 통한 실기 이론 완벽 정리

STEP 2

New Splus 화면을 통한 직관적 해설

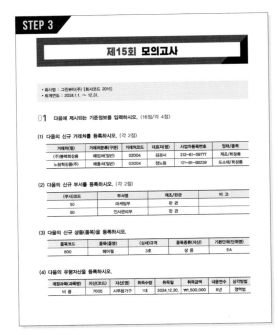

적중률 높은 모의고사 15회 제공

무료 동영상 강의 제공

이 책의 차례 CONTENTS

이 책의 차례 CONTENTS

PART 1

실기 이론

지식에 대한 투자가 가장 이윤이 많이 남는 법이다.

– 벤자민 프랭클린 –

CHAPTER 01

PART 1 실기 이론

프로그램 및 DB 설치

01 New Splus 프로그램 설치방법

(1) SD에듀 홈페이지에 접속하여 회원가입을 합니다.

홈페이지 주소 : https://www.sdedu.co.kr

(2) SD에듀 홈페이지에서 아래 경로를 따라 이동하여 실기프로그램 설치파일을 다운로드합니다.

경로 : [학습 자료실] 클릭 → [프로그램 자료실] 클릭 → [전산회계운용사 3급 실기] 조회 → [2024 전산회계운용사 3급 실기 New Splus 프로그램 및 백데이터] 클릭 → 링크를 통해 설치파일 다운로드

(3) 다운로드한 파일의 압축을 풀어준 후 아래 파일을 실행하면 다음과 같이 설치가 진행됩니다.

파일명 : 2024 전산회계운용사 실기프로그램(New Splus) 설치파일.EXE

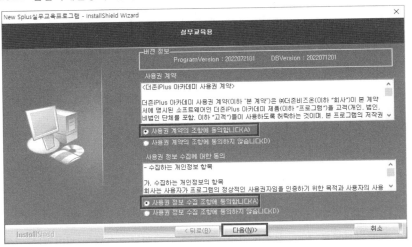

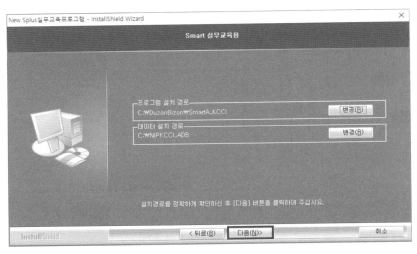

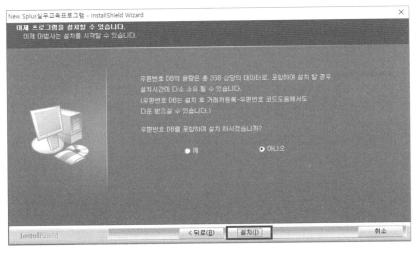

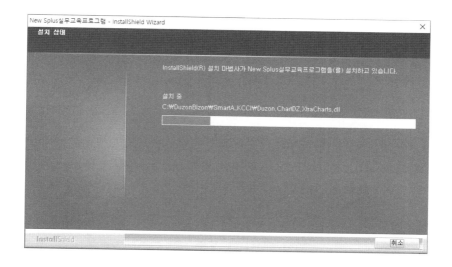

(4) 설치가 완료된 후 바탕화면에 생성된 아이콘(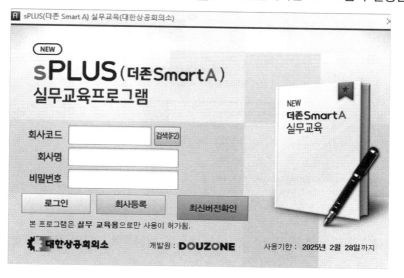)을 더블클릭하면 프로그램이 실행됩니다.

02 실기 백데이터 실행방법

(1) SD에듀 홈페이지에 접속하여 회원가입을 합니다.

홈페이지 주소 : https://www.sdedu.co.kr

(2) SD에듀 홈페이지에서 아래 경로를 따라 이동하여 실기 백데이터 파일을 다운로드합니다.

경로 : [학습 자료실] 클릭 → [프로그램 자료실] 클릭 → [전산회계운용사 3급 실기] 조회 → [2024 전산회계운용사 3급 실기 New Splus 프로그램 및 백데이터] 클릭 → 링크를 통해 백데이터 다운로드

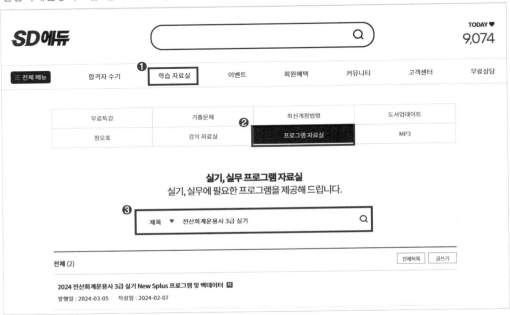

(3) 다운로드한 파일의 압축을 풀어준 후 아래 파일을 실행하여 백데이터를 설치합니다.

파일명 : 2024 전산회계운용사 3급 실기 백데이터 설치파일.EXE

(4) 교재 12 페이지를 참고하여 '회사등록'을 선행한 후 로그인을 해야 합니다.

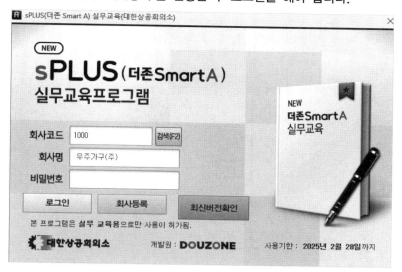

(5) [재무회계] → [데이터관리] → [백업데이터 복구] 메뉴를 실행합니다.

(6) 복구하고자 하는 회사를 선택하여 하단에 [복구하기]를 실행합니다.

※ 백데이터의 압축풀기 경로를 임의로 변경하신 경우 프로그램의 데이터경로란의 우측에 위치한 선택
버튼을 클릭하여 해당 폴더를 선택하여야 합니다.

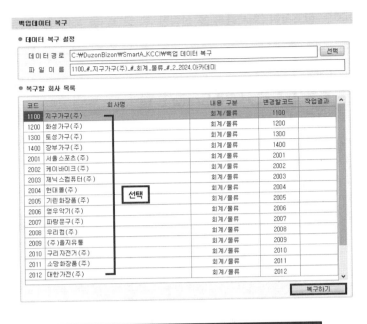

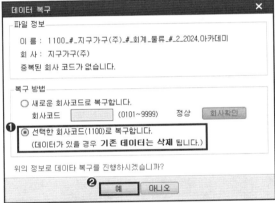

● 복구할 회사 목록

코드	회사명	내용 구분	변경할코드	작업결과
1100	지구가구(주)	회계/물류	1100(중복)	성공
1200	화성가구(주)	회계/물류	1200	확인
1300	토성가구(주)	회계/물류	1300	
1400	장부가구(주)	회계/물류	1400	
2001	서울스포츠(주)	회계/물류	2001	
2002	케이바이크(주)	회계/물류	2002	
2003	제닉스컴퓨터(주)	회계/물류	2003	
2004	현대몰(주)	회계/물류	2004	
2005	기린화장품(주)	회계/물류	2005	
2006	영우악기(주)	회계/물류	2006	
2007	파랑문구(주)	회계/물류	2007	
2008	우리컵(주)	회계/물류	2008	
2009	(주)을지유통	회계/물류	2009	
2010	구리자전거(주)	회계/물류	2010	
2011	소망화장품(주)	회계/물류	2011	
2012	대한가전(주)	회계/물류	2012	

복구하기

(7) 좌측 상단의 회사버튼을 클릭한 후 원하는 회사코드를 선택하여 재로그인합니다.

※ Shift + F1 버튼으로도 회사를 변경할 수 있습니다.

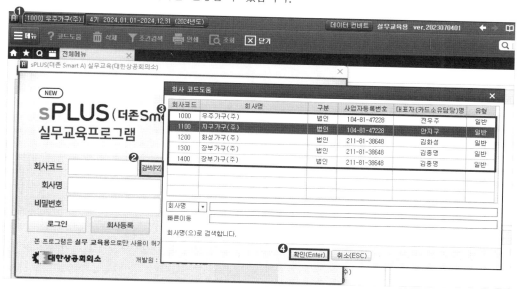

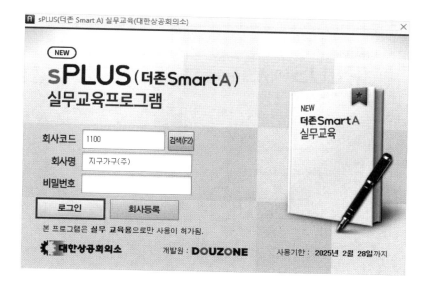

CHAPTER 02 기초정보관리

01 회사등록

회계모듈 → 기초정보관리 → 회사등록

회사등록은 회사의 기본사항을 입력하는 메뉴이다.

처음 프로그램을 시작할 때에는 회사등록 을 눌러 신규등록을 해야 하며, 회사의 정보(사업자등록증 등)를 입력하여 회사등록을 수행한다.

☞ 시험에 출제되지 않는다.

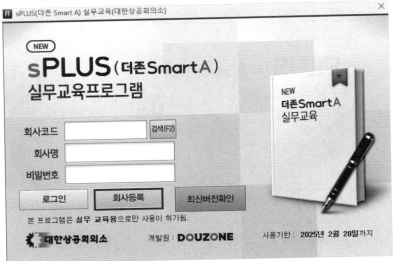

코드	회사명	구분	사용	기본사항	추가사항

회사명잠금(F8)

1. 회 계 연 도 제 [ ] 기 [ ] 년 [ ] 월 [ ] 일 ~ [ ] 년 [ ] 월 [ ] 일 [?]
2. 사 업 자 등 록 번 호 [___-__-_____] 3. 법 인 등 록 번 호 [_____-_____]
4. 대 표 자 명 [   ] 5. 내.외국인구분 [   ]
6. 대 표 자 주 민 번 호 [_____]
7. 사 업 장 주 소 [   ] [?] [   ]
   도 로 명 주 소 코 드 [   ] [?] [   ]
8. 사 업 장 전 화 번 호 [   ] - [   ] - [   ] 9. 사업장팩스번호 [   ] - [   ] - [   ]
10. 업 종 코 드 [   ] [?] 표준산업코드 [   ] 11. 업 태 [   ]
12. 종 목 [   ] 19. 소 유 여 부 [   ]
13. 사 업 장 세 무 서 [   ] [?]
14. 지 방 세 법 정 동 코 드 [   ] [?]
15. 설 립 년 월 일 [____-__-__] [?]
16. 개 업 년 월 일 [____-__-__] [?] 17. 폐업년월일 [____-__-__] [?]
18. 국 세 환 급 금 계 좌 [   ] [?] 지점 [   ] 계좌번호 [   ] 환급은행

〈회사등록 메뉴〉

회사코드	등록할 회사의 회사코드를 부여하며, '0101 ~ 9999'까지 사용이 가능하다. 회사코드는 입력하면 자동으로 저장된다. 단, 회사코드를 삭제하는 경우에는 자판의 'Ctrl+F5'를 두 번 입력한다.
회사명	사업자등록증에 기재된 상호명을 입력한다.
구 분	법인의 경우는 '0'(자동), 개인의 경우는 '1'을 선택한다.
사용여부	기본이 '0.사용'으로 되어 있다. 미사용 체크 시 회사 코드도움에 나타나지 않는다.
회계연도	작업할 회사의 기수와 회계기간을 입력한다. 회계연도 기수를 1기로 하게 되면 전기이월 자료의 입력이 불가능하다.
사업자등록번호	○○○-○○-○○○○○ 사업자등록증상의 사업자등록번호를 입력한다. 사업자등록번호가 잘못될 경우에는 빨간색 바탕에 사업자등록번호가 표시된다. 이는 세무신고 시 각종 오류를 발생하게 된다.
법인등록번호	○○○○○○-○○○○○○○ 사업자등록증상의 법인등록번호를 입력한다.
대표자명	사업자등록증상의 대표자를 입력한다. 대표자가 2인 이상일 경우 대표자 1명만을 입력하고 그 밖의 대표자는 '외 몇 명'으로 입력한다.
내·외국인구분	대표자의 내국인과 외국인 여부를 표시한다.
대표자주민번호	대표자의 주민등록번호를 입력한다.
사업장주소	우편번호 옆 [?]를 클릭할 경우 보조화면이 나타나게 되고, 주소를 조회하여 입력한다. 사업장주소는 도로명주소 또는 지번주소를 선택하여 입력이 가능하다.
업종코드	업종코드 옆 [?]를 클릭하여 나타난 화면에서 업종세부를 선택하고 관련 업종을 검색하여 선택할 경우 '11.업태'와 '12.종목'에 관련 사항이 자동으로 입력되게 된다.
업태와 종목	'10.업종코드'를 선택할 경우 자동으로 입력된다. 다만, 추가적인 사항이 있거나 직접입력하는 경우 사업자등록증상에 기재된 업태 및 종목을 직접 입력한다.
사업장세무서	[F2] 코드도움 또는 [?]를 눌러서 반드시 코드번호로 입력한다.
개업년월일	사업자등록증에 있는 법인의 '개업년월일'을 입력한다.

- 회사코드 : 1000번
- 설립년월일 : 개업년월일과 동일
- 업종코드 : 515051
- 법인등록번호 : 110111-1111113

- 회사명 : 우주가구(주)
- 법인, 중소기업
- 회계연도 : 제4기 2024.01.01. ～ 2024.12.31.
- 대표자주민번호 : 641010-1771111

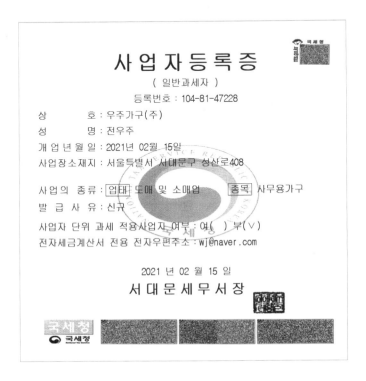

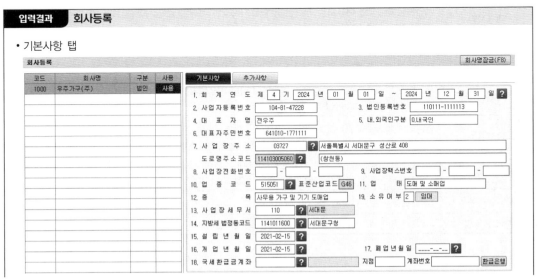

• 추가사항 탭

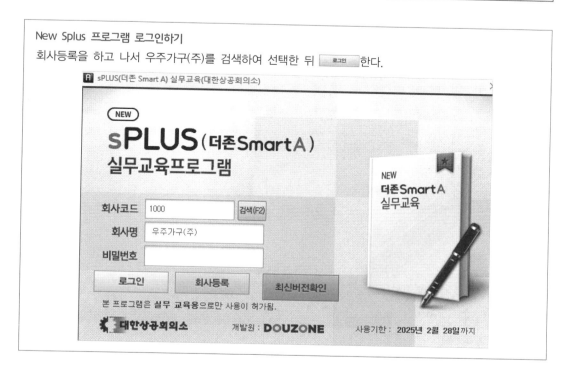

New Splus 프로그램 로그인하기

회사등록을 하고 나서 우주가구(주)를 검색하여 선택한 뒤 [로그인] 한다.

02 화면구성

로그인을 하면 프로그램 초기화면은 총 4개의 모듈 '회계', '인사급여', '물류관리', '법인조정'으로 이루어져 있다. 좌측의 모듈에 대한 부분은 아이콘을 클릭하면 해당 모듈이 나타나게 된다.

시험가이드

전산회계운용사 3급 시험은 회계모듈(일부), 물류관리모듈(일부)만 출제된다.

〈회계모듈〉

〈물류관리모듈〉

회계모듈 → 기초정보관리 → 환경설정

'전체' 탭에서 계정과목의 코드체계를 세목 사용여부를 결정하는 기능과 소수점관리에 대한 부분을 다루고 있다. '1.버림', '2.올림', '3.반올림'에 대한 부분을 선택하는 기능을 수행하고, '회계' 탭에서는 회계처리하는 회사의 업종에 따라 매출과 매입의 기본계정을 설정하는 기능과 신용카드 분개 시의 입력방법 및 카드채권과 채무의 기본계정을 설정하는 기능을 수행한다.

☞ 시험에 출제되지 않는다.

> **시험가이드**
> 환경설정 메뉴에 기등록되어 있는 기본계정설정(상품매출, 상품)은 상기업의 환경에 맞도록 설정되어 있다.

환경설정					전기이월(F4)
전체	회계(1)	회계(2)	CMS	내컴퓨터	

1.기본입력언어 설정
기본입력언어　1.한글

2.증빙 사용여부
증빙사용여부　사용안함

3.거래처등록 코드도움
주민번호 별표 사용여부(회계.물류 적용)　사용안함

4.매입매출 전표입력 자동설정관리
① 기본 계정 설정
매　　　　출　401 ? 상　품　매　출
매　출　채　권　108 ? 외　상　매　출　금
매　　　　입　146 ? 상　　　　품
매　입　채　무　251 ? 외　상　매　입　금
② 신용카드 기본계정설정(분개유형 4번)
카드입력방식　1　1.공급대가(부가세포함)
카　드　채　권　120 ? 미　　수　　금
카　드　채　무　253 ? 미　지　급　금
카드매입공제　2.부가세불공제
복　식　부　기　사용함
③ 봉사료 사용여부　사용안함
④ 전자세금계산서(계산서) 거래처코드 변경 여부　사용안함

6.중단사업코드 설정
중단사업코드 선택　0.미사용

5.매입매출 전표입력 추가계정설정
매입매출 추가계정 사용여부　사용안함
① 매출 추가계정설정

분개유형	구분	코드		계정과목
5	매　출	404	?	제　품　매　출
	매출채권	108	?	외　상　매　출　금
6	매　출		?	
	매출채권		?	
7	매　출		?	
	매출채권		?	

② 매입 추가계정설정

	구분	코드		계정과목
5	매　입	153	?	원　　재　　료
	매입채무	251	?	외　상　매　입　금
6	매　입		?	
	매입채무		?	
7	매　입		?	
	매입채무		?	

7.글꼴크기 설정
글꼴 크기　1. 작은 글꼴

8.전표체크펜 원장 표시여부
표시여부　표시안함

PART 1

회계모듈 → 기초정보관리 → 거래처등록

거래처등록의 메뉴는 각 계정별, 거래처별 및 자금관리 항목 등을 위하여 거래처코드를 부여하는 것으로 3가지 탭(일반, 금융, 카드)으로 구성되어 있다.
거래처등록에 입력된 거래처를 삭제하려면 화면 상단의 아이콘을 🗑 삭제 클릭하면 가능하다.
☞ 시험에 출제된다.

① 일반 : '00101 ~ 97999'의 범위 내에서 코드를 부여한다.
② 금융 : '98000 ~ 99599'의 범위 내에서 코드를 부여한다.
③ 카드 : '99600 ~ 99999'의 범위 내에서 코드를 부여한다.

입력예제 **거래처등록**

① 일 반
• 거래시작일 2024년 1월 1일, 우편번호 생략해도 무방함

코 드	사업자번호	상 호	구 분	대표자	업태/종목	사업장주소
201	104-81-24017	(주)한국가구	매 출	김한국	도매/생활가구	서울특별시 종로구 계동2길 11
202	107-81-31220	(주)누리가구	매 입	한대한	제조/사무가구	서울특별시 중구 서소문로 10
203	217-81-15304	태백상사	전 체	오대림	서비스/유류	서울특별시 도봉구 도봉로 413

② 금 융
• 은행등록 : 국민은행(코드 100), 하나은행(코드 200)

코 드	은행명	내 용
98001	국민은행	계좌번호 : 12541-244-24781, (역삼지점) (일반, 보통예금, 이자율 3%, 계좌개설일 2024.12.01.)
98002	하나은행	계좌번호 : 254-36587-3511, (논현지점) (정기예금, 연 5%, 계좌개설일 2024.02.01. ~ 계좌해지일 2025.01.31.)

③ 카 드

코 드	카드명	내 용
99601	국민카드	• 카드번호 : 1111-2222-3333-4444 (매입) • 카드구분 : 회사사업용, 결제일 25일, 결제계좌 : 국민은행 • 사용한도 : 500,000,000원, 유효기간 : 2021.02.10. ~ 2027.02.09.
99602	국민카드사	• 가맹점번호 : 557211 (매출) • 입금계좌 : 국민은행, 수수료율 3% • 계약기간 : 2022.10.08. ~ 2027.10.07.

① 일 반

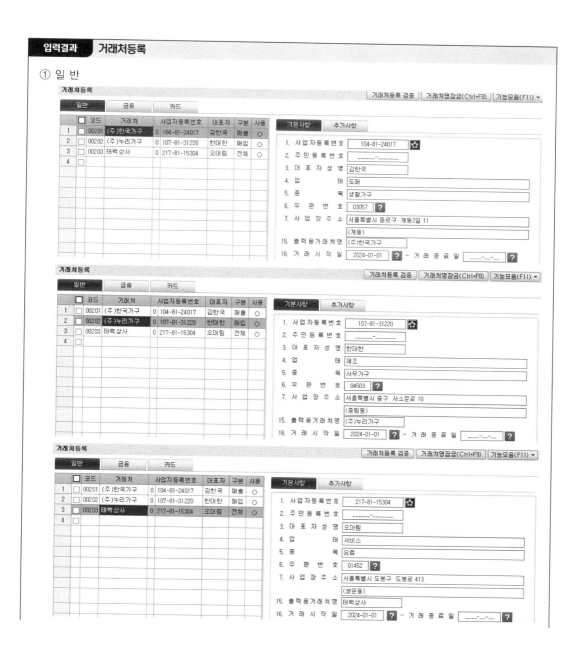

② 금 융

• 은행등록(F8)

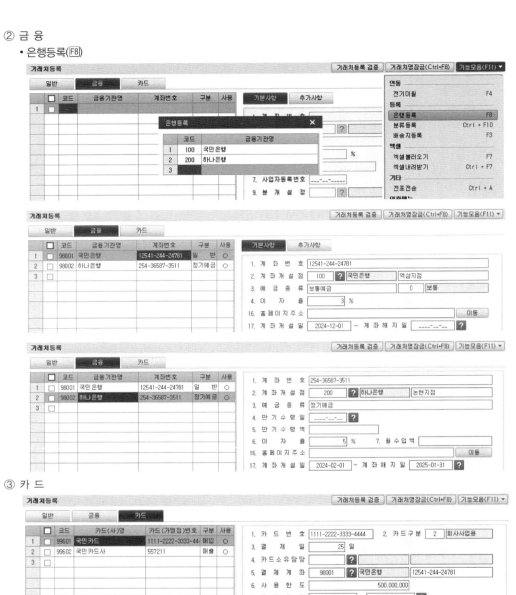

③ 카 드

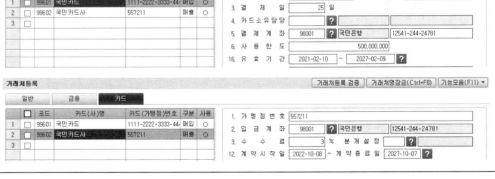

회계모듈 → 기초정보관리 → 계정과목및적요등록

프로그램에 기등록된 계정과목은 필요에 따라 등록 또는 수정하여 사용할 수 있다. 그러나 계정과목의 등록은 프로그램상의 코드체계에 따라 알맞게 설정하여야 회계기준에 적합한 결산재무제표를 도출하는데 왜곡이 없다.

☞ 시험에 출제되지 않는다.

	코드	계정과목	구분	사용	과목	관계	관리항목	표준코드	표준재무제표항목
☐	101	현　　　　　금	일　반	○	101		거래처,부서/사원	003	현금및현금성자산
☐	102	당　좌　예　금	예　금	○	102		거래처,부서/사원,당조	003	현금및현금성자산
☐	103	보　통　예　금	예　금	○	103		거래처,부서/사원	003	현금및현금성자산
☐	104	정　기　예　금	예　금	○	104		거래처,부서/사원	004	단기예금
☐	105	정　기　적　금	예　금	○	105		거래처,부서/사원	004	단기예금
☐	106	회 사 설 정 계 정 과 목	예　금	○	106		거래처,부서/사원	004	단기예금
☐	107	당기손익-공정가치측정금융자산	유가증권	○	107		거래처,부서/사원	006	단기매매증권
☐	108	외　상　매　출　금	일　반	○	108		거래처,부서/사원,미불	010	외상매출금
☐	109	대　손　충　당　금	차　감	○	109	108	거래처,부서/사원		
☐	110	받　을　어　음	일　반	○	110		거래처,부서/사원,받을	012	받을어음
☐	111	대　손　충　당　금	차　감	○	111	110	거래처,부서/사원		
☐	112	공　사　미　수　금	일　반	○	112		거래처,부서/사원	034	공사미수금
☐	113	대　손　충　당　금	차　감	○	113	112	거래처,부서/사원		
☐	114	단　기　대　여　금	일　반	○	114		거래처,부서/사원	029	기타단기대여금
☐	115	대　손　충　당　금	차　감	○	115	114	거래처,부서/사원		
☐	116	미　수　수　익	일　반	○	116		거래처,부서/사원	068	미수수익

전체 / 자산 / 부채 / 자본 / 매출 / 매출원가 / 판관비 / 기타 / 제조 / 도급 / 분양

재무제표 유형설정　기능모음(F11) ▼

(1) 계정 및 계정과목

- 재무상태표 계정 : 자산, 부채, 자본
- 손익계산서 계정 : 수익, 비용

(2) 적 요

적요란 거래내역을 간단하게 설명하는 부분이다. 적요등록 사항은 현금적요와 대체적요의 두 가지 부분으로 나누어져 있다. 현금적요는 현금수지를 동반하는 거래, 즉 전표에서 '1.출금'이나 '2.입금'으로 처리하는 경우에 나타나는 적요이며, 대체적요는 차변과 대변으로 구분하여 입력할 경우 나타나는 적요를 의미한다.

(3) 계정과목 신규등록

계정과목 코드는 101번 ～ 999번까지로 구성되어 있으며 계정과목의 신규등록은 기존의 프로그램에서 없는 계정과목을 코드체계에 맞추어 설정하여야 한다. 정해진 코드 범위 내에서 계정과목명이 '회사설정계정과목'으로 되어 있는 란에 추가로 등록하여 사용한다.

(4) 계정과목 수정

일반적으로 계정과목의 색이 검정으로 표시된 부분은 수정해서 바로 사용할 수 있다. 다만 빨강으로 표시된 계정과목은 특수한 성격이 있어 원칙적으로 수정할 수가 없다. 만약 부득이한 경우에는 'Ctrl+F1'을 누른 후 수정이 가능하다.

입력예제 계정과목및적요등록

- 계정과목 추가 : 판매비와관리비인 '인터넷사용료' 계정과목을 추가하시오.
  (코드 : 852, 계정구분 : 경비, 현금적요 및 대체적요 : 01. 회선이용료)
- 계정과목 수정 : '136.선납세금' 계정과목명을 '136.선납법인세'로 수정하시오.

입력결과 계정과목및적요등록

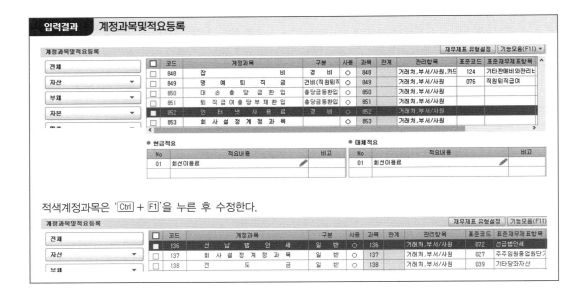

적색계정과목은 `Ctrl` + `F1`을 누른 후 수정한다.

06 부서등록

물류관리모듈 → 기준정보관리 → 부서/사원등록

☞ 시험에 출제된다.

입력예제 부서등록

부서명	부서코드	제조/판관	부문구분
영업부	10	판 관	공 통
관리부	20	판 관	공 통
구매부	30	판 관	공 통

부서/사원등록

	코드	부서명	부서구분	참조부서	제조/판관	부문구분	사용
☐	10	영업부	부서		판관	공통	여
☐	20	관리부	부서		판관	공통	여
☐	30	구매부	부서		판관	공통	여

07 품목등록 및 품목초기이월

물류관리모듈 → 기준정보관리 → 품목등록 및 품목초기이월

품목등록은 입고입력 메뉴와 출고입력 메뉴에서 사용하게 될 재고자산(상품)을 등록하는 메뉴이다. 상품을 입고 및 출고하는 과정을 통해 매입매출전표입력이 자동으로 작성되므로 품목등록은 매우 중요한 등록사항이다.

☞ 시험에 출제된다.

입력예제 **품목등록 및 품목초기이월**

(1) 품목등록

품목코드	품목(품명)	(상세)규격	품목종류(자산)	기준단위(단위명)
101	책 상	10-1	상 품	EA
202	의 자	20-9	상 품	EA
305	금 고	35-4	상 품	EA

(2) 품목초기이월

자 산	품목코드	품 명 / 규 격	수량단위	단 가	금 액
상 품	101	책 상 / 10-1	50EA	100,000	5,000,000
상 품	202	의 자 / 20-9	100EA	80,000	8,000,000
상 품	305	금 고 / 35-4	34EA	500,000	17,000,000

PART 1

(1) 품목등록

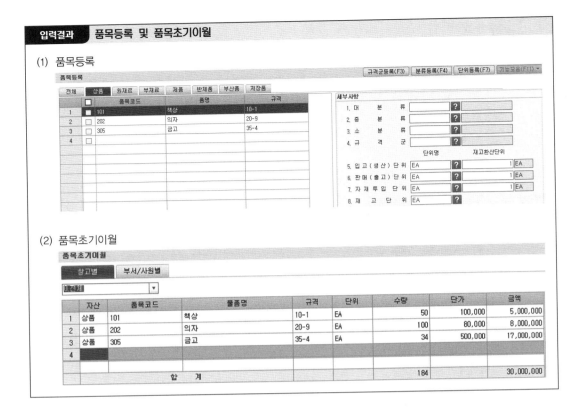

(2) 품목초기이월

품목초기이월

	자산	품목코드	물품명	규격	단위	수량	단가	금액
1	상품	101	책상	10-1	EA	50	100,000	5,000,000
2	상품	202	의자	20-9	EA	100	80,000	8,000,000
3	상품	305	금고	35-4	EA	34	500,000	17,000,000
4								
			합 계			184		30,000,000

08 전기분 재무제표

재무회계 프로세스 이해를 위해 '전기분 재무상태표'와 '전기분 손익계산서'를 입력한다.

☞ 시험에 출제되지 않는다.

입력예제 전기분 재무상태표

재무상태표

회사명 : 우주가구(주)　　제3기 2023.12.31. 현재　　(단위 : 원)

과 목	금 액		과 목	금 액	
유 동 자 산		152,225,000	유 동 부 채		26,000,000
당 좌 자 산		122,225,000	외 상 매 입 금		15,000,000
현　　　금		20,000,000	지 급 어 음		8,000,000
당 좌 예 금		45,000,000	미 지 급 금		3,000,000
보 통 예 금		30,000,000	비 유 동 부 채		50,000,000
외 상 매 출 금	15,000,000		장 기 차 입 금		50,000,000
대 손 충 당 금	150,000	14,850,000	부 채 총 계		76,000,000
받 을 어 음	12,500,000				
대 손 충 당 금	125,000	12,375,000	자　　본　　금		50,000,000
재 고 자 산		30,000,000	보통주자본금		50,000,000
상　　　품		30,000,000	이 익 잉 여 금		42,425,000
비 유 동 자 산		16,200,000	미처분이익잉여금		42,425,000
투 자 자 산		0	(당기순이익 14,540,000)		
유 형 자 산		14,200,000	자　본　총　계		92,425,000
차 량 운 반 구	15,000,000				
감가상각누계액	5,000,000	10,000,000			
비　　　품	5,000,000				
감가상각누계액	800,000	4,200,000			
무 형 자 산		2,000,000			
특 허 권		2,000,000			
기타 비유동자산		0			
자산총계		**168,425,000**	**부채와 자본총계**		**168,425,000**

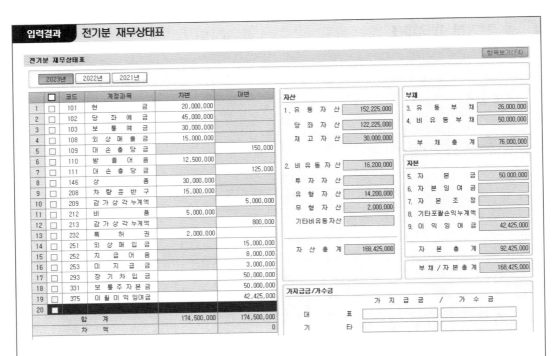

(1) 메뉴의 좌측에 코드와 해당 계정과목의 금액을 입력한다. 해당 계정과목의 코드를 모를 경우 툴바의 [코드조회]를
선택하거나 해당 계정과목명을 2자 이상 입력한 후 [Enter↵]를 누르면 계정코드도움 대화상자가 작동하게 된다.

(2) 1,000원 단위금액의 입력은 자판의 우측에 있는 ⊞ 키를 누르면 '000'이 표시된다. 대손충당금과 감가상각누계액의
경우 같은 계정과목명이 여러 개 있으므로 해당 자산의 차감계정 코드를 입력 시 주의해야 한다.

(3) 재무상태의 미처분이익잉여금 42,425,000원은 전년도 기말 시점의 잉여금을 의미한다. 본 자료는 당해 연도
기초 시점에 전기분 자료를 입력하는 것이므로 미처분이익잉여금이 아닌 '375.이월이익잉여금'으로 계정과목을
입력해야 함을 주의해야 한다.

(4) 상품 30,000,000원은 기말재고자산으로 손익계산서의 상품매출원가를 계산하는 자료에 자동으로 반영되며
품목초기이월에서 입력한 상품의 재고자산 합계금액과 일치한다.

손익계산서

회사명 : 우주가구(주)　　　제3기 2023.1.1. ～ 2023.12.31.　　　(단위 : 원)

과　목	금　액	
Ⅰ. 매　　출　　액		100,000,000
상　품　매　출	100,000,000	
Ⅱ. 상 품 매 출 원 가		60,000,000
기초상품재고액	10,000,000	
당기상품매입액	80,000,000	
기말상품재고액	30,000,000	
Ⅲ. 매　출　총　이　익		40,000,000
Ⅳ. 판 매 비 와 관 리 비		25,000,000
급　　　　　여	12,000,000	
복　리　후　생　비	5,000,000	
여　비　교　통　비	3,500,000	
차　량　유　지　비	500,000	
소　　모　　품　　비	600,000	
광　고　선　전　비	400,000	
감　가　상　각　비	3,000,000	
Ⅴ. 영　　업　　이　　익		15,000,000
Ⅵ. 영　업　외　수　익		500,000
이　　자　　수　　익	500,000	
Ⅶ. 영　업　외　비　용		300,000
기타의대손상각비	300,000	
Ⅷ. 법인세차감전순이익		15,200,000
Ⅸ. 법　　인　　세　　등		660,000
Ⅹ. 당　기　순　이　익		14,540,000

(1) [전기분 손익계산서]는 각 계정과목과 금액은 입력하되 당기순손익의 입력은 우측화면에 각 항목의 집계와 함께 자동으로 표시된다.

(2) 451.상품매출원가 계정과목을 선택하면 우측에 보조화면이 나타나게 된다. 화면에 기말상품재고액은 전기분 재무상태표의 상품 30,000,000원이 자동으로 표시되므로 손익계산서의 상품매출원가의 '기말상품재고액 30,000,000원'은 직접 입력하지 않는다.

채권, 채무, 예적금 등 특정한 계정과목에 대하여 전기분 재무상태표 계정과목별로 거래처별 잔액을 관리할 때 사용하는 메뉴로 계정과목별로 관리대상 거래처와 전기말 거래처별 잔액을 입력한다.
☞ 시험에 출제되지 않는다.

입력예제 거래처별초기이월

계정과목	거래처명	금액(원)	비 고
외상매출금	(주)한국가구	10,000,000	
	(주)누리가구	5,000,000	
받을어음	(주)한국가구	12,500,000	• 어음번호 : 가다12345678 • 발행인 : (주)한국가구, 자수 • 만기일자 : 2024.03.30. • 발행일자 : 2023.11.10. • 거래일자 : 2023.11.10. • 약속어음(일반) • 국민은행 역삼지점
보통예금	국민은행	30,000,000	
미지급금	태백상사	3,000,000	

입력결과 거래처별초기이월

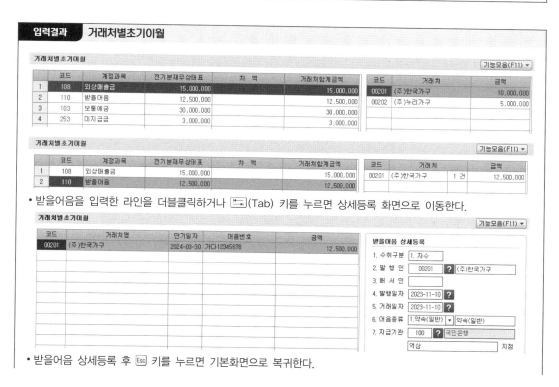

• 받을어음을 입력한 라인을 더블클릭하거나 🔁(Tab) 키를 누르면 상세등록 화면으로 이동한다.

• 받을어음 상세등록 후 Esc 키를 누르면 기본화면으로 복귀한다.

거래처별초기이월

	코드	계정과목	전기분재무상태표	차 액	거래처합계금액		코드	거래처	금액
1	108	외상매출금	15,000,000		15,000,000		98001	국민은행	30,000,000
2	110	받을어음	12,500,000		12,500,000				
3	103	보통예금	30,000,000		30,000,000				
4	253	미지급금	3,000,000		3,000,000				

거래처별초기이월

	코드	계정과목	전기분재무상태표	차 액	거래처합계금액		코드	거래처	금액
1	108	외상매출금	15,000,000		15,000,000		00203	태벽상사	3,000,000
2	110	받을어음	12,500,000		12,500,000				
3	103	보통예금	30,000,000		30,000,000				
4	253	미지급금	3,000,000		3,000,000				

왼쪽 메뉴에 계정과목을 입력하면 전기분 재무상태의 금액이 자동으로 반영된다. 해당 계정과목의 거래처를 조회(F2)하여 거래처별 잔액을 직접 입력한다. 또는 기능도움(F11)의 불러오기(F3)를 하여 재무상태표 전체 금액을 불러오는 방법도 가능하다.

전표입력

우주가구(주) (회사코드 : 1000) ▶ 회사변경 후 실무수행 연습하기

01 일반전표입력

[일반전표입력] 메뉴는 부가가치세신고와 관련된 거래를 제외한 모든 거래 자료를 입력하는 곳이다. 통상적으로 부가가치세를 제외한 금융거래, 급여지급 등의 경비지출, 채권의 회수 및 채무의 상환 등에 대한 거래가 이루어진다.

〈일반전표입력 메뉴〉

월/일	거래일자를 직접 입력한다.
번 호	전표번호로 자동으로 발생한다. 동일한 전표번호는 하나의 거래를 의미하므로 차대변이 일치하여 하나의 거래가 완료되면 번호가 자동생성된다.
구 분	전표의 유형을 입력하는 란이다. 현금전표 1. 출금전표 2. 입금전표 대체전표 3. 차변전표 4. 대변전표 결산전표 5. 결산차변전표 6. 결산대변전표
계정과목 및 거래처	계정과목과 코드의 입력은 해당 계정과목의 코드를 알고 있을 경우에는 해당 코드를 입력하고 Enter↵ 키를 누르면 계정과목명까지 자동으로 입력된다. 만일 코드명을 모를 경우 더블클릭하거나 F2를 누르면 계정과목코드도움 대화상자가 나타나게 되며, 해당 계정과목을 찾아 클릭한 후 확인 버튼을 누르면 된다.
전표삭제기능	삭제하고 하는 전표에 커서를 두고 [F5 삭제] 키 또는 🗑삭제(화면 상단) 버튼을 누른다.
거래처코드등록	거래처등록 메뉴를 사용하지 않고 전표입력 시 거래처코드란에 ⊞ 키를 누르거나 숫자 '00000'을 입력하여 전표를 입력하면서 거래처등록을 바로 할 수 있다.
유의사항	① 전표선택 입금전표와 출금전표를 대체전표를 선택하여 입력해도 결과는 동일하므로 어떤 전표를 선택하느냐는 답안작성에 상관이 없다(단, 입금전표를 선택하면 차변에 자동으로 현금이 기록되고, 출금전표를 선택하면 대변에 자동으로 현금이 기록되는 편리함이 있음). ② 계정과목 판매비와관리비에 해당하는 계정과목은 조회 시 판관비(코드 800번대)와 제조원가(코드 500번대) 등으로 조회된다. 〈주의〉 본 시험은 상기업의 회계처리를 수행하므로 '판매비와관리비'로 구분되는 '800번대' 비용만 선택하여 회계처리해야 한다.

PART 1

〈예 복리후생비〉

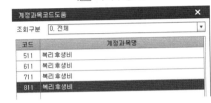

③ 거래처코드

채권, 채무, 예금, 적금 등의 계정과목은 거래처 관리가 중요한 과목이므로 '거래처코드'를 필수로
입력하여야 한다.

④ 어음관리[F3]

받을어음과 지급어음은 회계처리 시 하단에 '어음관리[F3] 자금관리]'를 입력해야 한다. 수취, 반제,
발행, 결제 등의 원인별로 어음번호, 만기일자 등을 하단에 기록하여 필히 관리한다.

⑤ 적요(본 시험은 전표입력 시 적요는 생략하도록 하고 있음)

⑥ 결차/결대(미사용)

전표유형 중 결차/결대는 결산차변/결산대변을 입력할 때 사용하는 유형이다. 자동으로 전표가 생
성되거나 특별히 결산분개를 일반분개와 구분하기 위해 사용하는 것인데 특별한 기능은 없으므로
수험생이 해당 유형을 사용할 필요는 없다.

(1) 출금전표

현금지출을 동반한 거래의 처리에 사용한다.

입력예제	출금전표

2월 10일   (주)누리가구의 외상매입금 200,000원을 현금으로 지급하다.

입력결과	출금전표

구분란에 출금전표 '1번'을 선택하고 차변에 외상매입금과 (주)누리가구(거래처코드)와 200,000원을 입력하면
대변에 현금 200,000원이 자동반영된다.

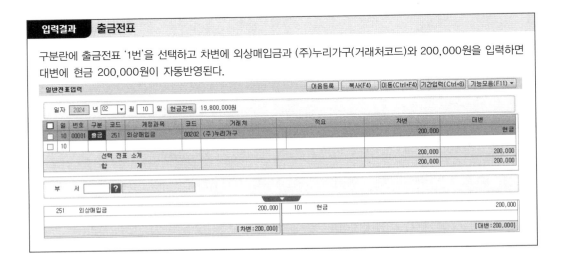

(2) 입금전표

현금수입이 발생하는 거래의 처리에 사용한다.

> **입력예제** **입금전표**
>
> 2월 11일   (주)한국가구의 외상매출금 500,000원을 현금으로 받다.

> **입력결과** **입금전표**
>
> 구분란에 입금전표 '2번'을 선택하고 대변에 외상매출금과 (주)한국가구(거래처코드)와 500,000원을 입력하면 차변에 현금 500,000원이 자동반영된다.

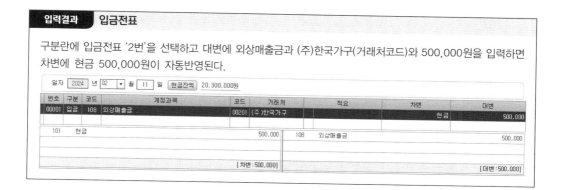

(3) 대체전표

대체전표는 차변과 대변을 모두 입력하는 전표이며, 입력순서는 상관이 없고 대차를 일치시켜야 한다.

> **입력예제** **대체전표**
>
> 2월 12일   (주)한국가구에 상품을 판매하기로 계약을 맺고, 계약금 1,000,000원을 보통예금(국민은행)으로 받다.

> **입력결과** **대체전표**
>
> 구분란에 차변 '3번'을 선택하여 보통예금, 국민은행(거래처코드), 1,000,000원을 입력하고, 다음 줄 구분란에 대변 '4번'을 선택하여 선수금, (주)한국가구(거래처코드), 1,000,000원을 입력한다.

	일	번호	구분	코드	계정과목	코드	거래처	적요	차변	대변
☐	12	00001	차변	103	보통예금	98001	국민은행		1,000,000	
☐	12	00001	대변	259	선수금	00201	(주)한국가구			1,000,000

일자 2024 년 02 ▼ 월 12 일 현금잔액 20,300,000원

02 어음관리

받을어음과 지급어음의 회계처리를 하는 경우에는 반드시 해당 어음의 정보를 전표 하단에 입력해야 하는데 이때 어음관리를 할 때 자금관리(어음관리)기능키(F3)를 사용하여 어음의 정보를 입력한다.

(1) 받을어음

받을어음은 추후에 대금으로 회수해야 할 매출채권으로 어음상의 만기일자, 어음번호 등을 회계처리와 동시에 관리해야 한다.

받을어음 수취	(차) 받을어음 F3 어음관리	XXX	(대) 상품매출 등	XXX
받을어음 할인 등	(차) 현금 등	XXX	(대) 받을어음 F3 어음관리	XXX
	• 받을어음이 대변에 처리되는 사례 : 할인, 배서, 만기, 부도 등 • 1.자수(직접 받은 어음), 2.타수(배서 받은 어음)			

① 받을어음 수취

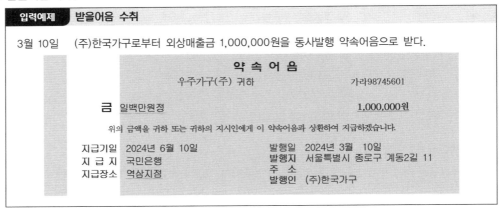

입력예제 ▶ 받을어음 수취

3월 10일 (주)한국가구로부터 외상매출금 1,000,000원을 동사발행 약속어음으로 받다.

약 속 어 음

우주가구(주) 귀하   가라98745601

금 일백만원정   1,000,000원

위의 금액을 귀하 또는 귀하의 지시인에게 이 약속어음과 상환하여 지급하겠습니다.

지급기일 2024년 6월 10일   발행일 2024년 3월 10일
지 급 지 국민은행   발행지 서울특별시 종로구 계동2길 11
지급장소 역삼지점   주 소
    발행인 (주)한국가구

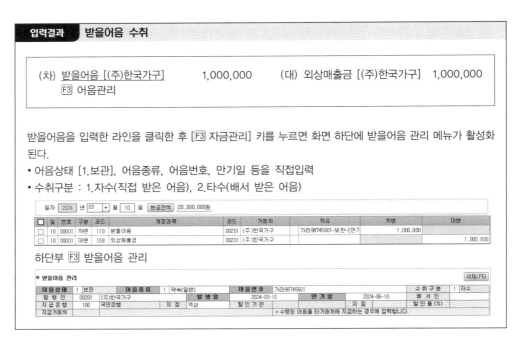

입력결과 ▶ 받을어음 수취

(차) 받을어음 [(주)한국가구]	1,000,000	(대) 외상매출금 [(주)한국가구]	1,000,000
F3 어음관리			

받을어음을 입력한 라인을 클릭한 후 [F3 자금관리] 키를 누르면 화면 하단에 받을어음 관리 메뉴가 활성화된다.
• 어음상태 [1.보관], 어음종류, 어음번호, 만기일 등을 직접입력
• 수취구분 : 1.자수(직접 받은 어음), 2.타수(배서 받은 어음)

일자 2024 년 03 월 10 일   현금잔액 20,300,000원

□	일	번호	구분	코드	계정과목	코드	거래처	적요	차변	대변
□	10	00001	차변	110	받을어음	00201	(주)한국가구	가라98745601-보관-[만기	1,000,000	
□	10	00001	대변	108	외상매출금	00201	(주)한국가구			1,000,000

하단부 F3 받을어음 관리

● 받을어음 관리   삭제(F5)

어음상태	1 보관	어음종류	1 약속(일반)		어음번호	가라98745601		수 취 구 분	1 자수
발 행 인	00201	(주)한국가구		발 행 일	2024-03-10	만 기 일	2024-06-10	배 서 인	
지 급 은 행	100	국민은행	지 점 역삼	할 인 기 관		지 점		할 인 율 (%)	
지급거래처					* 수령된 어음을 타거래처에 지급하는 경우에 입력합니다.				

② 받을어음 반제

입력예제 **받을어음 반제**

6월 10일   (주)한국가구로부터 받은 어음 1,000,000원(어음번호 : 가라98745601, 만기일자 : 2024년 6월 10일 지급은행 : 국민은행, 역삼지점)이 만기가 되어 보통예금(국민은행) 계좌에 입금되다.

〈보통예금 통장 거래 내역〉

국민은행

번호	날 짜	내 용	출금액	입금액	잔 액
1	2024.06.10.	어음입금		1,000,000	***

– 이하 생략 –

입력결과 **받을어음 반제**

(차) 보통예금 [국민은행]   1,000,000   (대) 받을어음 [(주)한국가구]   1,000,000
                                        F3 어음관리

받을어음을 입력한 라인을 클릭한 후 [F3 자금관리] 키를 누르면 화면 하단에 받을어음 관리 메뉴가 활성화되어 어음정보를 입력한다.
• 어음상태 [2.할인, 3.배서, 4.만기, 5.부도 등] 중 '4.만기' 선택
• 어음번호는 조회(F2)하여 보유하고 있던 해당 어음조회 선택

〈어음번호 조회 화면〉

받을어음 어음번호 코드도움   ✕

거래발생일	코드	발행인	코드	거래처명	어음번호	만기일	수령원금	배서금액	잔액	상태
2024 01 01			00201	(주)한국가구	가다12345678	2024 03 30	12,500,000		12,500,000	1 보관
2024 03 10			00201	(주)한국가구	가라98745601	2024 06 10	1,000,000		1,000,000	1 보관

검색조회 [1.거래처명 ▼]

※ 검색이동 : 필드에서 검색어 입력
※ 전자어음 분할배서 : 최초수취인이 5회미만(4회까지) 분할 배서 가능 (2014.4.6 이후 말행된 전자어음)
※ 전자어음 회수 : 배서. 분할 배서 가능

선택(Tab)   취소(Esc)

일자 [2024] 년 [06] 월 [10] 일 현금잔액 20,300,000원

	일	번호	구분	코드	계정과목	코드	거래처	적요	차변	대변
☐	10	00001	차변	103	보통예금	98001	국민은행		1,000,000	
☐	10	00001	대변	110	받을어음	00201	(주)한국가구	가라98745601-만기-[만기일자 :2024.06.10]		1,000,000

● 받을어음 관리   삭제(F5)

어음상태	4 만기		어음번호	가라98745601		수취구분	1 자수	발 행 일	2024-03-10	만 기 일	2024-06-10
발 행 인	00201	(주)한국가구				지급은행	100 국민은행			지 점	역삼
배 서 인			할인기관			지 점		할 인 율 (%)		어음종류	1 약속(일반)
지급거래처								* 수령된 어음을 타거래처에 지급하는 경우에 입력합니다.			

PART 1

(2) 지급어음

지급어음은 추후에 대금으로 결제해야 할 매입채무로 어음상의 만기일자, 어음번호 등을 회계처리와 동시에 관리해야 한다.

어음책등록	은행으로부터 교부받은 어음책을 등록 [우측 상단에 어음등록] 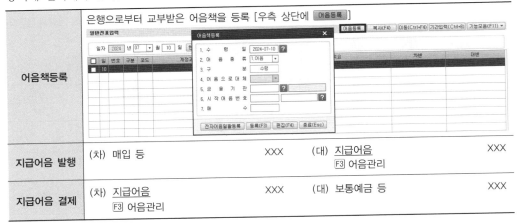
지급어음 발행	(차) 매입 등 　　　　XXX　　(대) 지급어음 　　　　XXX 　　　　　　　　　　　　　　　　　F3 어음관리
지급어음 결제	(차) 지급어음 　　　　XXX　　(대) 보통예금 등 　　　　XXX 　　F3 어음관리

① 어음책등록

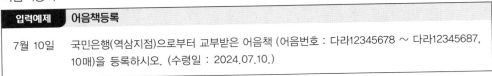

7월 10일　국민은행(역삼지점)으로부터 교부받은 어음책 (어음번호 : 다라12345678 ～ 다라12345687, 10매)을 등록하시오. (수령일 : 2024.07.10.)

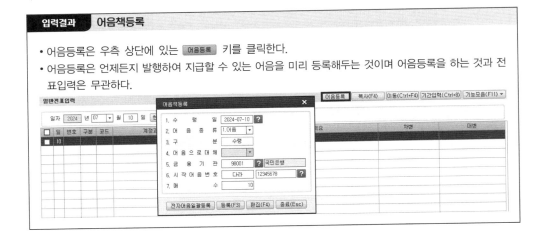

- 어음등록은 우측 상단에 있는 어음등록 키를 클릭한다.
- 어음등록은 언제든지 발행하여 지급할 수 있는 어음을 미리 등록해두는 것이며 어음등록을 하는 것과 전 표입력은 무관하다.

② 지급어음 발행

입력예제 **지급어음 발행**

7월 10일 (주)누리가구의 외상매입금 2,000,000원을 어음을 발행하여 결제하다.

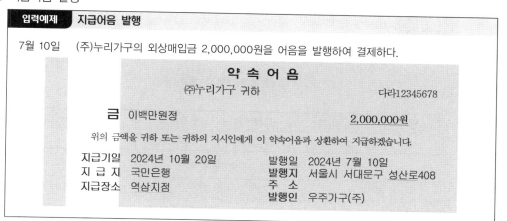

입력결과 **지급어음 발행**

(차) 외상매입금 [(주)누리가구]   2,000,000   (대) 지급어음 [(주)누리가구]   2,000,000
                                             F3 어음관리

• 지급어음 라인을 클릭한 후 [F3 자금관리] 키를 누르면 화면 하단에 지급어음 관리 메뉴가 활성화된다.
• 어음상태 [2.발행], 어음번호는 입력하는 것이 아니라 조회(F2)하여 등록한 어음번호 선택하고 만기일자 는 직접입력한다.

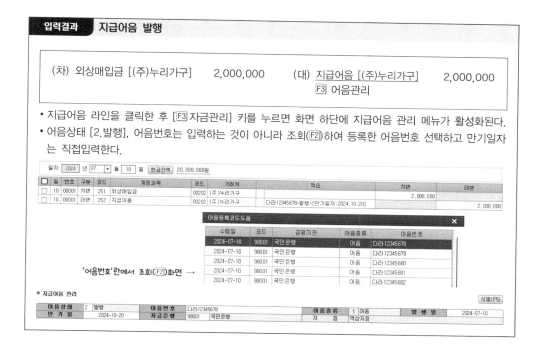

③ 지급어음 결제

지급어음 결제

10월 20일 (주)누리가구에 발행한 어음이 만기가 되어 2,000,000원이 국민은행 보통예금(국민은행) 계
좌에서 인출되다.

〈보통예금 통장 거래 내역〉

국민은행

번 호	날 짜	내 용	출금액	입금액	잔 액
1	2024.10.20.	어음결제	2,000,000		***

– 이하 생략 –

지급어음 결제

(차) 지급어음 [(주)누리가구]   2,000,000   (대) 보통예금 [국민은행]   2,000,000
F3 어음관리

• 지급어음 라인을 클릭한 후 [F3 자금관리] 키를 누르면 화면 하단에 지급어음 관리 메뉴가 활성화된다.
• 어음상태 [3.결제], 어음번호는 조회(F2)하여 해당 어음 선택

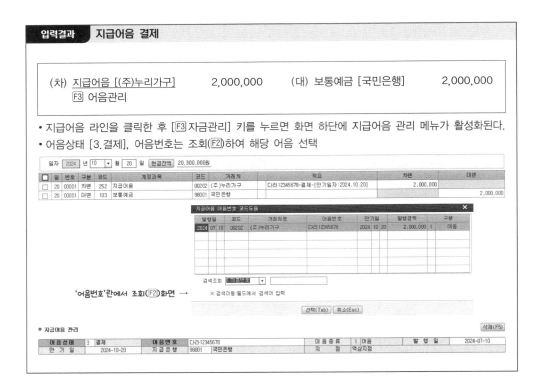

'어음번호'란에서 조회(F2)화면 →

매입매출전표는 부가가치세신고와 관련한 거래를 입력하는 전표이다.

부가가치세 관련한 매입매출 거래내용을 증빙(세금계산서 등)으로 구분하여 입력하는 상단 부분과 하단에는 분개를 입력하는 부분으로 구성되어 있다.

상품의 매입(입고)과 출고(매출) 거래는 〈물류관리〉 모듈에서 상품을 입고(출고)시킨 뒤에 해당 자료를 회계 메뉴인 매입매출전표로 전송하여 전표를 자동으로 생성시킨다. 따라서 매입매출전표를 작성하기 위해서는 반드시 입고입력 또는 출고입력을 먼저 수행해야 한다.

물류관리
[입고입력], [출고입력]   ⇨   회 계
[매입매출전표]

- 물류관리의 [입고입력], [출고입력]은 재고자산(상품)의 입출고를 입력하는 메뉴이다.
- 물류관리의 [입고입력], [출고입력]은 재고자산(상품)의 매출원가와 기말재고자산을 계산하기 위한 기초자료를 입력하는 메뉴이다.
- 물류관리의 [입고입력], [출고입력]을 한 뒤에는 반드시 [매입매출전표]로 전송을 해야 전표가 생성되며 부가세신고서 및 장부에 반영된다.

[21.건별과세]
10% 과세된 (전자)세금계산서의 발행 또는 수취하는 경우에 입력한다.
매입매출전표에 [11.과세매출] 또는 [51.과세매입]으로 자동반영된다.
(상품의 입고(매입)와 출고(매출)의 거래 시에는 부가가치세 10%가 부과됨)

부가가치세(VAT)

부가가치세(Value Added Tax)는 소비자가 물건 등을 소비하는 것에 대하여 과세되는 세금이다. 사업자는 재화나 용역을 매입 또는 매출할 때 실제 물건가액의 10%만큼을 부가가치세라는 항목으로 부과하여 부가가치세를 포함한 금액을 상대방으로부터 수취 또는 지급한 뒤, 해당 부가가치세 세금은 별도로 신고납부일에 국가에 납부해야 한다.

사업자는 매출 시 부가가치세를 소비자로부터 징수하여 국가에 납부하고, 매입 시 부담한 매입세액을 공제받는다. 부가가치세는 과세되는 상품의 매입매출거래가 발생할 때 10%만큼 부과되며 상기업의 입고입력과 출고입력 시 부과되는 특징이 있다. 또한 부가가치세를 과세함을 증명하는 법정증빙이 세금계산서이며, 법인사업자는 전자세금계산서를 발급할 의무가 있다.

상품매출	(차) 현금 등	1,100	(대) 상품매출 부가세예수금(부채)	1,000 100
상품매입	(차) 상 품 부가세대급금(자산)	600 60	(대) 현금 등	660

(1) 입고입력과 매입매출전표

상품입고 실무수행순서
① [물류관리] → [구매관리] → [입고입력] 　상품입고를 입력한 뒤, 전표추가(F3)를 하여 입고내역을 매입매출전표로 자동 전송한다. ② [재무회계] → [전표입력] → [매입매출전표입력] 　자동으로 전표 생성이 되었는지 확인하고 전자세금계산서 여부 및 하단 회계처리 중 수정사항이 있는지 검토하여 　완료한다.

입력예제 **입고입력 및 매입매출전표**

8월 10일　상품을 매입하고 다음의 전자세금계산서를 발급받다.

전자세금계산서				(공급받는자 보관용)		승인번호		20240810-XXXX0151	
공급자	등록번호	107-81-31220			공급받는자	등록번호	104-81-47228		
	상호	(주)누리가구	성명 (대표자)	한대한		상호	우주가구(주)	성명 (대표자)	전우주
	사업장 주소	서울시 중구 서소문로 10				사업장 주소	서울특별시 서대문구 성산로408		
	업태	제조	종사업장번호			업태	도소매	종사업장번호	
	종목	사무가구				종목	사무용가구		
	E-Mail	woori@kcci.com				E-Mail	space@kcci.com		

작성일자	2024.8.10.	공급가액	1,800,000	세 액	180,000
비고					

월	일	품목명	규격	수량	단가	공급가액	세액	비고
8	10	책상	10-1	10	100,000	1,000,000	100,000	
8	10	의자	20-9	10	80,000	800,000	80,000	

합계금액	현금	수표	어음	외상미수금	이 금액을	○ 영수	함
1,980,000				1,980,000		● 청구	

입력결과 입고입력 및 매입매출전표

입고입력 8월 10일

- 처리구분 : [2.건별 + 1.과세]
- 지급구분 : [1.외상]

(참조문서, 부서/사원명은 생략함. 납기일자 · 입고번호는 자동생성)

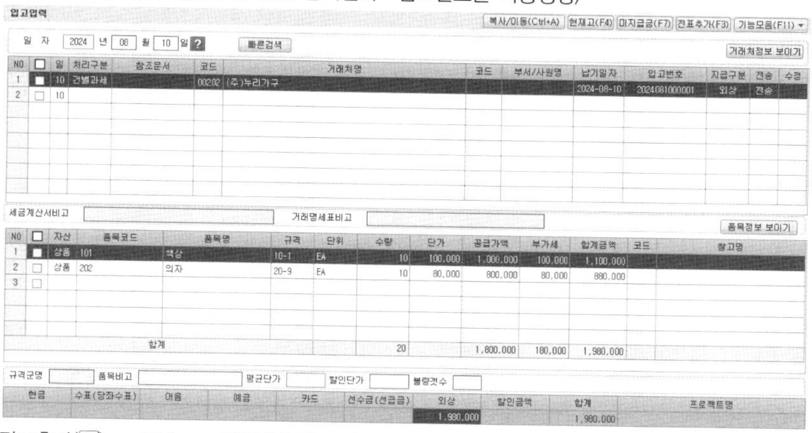

NO	일	처리구분	참조문서	코드	거래처명	코드	부서/사원명	납기일자	입고번호	지급구분	전송	수정
1	10	건별과세		00202	(주)누리가구			2024-08-10	2024081000001	외상	전송	
2	10											

NO	자산	품목코드	품목명	규격	단위	수량	단가	공급가액	부가세	합계금액	코드	창고명
1	상품	101	책상	10-1	EA	10	100,000	1,000,000	100,000	1,100,000		
2	상품	202	의자	20-9	EA	10	80,000	800,000	80,000	880,000		
3												
			합계			20		1,800,000	180,000	1,980,000		

현금	수표(당좌수표)	어음	예금	카드	선수금(선급금)	외상	할인금액	합계	프로젝트명
						1,980,000		1,980,000	

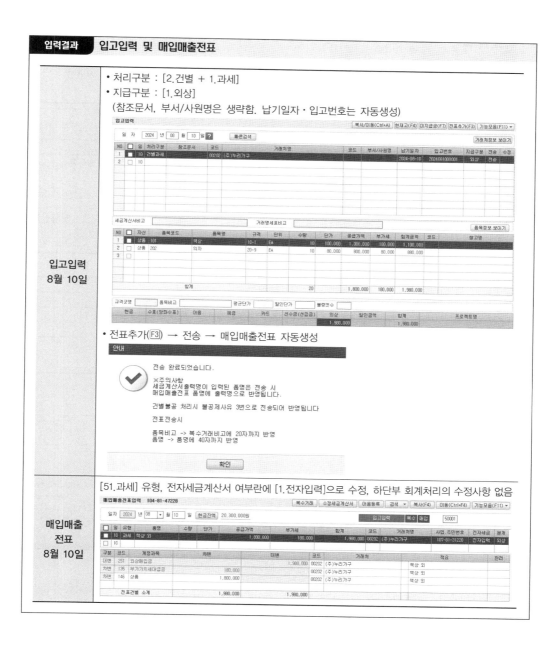

- 전표추가(F3) → 전송 → 매입매출전표 자동생성

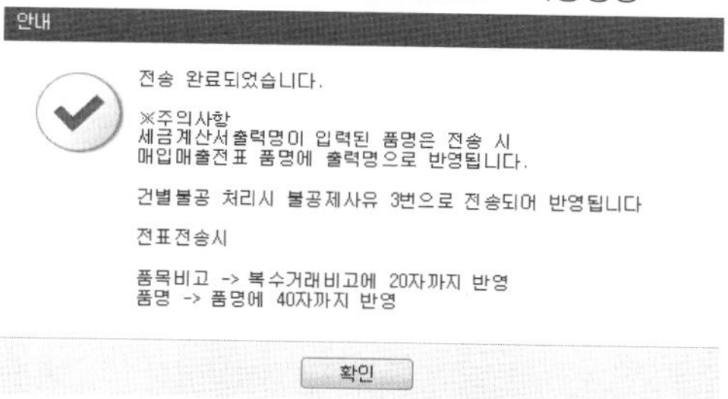

매입매출 전표 8월 10일

[51.과세] 유형, 전자세금계산서 여부란에 [1.전자입력]으로 수정, 하단부 회계처리의 수정사항 없음

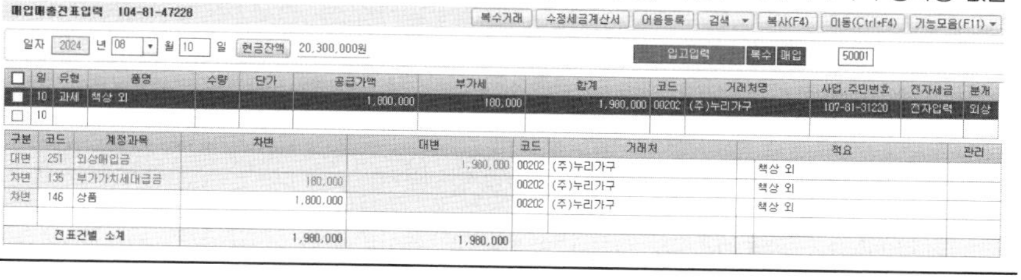

일	유형	품명	수량	단가	공급가액	부가세	합계	코드	거래처명	사업.주민번호	전자세금	분개
10	과세	책상 외			1,800,000	180,000	1,980,000	00202	(주)누리가구	107-81-31220	전자입력	외상
10												

구분	코드	계정과목	차변	대변	코드	거래처	적요	관리
대변	251	외상매입금		1,980,000	00202	(주)누리가구	책상 외	
차변	135	부가가치세대급금	180,000		00202	(주)누리가구	책상 외	
차변	146	상품	1,800,000		00202	(주)누리가구	책상 외	
		전표건별 소계	1,980,000	1,980,000				

8월 15일　상품을 매입하고 다음의 전자세금계산서를 발급받고 현금으로 500,000원, 보통예금(국민은행)
으로 600,000원 이체하여 지급하고 나머지는 외상으로 매입하다.

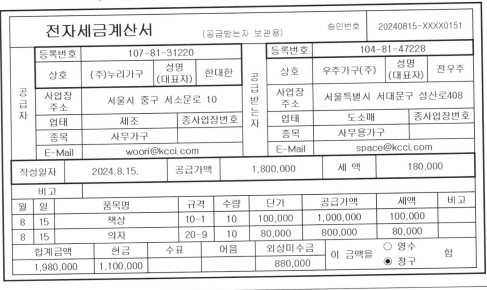

전자세금계산서		(공급받는자 보관용)			승인번호	20240815-XXXX0151	
공급자	등록번호	107-81-31220		공급받는자	등록번호	104-81-47228	
	상호	(주)누리가구	성명 (대표자)	한대한	상호	우주가구(주)	성명 (대표자) 전우주
	사업장 주소	서울시 중구 서소문로 10			사업장 주소	서울특별시 서대문구 성산로408	
	업태	제조	종사업장번호		업태	도소매	종사업장번호
	종목	사무가구			종목	사무용가구	
	E-Mail	woori@kcci.com			E-Mail	space@kcci.com	
작성일자	2024.8.15.	공급가액	1,800,000		세 액	180,000	

비 고							
월	일	품목명	규격	수량	단가	공급가액	세액	비고
8	15	책상	10-1	10	100,000	1,000,000	100,000	
8	15	의자	20-9	10	80,000	800,000	80,000	

합계금액	현금	수표	어음	외상미수금	이 금액을	○ 영수 ● 청구	함
1,980,000	1,100,000			880,000			

입고입력
8월 15일

- 처리구분 : [2.건별 + 1.과세]
- 지급구분 : [4.혼합] 현금, 예금, 외상으로 구분입력

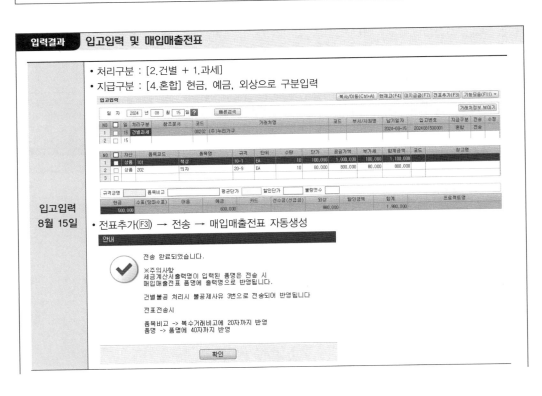

- 전표추가(F3) → 전송 → 매입매출전표 자동생성

안내

전송 완료되었습니다.

※주의사항
세금계산서 출력명이 입력된 품명은 전송 시
매입매출전표 품명에 출력명으로 반영됩니다.

건별불공 처리시 불공제사유 3번으로 전송되어 반영됩니다

전표전송시

품목비고 -> 복수거래비고에 20자까지 반영
품명 -> 품명에 40자까지 반영

확인

	[51.과세] 유형, 전자세금계산서 여부란에 [1.전자입력]으로 수정, 하단부 회계처리의 보통예금 거래처를 국민은행으로 반드시 수정
매입매출 전표 8월 15일	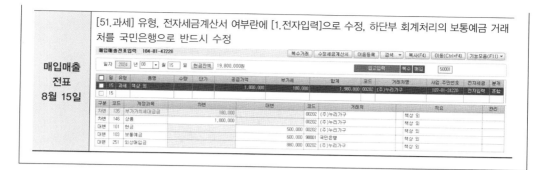

(2) 출고입력과 매입매출전표

상품출고 실무수행순서

① [물류관리] → [판매관리] → [출고입력]
  상품출고를 입력한 뒤, 전표추가(F3)를 하여 출고내역을 매입매출전표로 자동 전송한다.
② [재무회계] → [전표입력] → [매입매출전표입력]
  자동으로 전표 생성이 되었는지 확인하고 전자세금계산서 여부 및 하단 회계처리 중 수정사항이 있는지 검토하여 완료한다.

입력예제 **출고입력 및 매입매출전표**

8월 20일 상품을 매출하고 다음의 전자세금계산서를 발급하다.

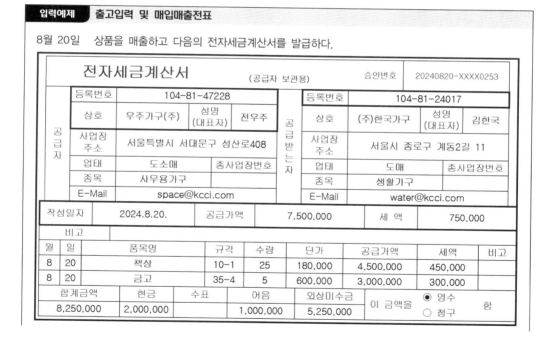

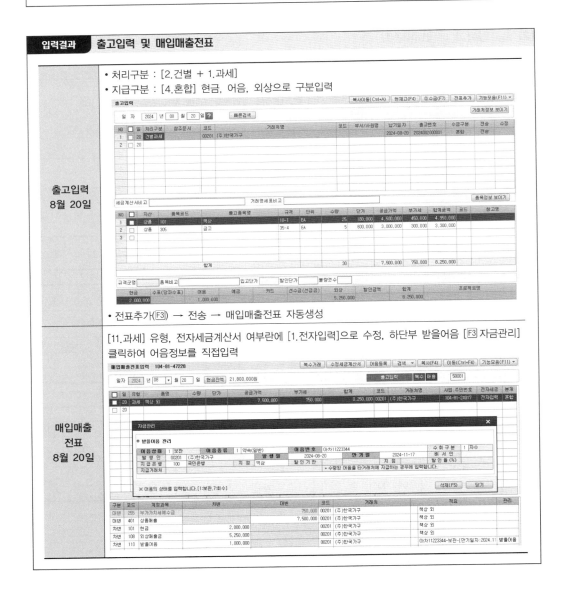

약 속 어 음

우주가구(주) 귀하

아차11223344

금 일백만원정   1,000,000원

위의 금액을 귀하 또는 귀하의 지시인에게 이 약속어음과 상환하여 지급하겠습니다.

지급기일 2024년 11월 17일   발행일 2024년 8월 20일
지 급 지 국민은행   발행지 서울시 서대문구 성산로408
지급장소 역삼지점   주 소
                                        발행인 (주)한국가구

입력결과   **출고입력 및 매입매출전표**

출고입력 **8월 20일**	• 처리구분 : [2.건별 + 1.과세] • 지급구분 : [4.혼합] 현금, 어음, 외상으로 구분입력 • 전표추가(F3) → 전송 → 매입매출전표 자동생성
매입매출 **전표** **8월 20일**	[11.과세] 유형, 전자세금계산서 여부란에 [1.전자입력]으로 수정, 하단부 받을어음 [F3 자금관리] 클릭하여 어음정보를 직접입력

8월 27일   상품을 매출하고 다음의 전자세금계산서를 발급하다. 대금 중 50%는 보통예금(국민은행)에 입금
되고, 50%는 동사발행 당좌수표로 수취하다.

전자세금계산서

(공급자 보관용)   승인번호   20240827-XXXX0253

공급자	등록번호	104-81-47228			공급받는자	등록번호	104-81-24017		
	상호	우주가구(주)	성명(대표자)	전우주		상호	(주)한국가구	성명(대표자)	김한국
	사업장주소	서울특별시 서대문구 성산로408				사업장주소	서울시 종로구 계동2길 11		
	업태	도소매	종사업장번호			업태	도매	종사업장번호	
	종목	사무용가구				종목	생활가구		
	E-Mail	space@kcci.com				E-Mail	water@kcci.com		

작성일자	2024.8.27.	공급가액	7,500,000	세 액	750,000
비고					

월	일	품목명	규격	수량	단가	공급가액	세액	비고
8	27	책상	10-1	25	180,000	4,500,000	450,000	
8	27	금고	35-4	5	600,000	3,000,000	300,000	

합계금액	현금	수표	어음	외상미수금	이 금액을	● 영수 / ○ 청구	함
8,250,000	4,125,000	4,125,000					

출고입력 8월 27일	• 처리구분 : [2.건별 + 1.과세] • 지급구분 : [4.혼합] 당좌수표, 예금으로 구분입력 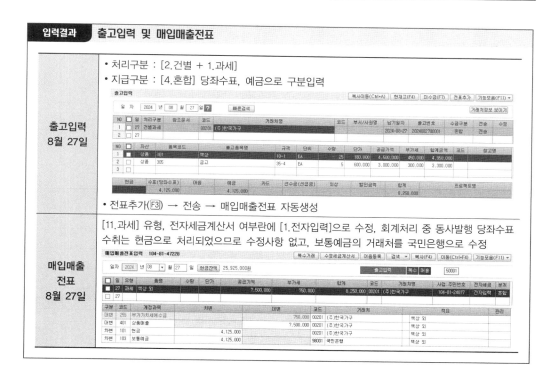 • 전표추가(F3) → 전송 → 매입매출전표 자동생성
매입매출 전표 8월 27일	[11.과세] 유형, 전자세금계산서 여부란에 [1.전자입력]으로 수정, 회계처리 중 동사발행 당좌수표 수취는 현금으로 처리되었으므로 수정사항 없고, 보통예금의 거래처를 국민은행으로 수정

(1) 수수료비용

코드	계정과목명
531	수수료비용
631	수수료비용
731	수수료비용
831	수수료비용
946	수수료비용

- 사용하지 않는 계정과목 코드 : 500번대, 600번대, 700번대
- 사용하는 계정과목 코드 : 800번대(판매비와관리비), 900번대(영업외비용)

- 동일한 계정과목이지만 코드가 다른 이유는 해당 비용을 처리하는 항목이 다르기 때문이다. 본 시험은 상기업의 회계처리를 수행하므로 제조원가(500번대)와 같은 원가항목의 코드는 사용하지 않는다.
- 수수료비용(코드 946 영업외비용)은 당기손익-공정가치측정금융자산의 취득 시 수수료의 경우 사용함

(2) 유가증권 유동과 비유동 분류

코드	계정과목명
124	상각후원가측정금융자산(유동)
181	상각후원가측정금융자산(비유동)

코드	계정과목명
123	기타포괄손익-공정가치측정금융자산(유동)
178	기타포괄손익-공정가치측정금융자산(비유동)

- 지분증권과 채무증권의 단기보유(유동자산)인 경우 : 124, 123
- 지분증권과 채무증권의 장기보유(비유동자산)인 경우 : 181, 178

(3) 거래처코드 입력

채권, 채무, 예적금 등의 계정과목에는 반드시 거래처코드를 입력하여야 한다.

(4) 어음의 자금관리 입력

받을어음과 지급어음은 자금관리 'F3 어음관리' 입력을 반드시 해야 한다.

(5) 판매비와관리비 계정과목 정리

판매비와관리비	비 고
종업원급여	임직원에게 근로의 대가로 지급하는 금액
상여금	월급이 아닌 상여금
잡 급	일용직 사원의 급여
퇴직급여	퇴직 시 지급하는 퇴직금, 퇴직급여충당부채 설정 시 대체액
복리후생비	임직원 식대, 임직원 경조사비, 건강보험료 회사부담분(50%) 등 복리후생을 위해 지급하는 비용
접대비	사업상 지출되는 거래처 식대, 선물대금, 경조사비 등
여비교통비	업무 관련 버스비, 택시비, 출장비, 숙박비, 항공료 등
통신비	전화, 우편, 팩스, 핸드폰요금, 인터넷요금 등
수도광열비	수도료, 전기료, 가스료, 난방비 등
세금과공과	재산세, 자동차세, 사업소세, 상공회의소회비, 국민연금보험료 회사부담분(50%), 과태료 및 가산세 등 (단, 취득과 관련한 세금(취득세 등)은 자산의 취득원가에 포함)

감가상각비	결산 시 계상되는 유형자산의 가치감소를 측정한 금액
임차료	건물, 토지, 복사기 등을 빌리고 지급하는 월세 및 사용료
수선비	건물, 비품, 기계장치 등의 수리비 (유형자산의 수익적지출)
차량유지비	차량주유비, 엔진오일 교환, 타이어 교환, 주차요금, 기타 차량수선비 등 (유형자산 중 차량운반구의 수익적지출)
교육훈련비	종업원 교육훈련에 관련된 비용, 위탁교육비, 외부강사료, 학원비 등
광고선전비	홍보비용, TV·신문 광고료, 광고물제작·배포비, 간판제작 등
보험료	산재보험료, 자동차보험료, 화재보험료, 고용보험료 회사부담분 등
운반비	매출관련 운임, 탁송료, 퀵서비스, 택배비 등 (단, 상품 매입 시 운임은 상품의 취득원가에 포함)
도서인쇄비	신문, 잡지, 도서, 복사비, 명함인쇄비 등
소모품비	사무용 장부, 복사용지 등 사무용품 및 소모자재 등의 구입비용 (소모품의 사용액)
수수료비용	용역을 제공받고 지급하는 수수료, 기장료, 경비용역비, 송금수수료 등 (단, 당기손익-공정가치측정금융자산의 취득 시 수수료의 경우에는 판관비의 수수료비용이 아닌 '영업외비용(코드 946번 수수료비용)'으로 처리해야 함)
경상연구개발비	연구비, 미래 경제적 효익을 기대할 수 없는 경상적 개발비
무형자산상각비	무형자산의 가치감소를 측정하여 비용으로 처리
대손상각비	결산 시 매출채권에 대한 대손예상액 또는 기중 회수불능액 (단, 기타채권에 대한 대손의 경우에는 '영업외비용(기타의대손상각비)'으로 처리)
잡 비	소액으로 지급하는 기타 비용

지구가구(주) (회사코드 : 1100) ▶ 회사변경 후 실무수행 연습하기

입력예제 | **전표입력**

(1) 11월 1일 가수금(10월 15일) ₩1,500,000은 매출처 유달산유통(주)로부터 외상매출금이 회수된 것으로 확인된다.

(2) 11월 7일 상품을 매입하고 전자세금계산서를 발급받다. 대금은 전액 보통예금(국민은행)으로 입금되다.

전자세금계산서 (공급받는자 보관용) 승인번호 20241107-XXXX0151

공급자	등록번호	206-82-00400			공급받는자	등록번호	104-81-47228		
	상호	드림유통	성명(대표자)	오세진		상호	지구가구(주)	성명(대표자)	안지구
	사업장주소	서울시 중구 서소문로 10				사업장주소	서울특별시 서대문구 성산로408		
	업태	제조		종사업장번호		업태	도소매		종사업장번호
	종목	사무가구				종목	사무용가구		
	E-Mail	woori@kcci.com				E-Mail	space@kcci.com		

작성일자	2024.11.07.	공급가액	2,200,000	세 액	220,000
비고					

월	일	품목명	규격	수량	단가	공급가액	세액	비고
11	7	병상품		200	11,000	2,200,000	220,000	

합계금액	현금	수표	어음	외상미수금	이 금액을	● 영수	함
2,420,000	2,420,000					○ 청구	

(3) 11월 12일 보통예금(국민은행)에서 ₩6,000,000을 자기앞수표로 인출하여 우리은행에 정기예금(1년 만기)으로 예입하다.

(4) 11월 17일 강남유통(주)의 외상매출금 중 ₩23,000,000을 약속어음(아차40102021, 만기일 : 2025년 3월 10일, 발행인 : 강남유통(주), 지급은행 : 국민은행(신촌지점))으로 받다.

(5) 11월 18일 자인가구(주)에 대한 외상매입금 ₩1,000,000을 당좌수표(지급은행 : 신한은행)를 발행하여 지급하다.

(6) 11월 20일 플리가구(주)로부터 상품을 주문받고, 계약금 ₩3,000,000을 플리가구(주) 발행의 당좌수표로 받다.

(7) 11월 25일 보통예금(국민은행) 통장을 정리한 결과, 이자 ₩32,000이 입금되어 있음을 확인하다. 단, 이자입금일은 당일이다(원천징수는 무시함).

(8) • 12월 2일 상품을 매출하고 전자세금계산서를 발급하다.

전자세금계산서		(공급자 보관용)			승인번호	20241202-XXXX0253	

공급자	등록번호	104-81-47228			공급받는자	등록번호	104-81-24017	
	상호	지구가구(주)	성명(대표자)	안지구		상호	경인유통(주)	성명(대표자)	김한국
	사업장주소	서울특별시 서대문구 성산로408				사업장주소	서울시 종로구 계동2길 11		
	업태	도소매		종사업장번호		업태	도매		종사업장번호
	종목	사무용가구				종목	생활가구		
	E-Mail	space@kcci.com				E-Mail	water@kcci.com		

작성일자	2024.12.2.	공급가액	4,600,000	세 액	460,000

비고							

월	일	품목명	규격	수량	단가	공급가액	세액	비고
12	2	을상품		60	60,000	3,600,000	360,000	
12	2	병상품		40	25,000	1,000,000	100,000	

합계금액	현금	수표	어음	외상미수금	이 금액을	● 영수 / ○ 청구	함
5,060,000				5,060,000			

(9) 12월 3일 시티은행으로부터 차입한 단기차입금 ₩5,000,000과 그 이자 ₩25,000을 보통예금(국민은행) 계좌에서 이체하여 지급하다.

(10) 12월 5일 보통예금(국민은행) 계좌에서 현금 ₩20,000,000을 인출하다.

(11) 12월 9일 현금과부족계정 차변 잔액 ₩600,000에 대한 원인은 다음과 같이 확인되다.

직원식대 : ₩200,000	신문광고비 : ₩250,000	거래처접대 : ₩150,000

(12) 12월 10일 10월 8일에 단기 시세차익 목적으로 취득한 주식 중 150주(취득단가 ₩50,000, 처분단가 ₩60,000)를 처분하고, 대금은 보통예금(국민은행) 계좌에 입금하다.

(13) 12월 12일 종업원급여 ₩2,000,000 중 소득세 ₩165,000을 차감한 잔액은 보통예금(국민은행)에서 종업원급여 계좌로 이체하다.

(14) 12월 17일　단기 시세차익을 목적으로 (주)상공 발행 주식 100주(액면금액 @₩5,000, 취득금액 @₩8,000)를 취득하고 대금은 수수료 ₩5,000과 함께 보통예금(신한은행) 계좌에서 이체하다.

(15) 12월 20일　매입처 대현가구(주)에 발행한 약속어음(어음번호 : 가나54612303, 만기일 : 2024년 12월 20일, 지급은행 : 국민은행) ₩10,000,000이 금일 만기가 되어 당점의 당좌예금(국민은행) 계좌에서 결제되다.

(16) 12월 27일　승용차자동차세 ₩1,500,000을 현금으로 지급하다.

입력결과　전표입력

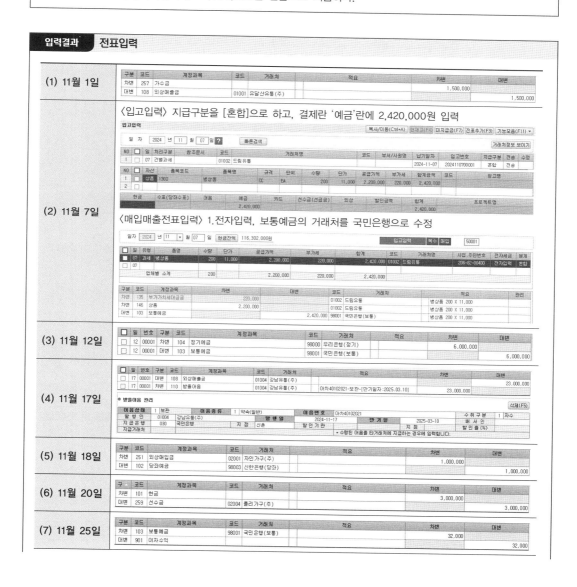

(8) 12월 2일

〈출고입력〉

NO	일	처리구분	참조문서	코드	거래처명	코드	부서/사원명	납기일자	출고번호	수금구분	전송	수정
1	02	건별과세		00101	경인유통(주)			2024-12-02	2024120200001	외상	전송	

NO		자산	품목코드	출고품목명	규격	단위	수량	단가	공급가액	부가세	합계금액	코드	창고명
1		상품	1200	흑상품	BB	EA	60	60,000	3,600,000	360,000	3,960,000		
2		상품	1300	병상품	CC	EA	40	25,000	1,000,000	100,000	1,100,000		
3													

현금	수표(당좌수표)	어음	예금	카드	선수금(선금금)	외상	할인금액	합계	프로젝트명
						5,060,000		5,060,000	

〈매입매출전표입력〉 1.전자입력

일자 2024 년 12 월 02 일 현금잔액 118,342,000원 출고입력 복수 매출 50001

	일	유형	품명	수량	단가	공급가액	부가세	합계	코드	거래처명	사업.주민번호	전자세금	분개
	02	과세	흑상품외			4,600,000	460,000	5,060,000	00101	경인유통(주)	104-81-24017	전자입력	외상
	02												
		업체별 소계				4,600,000	460,000	5,060,000					

구분	코드	계정과목	차변	대변	코드	거래처	적요	관리
차변	108	외상매출금	5,060,000		00101	경인유통(주)	흑상품외	
대변	255	부가가치세예수금		460,000	00101	경인유통(주)	흑상품외	
대변	401	상품매출		4,600,000	00101	경인유통(주)	흑상품외	

(9) 12월 3일

구분	코드	계정과목	코드	거래처	적요	차변	대변
차변	260	단기차입금	98004	시티은행		5,000,000	
차변	931	이자비용				25,000	
대변	103	보통예금	98001	국민은행(보통)			5,025,000

(10) 12월 5일

구분	코드	계정과목	코드	거래처	적요	차변	대변
차변	101	현금				20,000,000	
대변	103	보통예금	98001	국민은행(보통)			20,000,000

(11) 12월 9일

구분	코드	계정과목	코드	거래처	적요	차변	대변
차변	811	복리후생비				200,000	
차변	833	광고선전비				250,000	
차변	813	접대비				150,000	
대변	141	현금과부족					600,000

(12) 12월 10일

구분	코드	계정과목	코드	거래처	적요	차변	대변
차변	103	보통예금	98001	국민은행(보통)		9,000,000	
대변	107	당기손익-공정가치측정 금융자산					7,500,000
대변	906	당기손익-공정가치측정 금융자산처분이익					1,500,000

(13) 12월 12일

구분	코드	계정과목	코드	거래처	적요	차변	대변
차변	802	종업원급여				2,000,000	
대변	254	예수금					165,000
대변	103	보통예금	98001	국민은행(보통)			1,835,000

(14) 12월 17일

구분	코드	계정과목	코드	거래처	적요	차변	대변
차변	107	당기손익-공정가치측정 금융자산				800,000	
차변	946	수수료비용				5,000	
대변	103	보통예금	98005	신한은행(보통)			805,000

(15) 12월 20일

	일	번호	구분	코드	계정과목	코드	거래처	적요	차변	대변
	20	00001	차변	252	지급어음	03004	대현가구(주)	가나54612303-결제-[만]	10,000,000	
	20	00001	대변	102	당좌예금	98006	국민은행(당좌)			10,000,000

지급어음 어음번호 코드도움   ✕

발행일	코드	거래처명	어음번호	만기일	발행금액	구분
2024 11 02	03004	대현가구(주)	가나54612303	2024 12 20	10,000,000	1 어음

삭제(F5)

'어음번호'란에서 조회(F2)하여 선택

● 지급어음 관리

어음상태	3 결제	어음번호	가나54612303	어음종류	1 어음	발 행 일	2024-11-02
만 기 일	2024-12-20	지급은행	98006 국민은행(당좌)	지 점			

(16) 12월 27일

구분	코드	처리구분	계정과목	코드	거래처	적요	차변	대변
차변	817		세금과공과				1,500,000	
대변	101		현금					1,500,000

결 산

01 결산방법

결산작업은 일반전표에서 직접 결산정리분개를 입력하는 수동결산방법과 프로그램상의 필요한 자료를 입력하면 결산정리분개가 자동으로 이루어져 일반전표에 추가하는 자동결산방법이 있다. 두 방법 모두 결산 재무제표의 결과의 차이는 없다.

수동결산은 결산일 시점에 일반전표에 직접 분개하여 입력하는 것이며, 자동결산은 매출원가(기말재고자산금액 파악), 감가상각비, 대손상각비, 퇴직급여충당부채 등을 [결산자료입력] 메뉴에 결산에 반영할 금액을 입력하고 전표를 추가하면 자동으로 일반전표가 생성되는 결산방법이다.

단, 자동결산으로 결산을 수행하지 않고 수동결산(일반전표 직접입력)으로 결산을 수행해도 상관없다. 결산하는 방법을 선택하는 것의 차이일 뿐이다.

결산 순서 : 수동결산 → 자동결산	
수동결산	12월 31일 일반전표입력 직접입력
	(1) 기간미경과된 비용을 선급비용(자산)으로 이연 (2) 기간미경과된 수익을 선수수익(부채)으로 이연 (3) 기간경과된 수익을 미수수익(자산)으로 발생 (4) 기간경과된 비용을 미지급비용(부채)으로 발생 (5) 소모품(미사용액)과 소모품비(사용액)의 대체 (6) 유가증권(당기손익-공정가치측정금융자산) 공정가치 평가 (7) 미결산 계정인 가지급금과 가수금 정리 (8) 현금과부족 잔액의 계정대체
자동결산	[결산자료입력] → 전표추가(F3) → 12월 31일 일반전표입력 전표자동생성
	(1) 기말재고자산(상품) 금액 입력(물류관리 메뉴-재고자산수불부 직접 마감) (2) 매출채권 대손충당금(보충법) 설정금액 입력 (3) 유형자산 감가상각비 입력 (4) 무형자산 상각비 입력
재무제표 마감	손익계산서 조회 → 이익잉여금처분계산서 조회 후 전표추가(F3) → 재무상태표 조회(대차일치 확인)

수동결산은 결산일 시점(12월 31일)에 일반전표에 직접 분개하여 결산수정사항을 장부에 반영하는 것이다.

(1) 선급비용

기중 보험료 등 비용의 발생 시 비용계정으로 계상한 경우, 결산일 현재 기간이 미경과한 비용을 자산으로 처리하여 비용을 이연시키는 정리분개를 하게 된다.

(차) 선급비용	XXX	(대) 보험료 등	XXX

(2) 선수수익

기중 수입임대료 등 수익의 발생 시 수익계정으로 계상한 경우, 결산일 현재 기간이 미경과한 수익을 부채로 처리하여 수익을 이연시키는 정리분개를 하게 된다.

(차) 임대료 등	XXX	(대) 선수수익	XXX

(3) 미수수익

결산 시 실제 수익(이자수익 등)은 당기에 기간이 경과되어 발생되었으나 현금 등으로 수령하지 않은 경우에 경과된 수익을 당기수익으로 처리하고 차후에 수령할 자산으로 인식하는 정리분개를 한다.

(차) 미수수익	XXX	(대) 이자수익 등	XXX

(4) 미지급비용

결산 시 실제 비용(이자비용 등)은 당기에 기간이 경과되어 발생되었으나 현금 등으로 지급하지 않은 경우에 경과된 비용을 당기비용으로 처리하고 차후에 지급할 부채로 인식하는 정리분개를 한다.

(차) 이자비용 등	XXX	(대) 미지급비용	XXX

(5) 소모품과 소모품비 대체

결산일 현재 소모품에 대한 정리분개는 2가지 방법이 존재한다. 기중 소모품 구입 시 비용(소모품비)으로 처리하였을 때와 자산(소모품)으로 처리하였을 경우로 구분된다.

• 기중에 비용(소모품비)으로 처리했다면, 기말현재 자산(소모품)의 재고를 파악한 후 정리분개를 한다.

(차) 소모품	XXX	(대) 소모품비	XXX

• 기중에 자산(소모품)으로 처리했다면, 기말현재 비용(소모품비)을 파악한 후 정리분개를 한다.

(차) 소모품비	XXX	(대) 소모품	XXX

(6) 유가증권(당기손익-공정가치측정금융자산 등) 공정가치 평가

당기손익-공정가치측정금융자산은 기말 장부가액을 공정가치로 평가하며 이를 당기손익에 반영한다.

장부가액 < 공정가치	(차) 당기손익-공정가치측정 금융자산	XXX	(대) 당기손익-공정가치측정 금융자산평가이익	XXX
장부가액 > 공정가치	(차) 당기손익-공정가치측정 금융자산평가손실	XXX	(대) 당기손익-공정가치측정 금융자산	XXX

(7) 가지급금과 가수금 정리

기말 시점에 미결산계정(가지급금, 가수금)의 원인을 파악하여 정리한다.

가지급금	(차) 원인파악계정	XXX	(대) 가지급금	XXX
가수금	(차) 가수금	XXX	(대) 원인파악계정	XXX

(8) 현금과부족 정리

현금과부족 임시계정이 존재할 경우 결산일 현재 원인을 파악하여 이에 대한 정리분개를 하여야 한다.
다만, 결산일 현재 현금이 과부족한 경우에는 즉시 잡이익(잡손실)로 처리한다.

현금과부족 잔액이 차변에 있는 경우	(차) 잡손실	XXX	(대) 현금과부족	XXX
현금과부족 잔액이 대변에 있는 경우	(차) 현금과부족	XXX	(대) 잡이익	XXX
결산일 현재 현금이 부족한 경우	(차) 잡손실	XXX	(대) 현 금	XXX
결산일 현재 현금이 과잉인 경우	(차) 현 금	XXX	(대) 잡이익	XXX

고정자산이라 함은 유형자산과 무형자산을 의미하며 토지와 건설중인자산을 제외한 자산은 가치의 감소분을 비용으로 인식하고 있다. 감가상각비의 계산은 실무에서는 고정자산등록 메뉴에 자산을 등록하고 감가상각 요소(취득원가, 내용연수 등)를 입력하면 감가상각비가 자동으로 계산되며 이를 결산에 반영할 수 있다.

(1) 고정자산등록 메뉴

1. 기초가액	전기말 현재의 취득가액을 입력한다. 단, 무형자산의 경우에는 전기말 장부가액을 입력한다.
2. 전기말 상각누계액	전기말 감가상각누계액을 입력한다.
3. 전기말 장부가액	입력된 기초가액−전기말 상각누계액이 자동으로 계산된다.
4. 신규취득및증가	당기 중에 취득한 유·무형자산의 취득원가(부대비용 포함)를 입력한다.
9. 상각방법	0.정률법, 1.정액법 중에서 선택한다(단, 건물, 구축물의 경우에는 1.정액법으로 고정되어 있음).
10. 내용연수(상각률)	해당 자산의 내용연수를 입력하면 상각률은 자동계산되어 표시된다.
19. 당기상각범위액	당기분 감가상각비로 자동계산된다.
20. 회사계상상각비	당기분 감가상각비로 자동계산된다. 단, '사용자수정'을 클릭하여 당해연도 감가상각비를 직접 입력(수정)할 수 있다.
23. 당기말 상각누계액	전기말 상각누계액과 당기상각비의 합계액이 자동 표시된다.
24. 당기말 장부가액	기초가액에서 당기말 상각누계액을 차감한 금액이 자동 표시된다.
하단2. 경비구분	고정자산의 용도에 따른 감가상각비 해당 경비의 구분을 위한 선택이며, 선택번호 0.800번대(판매비와일반관리비), 1.500번대(제조경비), 2.600번대(도급경비), 3.700번대(분양경비) 중 해당 번호를 입력한다.
하단3. 전체양도일자	고정자산을 양도한 경우 당해 일자를 입력한다.

(2) 고정자산등록방법

우주가구(주) (회사코드 : 1000)　　　▶ 회사변경 후 실무수행 연습하기

① 기중에 취득하는 경우

입력예제　**고정자산 기중 취득**

상품운반용 트럭을 다음과 같이 현금으로 구입하다.

자산코드	계정과목 (자산계정)	자산명	수 량	취득일	취득가액	내용연수	상각방법
1200	차량운반구	운반트럭	1대	2024.09.10.	₩12,000,000	5년	정액법

입력결과　**고정자산 기중 취득**

[일반전표입력]
9월 10일 일반전표입력

구분	코드	계정과목	코드	거래처	적요	차변	대변
차변	208	차량운반구				12,000,000	
대변	101	현금					12,000,000

[고정자산등록]

'차량운반구'로 선택하여 감가상각요소를 입력한다. 단, 당기 중 취득한 자산이므로 취득원가 12,000,000
원은 [4.신규취득및증가]란에 입력한다.

• 차량운반구의 당기분 감가상각비 : 800,000원

② 전기 이전에 취득한 경우

입력예제	고정자산 전기 이전 취득						
계정과목	코 드	자산명	취득일자	취득원가	전기말 감가누계액	상각방법	내용연수
건 물	100	사 옥	2023.01.10.	₩68,000,000	₩6,800,000	정액법	10년
비 품	300	난방기	2022.01.05.	₩16,000,000	₩6,845,000	정률법	5년

입력결과	고정자산 전기 이전 취득

[고정자산등록]

'건물'과 '비품'으로 각각 선택하여 감가상각요소를 입력한다. 전기 이전에 취득한 자산의 취득원가는 [1.기
초가액]에 입력하고, 전기말 상각누계액을 입력한다.

• 건물의 당기분 감가상각비 : 6,800,000원
• 비품의 당기분 감가상각비 : 4,128,905원

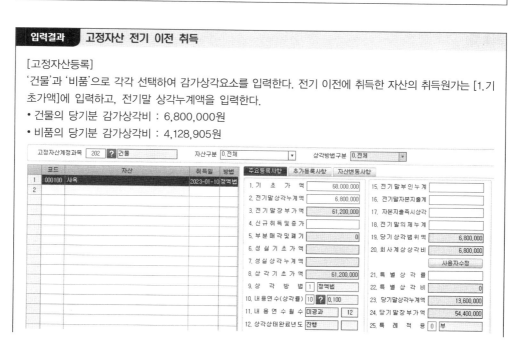

(3) 감가상각비 조회

고정자산등록 메뉴인 [원가경비별 감가상각명세서]를 조회하면 유형자산과 무형자산의 감가상각내역을 확인할 수 있다. 해당 메뉴는 결산 시 당기분 감가상각비를 조회하여 결산작업을 수행할 때 조회하는 메뉴이다.

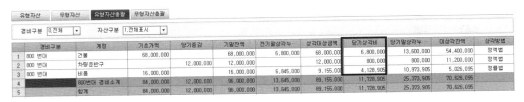

04　자동결산

> 55 페이지 ~ 62 페이지 입력예제 전까지의 New Splus 화면은 프로그램에 입력된 자료가 아닙니다.
> 62 페이지 예제를 풀기 위해 자동결산의 과정을 눈으로 익히며 학습하여 주시기 바랍니다.

자동결산은 [결산자료입력] 메뉴에 결산에 반영할 금액을 입력하여 자동으로 결산정리분개전표를 발생시키는 방법이다. 일반전표에 수동으로 직접 분개하는 방법이 아니므로 수동결산에 비해 수월하게 결산작업을 수행할 수 있다.

(1) 결산자료입력 메뉴 실행

[결산자료입력] 메뉴를 실행하고 결산일자(1월 ~ 12월)를 입력하면 다음 화면의 박스가 나타난다. '매출원가 및 경비선택'은 회사의 업종에 따라 선택이 달라지게 된다. 상기업의 경우에는 아래 그림과 같이 451.상품매출원가만 입력한다(451 코드의 경우 입력을 생략해도 해당 금액이 있으면 자동반영되며, 원가경비는 입력하지 않는다).

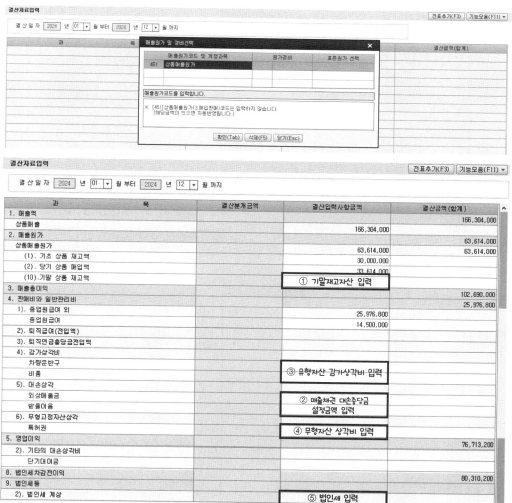

(2) 자동결산자료 입력사항

① 기말재고자산 금액 입력

〈순서 1〉

[물류관리] – [재고관리] – [재고자산수불부] 메뉴에서 12월 31일 현재 재고자산을 마감한다.
재고자산평가방법은 선입선출법을 적용하며, 마감(F3)은 일괄마감을 선택한다.
(재고자산평가방법은 상단 우측 `기능모음(F11) ▼` 의 `평가방법          F7` 을 클릭하여 확인할 수 있음)

〈순서 2〉

[물류관리] – [재고관리] – [재고자산명세서] 메뉴에서 12월 조회하여 재고금액을 확인한다.

〈순서 3〉

[결산자료입력] 메뉴 2.매출원가의 (10)기말상품재고액란에 금액을 입력하고 상단 우측의 전표추가(F3) 를 한 뒤, 12월 31일 일반전표를 확인하면 상품매출원가 대체 분개가 자동으로 생성된다.

| (차) 상품매출원가 | 55,000,000 | (대) 상 품 | 55,000,000 |

② 매출채권 대손충당금(보충법) 설정금액 입력

〈순서 1〉

합계잔액시산표를 조회하여 매출채권 잔액과 매출채권별 대손충당금 잔액을 조회하여 대손충당금 보충액을 직접 계산한다(단, 대손율은 기말 매출채권 잔액의 1%로 가정).

- 외상매출금 보충설정액 : (18,750,000원 × 1%) – 150,000원 = 37,500원
- 받을어음 보충설정액 : (13,500,000원 × 1%) – 125,000원 = 10,000원

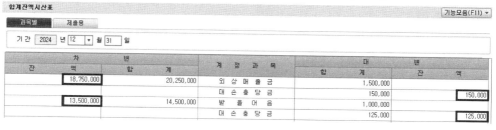

<순서 2>

[결산자료입력] 메뉴 5)대손상각란에 외상매출금과 받을어음란에 대손충당금 보충설정액을 각각 입력하고, 상단 우측의 전표추가(F3) 를 한다. 일반전표를 확인하면 다음과 같은 분개가 자동으로 생성된다.

| (차) 대손상각비 | 47,500 | (대) 대손충당금(외) | 37,500 |
| | | 대손충당금(받) | 10,000 |

③ 유형자산 감가상각비 입력

<순서 1>

[고정자산등록] – [원가경비별감가상각명세서] 메뉴에서 유형자산의 당기분 상각비를 조회한다.

<순서 2>

[결산자료입력] 메뉴 4)감가상각비란에 각각 입력한다. 상단 우측의 전표추가(F3) 를 한 뒤 일반전표를 확인하면 다음과 같은 분개가 자동으로 생성된다.

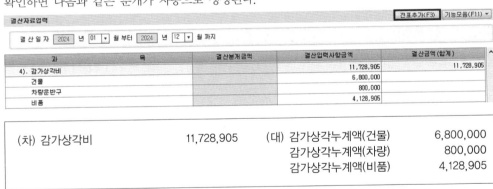

(차) 감가상각비	11,728,905	(대) 감가상각누계액(건물)	6,800,000
		감가상각누계액(차량)	800,000
		감가상각누계액(비품)	4,128,905

④ 무형자산 상각비 입력

〈순서 1〉

[고정자산등록] - [원가경비별감가상각명세서] 메뉴에서 무형자산의 당기분 상각비를 조회한다.

〈순서 2〉

[결산자료입력] 메뉴 6)무형고정자산상각란에 직접 입력한다. 상단 우측의 전표추가(F3)를 한 뒤 일반전표를 확인하면 다음과 같은 분개가 자동으로 생성된다.

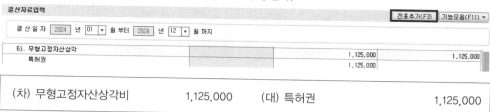

(차) 무형고정자산상각비   1,125,000   (대) 특허권   1,125,000

⑤ 법인세 입력

[결산자료입력] 메뉴 9.법인세등 2)법인세 계상란에 직접 입력한다. 상단 우측의 전표추가(F3)를 한 뒤 일반전표를 확인하면 다음과 같은 분개가 자동으로 생성된다(단, 당기 법인세는 500,000원으로 가정).

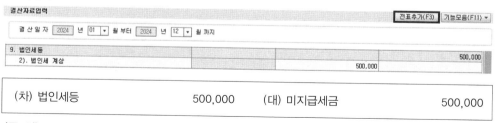

(차) 법인세등   500,000   (대) 미지급세금   500,000

〈주 의〉

전표추가(F3)는 결산반영할 금액을 모두 마친 뒤 한 번만 수행하도록 한다.

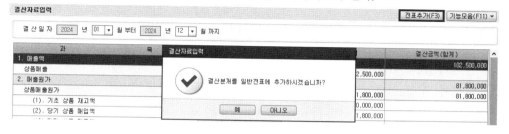

결산자료입력(자동결산)이 끝난 후 장부마감을 통해 결산 재무제표를 작성한다.

재무제표의 마감 순서는 다음과 같다.

> 손익계산서 → 이익잉여금처분계산서 → 재무상태표

(1) 손익계산서 조회

12월 말 손익계산서를 조회하여 당기순이익을 확인한 뒤, 당기순이익을 자동으로 이익잉여금처분계산서로 입력하기 위해 순서대로 작성해야 한다.

예 당기순이익 21,024,230원을 확인한다.

	손익계산서		기능모음(F11)

기 간 2024 년 12 ▼ 월			

| 과목별 | 제출용 | 표준(법인)용 | 포괄손익 |

과목	제 4(당)기 [2024/01/01 ~ 2024/12/31]		제 3(전)기 [2023/01/01 ~ 2023/12/31]	
	금액		금액	
Ⅰ. 매　　　　출　　　　액		65,530,000		100,000,000
상　품　매　출	65,530,000		100,000,000	
Ⅱ. 매　　출　　원　　가		36,864,000		60,000,000
상　품　매　출　원　가		36,864,000		60,000,000
기　초　상　품　재　고　액	30,000,000		10,000,000	
당　기　상　품　매　입　액	21,414,000		80,000,000	
기　말　상　품　재　고　액	14,550,000		30,000,000	
Ⅲ. 매　　출　　총　　이　　익		28,666,000		40,000,000
Ⅳ. 판　매　비　와　관　리　비		10,871,770		25,000,000
Ⅶ. 영　　업　　외　　비　　용		1,620,000		300,000
이　　자　　비　　용	1,600,000		0	
기　타　의　대　손　상　각　비	0		300,000	
수　　수　　료　　비　　용	10,000		0	
잡　　　손　　　실	10,000		0	
Ⅷ. 법　인　세　차　감　전　이　익		21,024,230		15,200,000
Ⅸ. 법　　인　　세　　등		0		660,000
법　　인　　세　　등	0		660,000	
Ⅹ. 당　기　순　이　익		21,024,230		14,540,000

(2) 이익잉여금처분계산서 조회

손익계산서의 조회가 끝난 후 잉여금처분계산서를 작성한다. 잉여금처분계산서 작성 시 주의할 사항은 '전에 입력된 데이터가 있습니다. 불러오시겠습니까?'라는 질문에 결산이 끝난 후가 아닌 경우에는 '예'를 누르지 말고 '아니오'를 선택하여 열어야 업데이트가 된 내용을 볼 수 있으며, 전표추가(F3) 클릭하면 잉여금처분 회계처리가 일반전표에 추가된다.

예 당기순이익 21,024,230원이 반영되었는지 확인한 뒤에 전표추가(F3) 를 한다. 미처분이익잉여금 63,449,230원이 재무상태표에 반영된다.

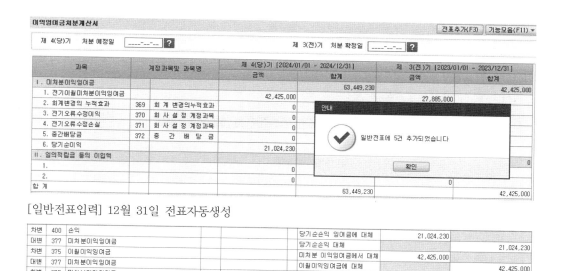

[일반전표입력] 12월 31일 전표자동생성

차변	400	손익			당기순손익 잉여금에 대체	21,024,230	
대변	377	미처분이익잉여금			당기순손익 대체		21,024,230
차변	375	이월이익잉여금			미처분 이익잉여금에서 대체	42,425,000	
대변	377	미처분이익잉여금			이월이익잉여금에 대체		42,425,000
차변	377	미처분이익잉여금			이월이익잉여금에서 대체	63,449,230	
대변	375	이월이익잉여금			차기이월이익잉여금		63,449,230

(3) 재무상태표 조회

잉여금처분계산서에서 전표추가(F3) 를 끝낸 후 결산 재무상태표를 조회하면 대차가 일치되어 오류없이 조회할 수 있다.

예 미처분이익잉여금 63,449,230원이 재무상태표에 반영된다.

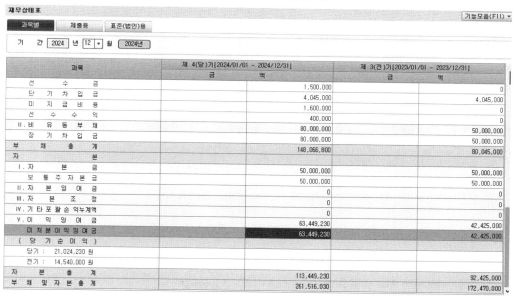

시험가이드

시험에서는 결산 재무제표 작성을 순서(손익계산서 → 이익잉여금처분계산서 → 재무상태표)대로 수행하지 않아도 점수에는 영향이 없으므로 수행하지 않아도 무방하다. 단, 이익잉여금처분계산서에서 전표추가(F3)를 하지 않고 재무상태표를 조회 시 〈에러〉가 뜬다.

아래 둘 중 하나를 선택하여 수행하면 된다.
• 선택 1 : 〈에러〉는 점수에 전혀 영향을 주지 않으므로 무시하고 장부조회를 수행한다.
• 선택 2 : 재무제표 작성을 순서대로 수행하여 〈에러〉가 발생하지 않도록 한다.

화성가구(주) (회사코드 : 1200)   ▶ 회사변경 후 실무수행 연습하기

입력예제　**결산정리사항**

기말(12월 31일) 결산정리사항을 회계처리하고 마감하시오.

(1) 기말까지 현금과부족 ₩10,000의 원인이 파악되지 않아 적절한 과목으로 처리하다.

(2) 가수금 ₩500,000은 매출처 두리상사의 상품 주문 계약금으로 밝혀지다.

(3) 보험료 선급분을 계상하다. 단, 월할계산에 의한다.

(4) 정기예금(산업은행)에 대한 이자 미수분 ₩250,000을 계상하다.

(5) 임대료 선수분 ₩400,000을 계상하다.

(6) 장기차입금에 대한 당기분 이자 미지급액 ₩1,600,000을 계상하다.

(7) 단기 시세차익을 목적으로 보유 중인 대호전자(주) 주식 ₩10,000,000을 기말 공정가치 ₩15,000,000으로 평가하다.

(8) 소모품 미사용액 ₩250,000을 계상하다.

(9) 매출채권 잔액에 대하여 1%의 대손충당금(보충법)을 설정하다.

(10) 모든 비유동자산에 대하여 감가상각비를 계상하다.

(11) 기말상품재고액을 입력하고 결산 처리하다. 단, 재고평가는 선입선출법으로 한다.

〈1〉 수동결산

(1) ~ (8) : 12월 31일 [일반전표입력] 직접 입력

(1)	합계잔액시산표에서 현금과부족 잔액 차변에 10,000원 확인

일	번호	구분	코드	계정과목	코드	거래처	적요	차변	대변
31	00001	차변	960	잡손실				10,000	
31	00001	대변	141	현금과부족					10,000

(2)

구분	코드	계정과목	코드	거래처	적요	차변	대변
차변	257	가수금				500,000	
대변	259	선수금	00101	두리상사			500,000

(3)

계정별원장 조회 ✕

조회기간 2024 년 01 월 01 일 ~ 2024 년 12 월 31 일 [?] 잔액형태 1.누계 ▾ 적요유형 0.사용안함 ▾ [?] ~ [?]
유형구분 0.사용안함 ▾ [?] ~ [?] 계정코드 821 [?] ~ 821 [?] |< [▾] 821 : 보험료 [▾] > >|

날짜	코드	적요	코드	거래처명	차변	대변	잔액
06/01		화재보험료(1년분 2024.06.01.-20...			2,400,000		2,400,000

선급비용 : 2,400,000원 × 5/12 = 1,000,000원

구분	코드	계정과목	코드	거래처	적요	차변	대변
차변	133	선급비용				1,000,000	
대변	821	보험료					1,000,000

(4)

구분	코드	계정과목	코드	거래처	적요	차변	대변
차변	116	미수수익				250,000	
대변	901	이자수익					250,000

(5)

구분	코드	계정과목	코드	거래처	적요	차변	대변
차변	904	임대료				400,000	
대변	263	선수수익					400,000

(6)

구분	코드	계정과목	코드	거래처	적요	차변	대변
차변	931	이자비용				1,600,000	
대변	262	미지급비용					1,600,000

(7)

구분	코드	계정과목	코드	거래처	적요	차변	대변
차변	107	당기손익-공정가치측정금융자산				5,000,000	
대변	905	당기손익-공정가치측정금융자산평가이익					5,000,000

(8)

구분	코드	계정과목	코드	거래처	적요	차변	대변
차변	172	소모품				250,000	
대변	830	소모품비					250,000

〈2〉 자동결산

(9) ~ (11) : [결산자료입력] 결산반영금액 계산 및 조회

(9)

[합계잔액시산표] 대손충당금 보충설정액 계산

기간 2024 년 12 ▾ 월 31 일

차　변		계 정 과 목	대　변	
잔　액	합　계		합　계	잔　액
414,800,000	821,800,000	외 상 매 출 금	407,000,000	
		대 손 충 당 금	1,200,000	1,200,000
55,000,000	95,000,000	받 을 어 음	40,000,000	

- 외상매출금 대손충당금 보충설정액 : (414,800,000원 × 1%) − 1,200,000원 = 2,948,000원
- 받을어음 대손충당금 보충설정액 : (55,000,000원 × 1%) − 0원 = 550,000원

(10)

[원가경비별감가상각명세서] 유형자산총괄 조회

원가경비별감가상각명세서 　　　　　　　　　　　　　　　　　　　　　　　[기능모음(F11) ▾]

유형자산 ｜ 무형자산 ｜ 유형자산총괄 ｜ 무형자산총괄

경비구분 0.전체 ▾ 　자산구분 1.전체표시 ▾

	경비구분	계정	기초가액	당기증감	기말잔액	전기말상각누…	상각대상금액	당기상각비	당기말상각누…	미상각잔액
1	800 번대	건물	50,000,000		50,000,000	2,500,000	50,000,000	2,500,000	5,000,000	45,000,000
2	800 번대	차량운반구	20,000,000		20,000,000	4,000,000	20,000,000	4,000,000	8,000,000	12,000,000
3	800 번대	비품	4,000,000		4,000,000	800,000	4,000,000	800,000	1,600,000	2,400,000
4		800번대 경비소계	74,000,000		74,000,000	7,300,000	74,000,000	7,300,000	14,600,000	59,400,000
5		합계	74,000,000		74,000,000	7,300,000	74,000,000	7,300,000	14,600,000	59,400,000

- 건물 감가상각비 2,500,000원 ・ 차량운반구 감가상각비 4,000,000원 ・ 비품 감가상각비 800,000원

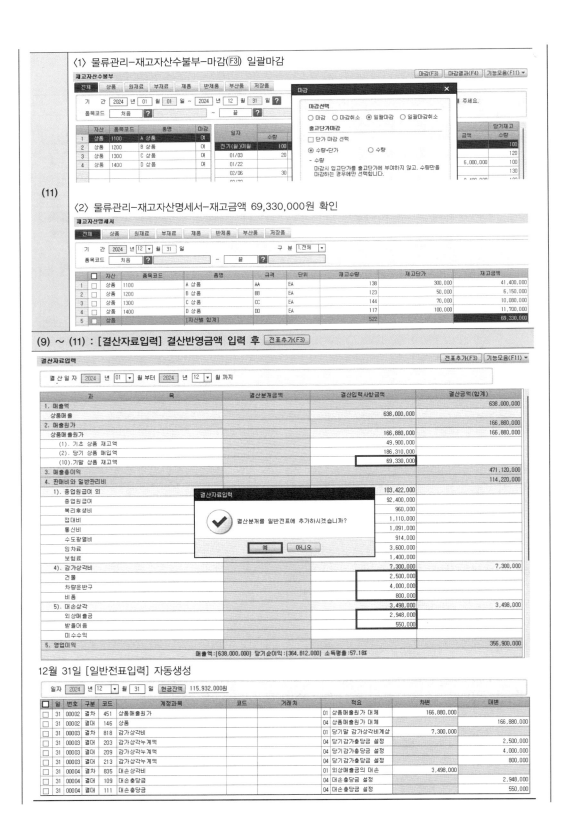

〈1〉 물류관리-재고자산수불부-마감(F3) 일괄마감

〈2〉 물류관리-재고자산명세서-재고금액 69,330,000원 확인

(11)

(9) ~ (11) : [결산자료입력] 결산반영금액 입력 후 전표추가(F3)

12월 31일 [일반전표입력] 자동생성

〈3〉 재무제표 마감(실제 시험에서는 재무제표 마감 실무수행은 생략해도 무방하다)

(1) 손익계산서 조회 (당기순이익 364,812,000원 확인)

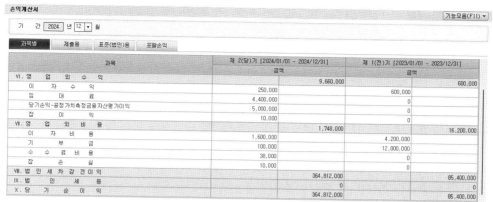

(2) 이익잉여금처분계산서 조회 (당기순이익 364,812,000원 반영 확인한 뒤 전표추가(F3))

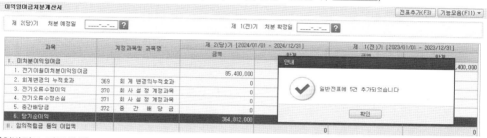

[일반전표 자동생성]

	일	번호	구분	코드	계정과목	코드	거래처	적요	차변	대변
□	31	00007	차변	400	손익			당기순손익 잉여금에 대	364,812,000	
□	31	00007	대변	377	미처분이익잉여금			당기순손익 대체		364,812,000
□	31	00008	차변	375	이월이익잉여금			미처분 이익잉여금에서	85,400,000	
□	31	00008	대변	377	미처분이익잉여금			이월이익잉여금에 대체		85,400,000
□	31	00009	차변	377	미처분이익잉여금			이월이익잉여금에서 대체	450,212,000	
□	31	00009	대변	375	이월이익잉여금			차기이월이익잉여금		450,212,000

(3) 재무상태표 조회 (대차일치 확인, 미처분이익잉여금 450,212,000원 확인)

CHAPTER 05 장부조회

장부조회는 회계프로그램 운용에 필요한 기초정보를 처리할 수 있도록 하는 데 도움을 주며, 정보 산출에 필요한 자료를 처리할 수 있고 기간별·시점별로 작성한 각종 장부를 검색할 수 있도록 하는 데 목적이 있다. 회계정보는 결산 작업 후 재무제표를 검색하며 회계 관련 규정에 따라 회계정보를 활용하여 재무 안정성, 수익성 등을 판단할 수 있는 자료를 산출한다.

〈장부조회 답안작성 방법〉

① 시험 메인화면의 [단답형답안] 메뉴를 클릭하여 조회한 답안(숫자만 입력)을 입력합니다.
　: 단답형답안 버튼을 클릭하면 아래와 같은 입력창이 뜹니다.
② 입력창 시험문제에 제시한 내용을 숙지하고 순서대로 답안을 등록한 후 하단의 답안저장 버튼을 누릅니다.

> **답안입력은 '숫자(소숫점 입력은 가능)'만 입력한다.**
>
> 숫자는 ₩, 원, 월, 단위구분자(,) 등을 생략하고 **숫자만 입력**한다.
> 소수점이 포함되어 있는 숫자의 경우에는 소수점을 입력한다.
>
> • 옳은 입력 예시 ⇨ 54200(○), 54.251(○)
> • 틀린 입력 예시 ⇨ ₩54,200(×), 54,200원(×), 5월(×), 500개(×), 50건(×)

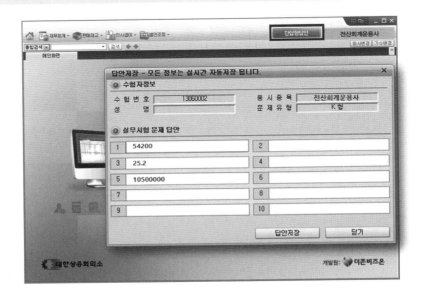

01　합계잔액시산표

합계잔액시산표는 입력된 전표(자료)의 오류를 검증하는 기능이 있다. 따라서 결산 전 또는 결산 후 시산표를 작성하여 정확성을 확인할 수 있다. 이 메뉴는 '과목별'과 '제출용'으로 구성되어 있다. 차이점은 외상매출금과 받을어음이 매출채권 계정으로 외상매입금과 지급어음이 매입채무 계정으로 통합되는가 등의 여부에 따른다.

(1) 6월 말 현재 외상매출금 잔액은 얼마인가?

⇨ 434,200,000원 (합계잔액시산표 '과목별' 6월 30일 조회)

(2) 8월 말 현재 매출채권 잔액은 얼마인가?

⇨ 402,560,000원 (합계잔액시산표 '제출용' 8월 31일 조회)

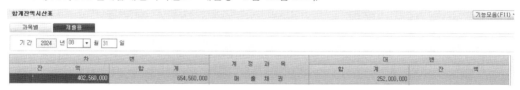

(3) 3월 27일 현재 당좌예금 잔액은 얼마인가?

⇨ 50,000,000원 (합계잔액시산표 '과목별' 3월 27일 조회)

특정기간의 현금 및 기타 거래에 대한 변동을 조회할 수 있다. 합계잔액시산표의 경우에는 월말을 기준으로 누적된 정보를 조회할 수 있으나 일/월계표의 경우에는 일정기간의 구간을 정해 해당 정보를 조회할 수 있다. 예를 들어 전기이월자료를 제외한 1월에서 6월까지의 외상매입금 발생액을 조회하고자 할 경우 계정별원장에서 조회할 수도 있지만 일/월계표에서 보다 더 쉽게 조회할 수 있다.

(1) 2월부터 6월까지 판매관리비의 합계는 얼마인가?

⇨ 51,221,000원 (월계표 2월 ~ 6월 조회)

| 일/월계표 | | | | | | 계정과목코드보기(F3) | 기능모음(F11) ▾ |

| 일계표 | 월계표 | | | | | | |

조회기간 2024 년 02 ▾ 월 ~ 2024 년 06 ▾ 월

차	변		계 정 과 목	대	변	
계	대 체	현 금		현 금	대 체	계
			[매 출]		303,500,000	303,500,000
			상 품 매 출		303,500,000	303,500,000
51,221,000	43,034,000	8,187,000	[판 매 관 리 비]			

(2) 3월부터 5월까지 판매관리비의 지출이 현금으로 지출된 금액은 얼마인가?

⇨ 784,000원 (월계표 3월 ~ 5월 판매관리비의 '현금'란 조회)

| 일/월계표 | | | | | | 계정과목코드보기(F3) | 기능모음(F11) ▾ |

| 일계표 | 월계표 | | | | | | |

조회기간 2024 년 03 ▾ 월 ~ 2024 년 05 ▾ 월

차	변		계 정 과 목	대	변	
계	대 체	현 금		현 금	대 체	계
26,434,000	25,650,000	784,000	[판 매 관 리 비]			
25,200,000	25,200,000		종 업 원 급 여			
280,000		280,000	접 대 비			
289,000	80,000	209,000	통 신 비			

(3) 5월부터 7월까지 판매관리비가 가장 큰 달은 몇 월인가?

⇨ 6월 (월계표를 월별로 조회하여 금액을 비교)

5월 ~ 5월 : 8,758,000원

| 일계표 | 월계표 | | | | | | |

조회기간 2024 년 05 ▾ 월 ~ 2024 년 05 ▾ 월

차	변		계 정 과 목	대	변	
계	대 체	현 금		현 금	대 체	계
8,758,000	8,400,000	358,000	[판 매 관 리 비]			
8,400,000	8,400,000		종 업 원 급 여			

6월 ~ 6월 : 15,413,000원

일계표	월계표

조회기간 2024 년 06 ▼ 월 ~ 2024 년 06 ▼ 월

	차	변		계 정 과 목		대	변	
계	대 체	현 금			현 금	대 체	계	
15,413,000	8,400,000	7,013,000	[판 매 관 리 비]					
8,400,000	8,400,000		종 업 원 급 여					

7월 ~ 7월 : 8,928,000원

일계표	월계표

조회기간 2024 년 07 ▼ 월 ~ 2024 년 07 ▼ 월

	차	변		계 정 과 목		대	변	
계	대 체	현 금			현 금	대 체	계	
8,928,000	8,680,000	248,000	[판 매 관 리 비]					
8,400,000	8,400,000		종 업 원 급 여					

03 현금출납장

현금의 수입 및 지출과 관련된 전표를 기록, 계산하는 보조기입장으로 입출금의 거래내역이 날짜순으로 기록된 장부이다. 계정별원장 중에서 현금과 관련된 부분만을 조회할 수 있는 장부이며, 합계잔액시산표상의 현금 계정을 더블클릭하여도 조회할 수 있다.

(1) 1월 16일 현재 현금 잔액은 얼마인가?

⇨ 79,244,800원 (현금출납장 1월 1일 ~ 1월 16일 조회 또는 일반전표입력, 합계잔액시산표 조회가능)

현금출납장   기능모음(F11) ▼

전표일자	코드	적요명	코드	거래처명	입금	출금	잔액
		[전 기 이 월]			80,000,000		80,000,000
2024-01-02		불우이웃돕기 성금 지급				100,000	79,900,000
		[일 계]				100,000	
2024-01-11						50,000	
2024-01-11						45,200	79,804,800
		[일 계]				95,200	
2024-01-12						150,000	
2024-01-12						180,000	79,474,800
		[일 계]				330,000	
2024-01-14						30,000	79,444,800
		[일 계]				30,000	
2024-01-15		당좌인출		기업은행(당좌)		200,000	79,244,800
		[일 계]				200,000	
		[월 계]				755,200	
		[누 계]			80,000,000	755,200	

매입채무, 매출채권 등과 같은 채권·채무관리를 위하여 작성하는 거래처장부가 거래처원장이다. 거래처원장은 잔액, 내용, 총괄로 구성되어 있다.

(1) 10월 31일 현재 대현가구(주)에 대한 외상매출금 잔액은 얼마인가?

  ⇨ 72,720,000원 (거래처원장 1월 1일 ~ 10월 31일, 외상매출금, 대현가구(주)의 잔액란 조회)

(2) 9월 30일 현재 외상매출금 잔액이 가장 큰 거래처의 잔액은 얼마인가?

  ⇨ 120,850,000원 (거래처원장 1월 1일 ~ 9월 30일, 외상매출금, 거래처는 처음부터 끝까지 조회)

(3) 3월 1일부터 11월 30일까지 외상매출금이 가장 많이 회수된 거래처의 회수금액은 얼마인가?

  ⇨ 140,000,000원 (거래처원장 3월 1일 ~ 11월 30일, 외상매출금, 거래처를 처음부터 끝까지 조회하여 '대변' 금액이 가장 큰 거래의 금액을 확인)

코드	거래처	전기(월)이월	차변	대변	잔액	사업자번호	코드	거래처분류명	은행명	계좌번
02001	미래가구(주)	72,350,000	148,280,000	140,000,000	80,630,000	113-81-35556				
02002	하늘가구(주)	88,850,000	115,060,000	67,000,000	136,910,000	220-81-82565				
02003	대현가구(주)	35,000,000	191,620,000	100,000,000	126,620,000	134-81-88235				
02004	자코미	15,000,000	145,640,000	90,000,000	70,640,000	218-81-19448				

05 총계정원장

기업의 모든 계정에 대한 증감변화가 기록되는 중요장부로써 자세한 내역은 각 계정별원장에 표기된다. 본프로그램은 각 계정의 증감변동을 일별, 월별로 표시하고 있다. 총계정원장에서 조회하는 계정과목은 매출의 월별 변동이나 현금수지의 월별 변동 같은 자료를 확인할 수 있다. 계정별원장은 각 계정의 거래내역을 일자별로 기록한 장부로 총계정원장의 보조부라고 할 수 있으며 총계정원장은 계정별원장의 집약체라고 할 수 있다.

(1) 1년 중 보통예금의 잔액이 가장 큰 달의 금액은 얼마인가?

⇨ 402,886,000원 (총계정원장(월별) 1월 1일 ~ 12월 31일, 보통예금 잔액 조회 10월 잔액)

(2) 상반기(1월 ~ 6월) 상품매출이 가장 많이 발생된 달은 몇 월인가?

⇨ 3월 (총계정원장(월별) 1월 1일 ~ 12월 31일, 상품매출, 상반기(1월 ~ 6월)만 '대변' 금액 비교)

(3) 1년 중 현금지출이 가장 많은 월의 현금지출금액은 얼마인가?

⇨ 10,358,000원 (총계정원장(월별) 1월 1일 ~ 12월 31일, 현금 계정과목의 '대변' 금액 비교)

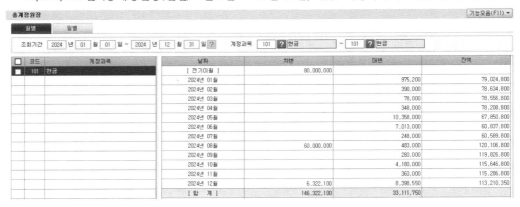

06 재고자산수불부(재고자산명세서)

(1) 8월 31일 현재 '갑상품'의 재고수량은 몇 개인가?

⇨ 113개 (재고자산수불부 1월 1일 ~ 8월 31일 조회, 갑상품의 재고수량 조회)

(2) 1월부터 12월까지 '병상품'을 가장 많이 판매한 거래처의 판매수량은 몇 개인가?

⇨ 101개 (거래처별 판매현황 1월 1일 ~ 12월 31일, 병상품, 거래처코드는 처음부터 끝까지 조회)

(3) 5월 31일 현재 '을상품'의 재고금액은 얼마인가?

⇨ 4,400,000원 (12월 일괄마감을 취소하고 5월 말 일괄마감을 재실행해야 하므로 아래 순서대로 실행)

〈순서 1〉

[재고자산수불부] 1월 ~ 12월 조회하여 마감(F3) → 일괄마감 취소

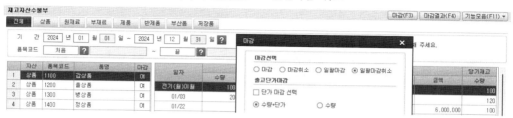

〈순서 2〉

[재고자산수불부] 1월 ~ 5월 조회하여 을상품 마감(F3) → 마감 실행

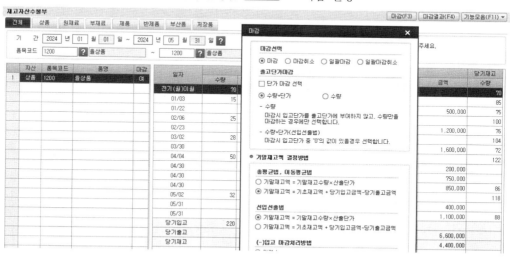

<순서 3>

[재고자산명세서] 5월까지 조회하여 품목코드 '을상품'의 5월 말 재고자산금액 조회

	자산	품목코드	품명	규격	단위	재고수량	재고단가	재고금액
1	상품	1200	을상품	88	EA	88	50,000	4,400,000
2	상품		[자산별 합계]			88		4,400,000

07 K-IFRS 재무제표

K-IFRS 손익계산서는 수익과 비용의 입력된 자료를 조회하고, K-IFRS 재무상태는 자산, 부채, 자본을 조회한다. 재무제표는 전기분과 당기분이 비교형식으로 작성되므로 전기말 잔액 및 전년도 당기순이익과 당기분 자료를 비교하는데도 활용도가 높다. 국제회계기준에 의한 양식은 K-IFRS 재무제표를 조회하여 관련 회계정보를 산출한다.

(1) 1월 1일부터 12월 31일까지 한국채택국제회계기준(K-IFRS)에 의한 포괄손익계산서에 표시되는 기타수익은 얼마인가?

⇨ 4,810,000원 (K-IFRS 포괄손익계산서 12월 조회)

(2) 1월 1일부터 12월 31일까지 한국채택국제회계기준(K-IFRS)에 의한 포괄손익계산서에 표시되는 당기순이익은 얼마인가?

⇨ 352,416,800원 (K-IFRS 포괄손익계산서 12월 조회)

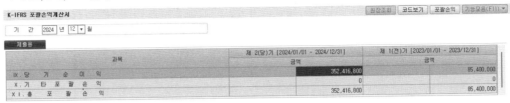

(3) 12월 31일 현재 한국채택국제회계기준(K-IFRS)에 의한 재무상태표에 표시되는 유동자산의 금액은 얼마인가?

⇨ 1,172,967,800원 (K-IFRS 재무상태표 12월 조회)

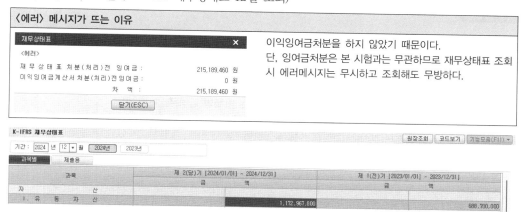

〈에러〉메시지가 뜨는 이유

이익잉여금처분을 하지 않았기 때문이다.
단, 잉여금처분은 본 시험과는 무관하므로 재무상태표 조회 시 에러메시지는 무시하고 조회해도 무방하다.

(4) 12월 31일 현재 한국채택국제회계기준(K-IFRS)에 의한 재무상태표에 표시되는 유형자산은 얼마인가?

⇨ 94,350,000원 (K-IFRS 재무상태표 12월 조회)

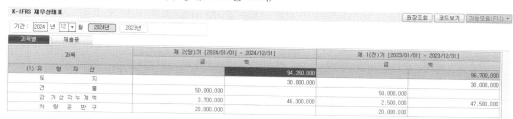

(5) 3월 31일 현재 한국채택국제회계기준(K-IFRS)에 의한 재무상태표에 표시되는 현금및현금성자산은 얼마인가?

⇨ 379,335,600원 (K-IFRS 재무상태표(합계잔액시산표도 가능) 3월 조회)

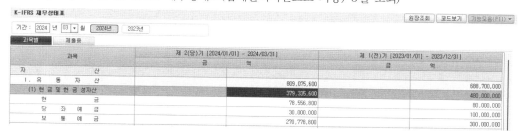

입력예제　**장부조회**

(1) 4월 1일부터 9월 30일까지 현금의 지출 총액은 얼마인가?

(2) 10월 31일 현재 (주)서울가구의 외상매입금 잔액은 얼마인가?

(3) 4월부터 6월까지 중 판매비와관리비가 가장 많이 발생한 월의 금액은 얼마인가?

(4) 9월 30일 현재 클로버(주)의 지급어음 잔액은 얼마인가?

(5) 11월 30일 현재 보통예금의 잔액은 얼마인가?

(6) 9월 30일 현재 강남유통(주)의 외상매출금 미회수액은 얼마인가?

(7) 1월 1일부터 3월 31일까지 당좌예금(신한은행)의 인출 총액은 얼마인가?

(8) 3월 15일 현재 B상품의 출고수량은 몇 EA인가?

(9) 7월 20일 현재 A상품의 재고와 C상품의 재고 합계는 몇 개(EA)인가?

(10) 10월의 판매비와관리비 중 가장 많이 지출한 계정과목의 금액은 얼마인가?

(11) 7월 1일부터 9월 30일까지 복리후생비 현금 지출액은 얼마인가?

(12) 당기 중에 복리후생비의 발생 총액이 가장 큰 달의 금액은 얼마인가?

(13) 11월 30일 현재 매입채무 잔액은 얼마인가?

(14) 1월 1일부터 12월 31일까지 한국채택국제회계기준(K-IFRS)에 의한 포괄손익계산서에 표시되는 매출총이익은 얼마인가?

(15) 1월 1일부터 12월 31일까지 한국채택국제회계기준(K-IFRS)에 의한 포괄손익계산서에 표시되는 금융수익 금액은 얼마인가?

(16) 12월 31일 현재 한국채택국제회계기준(K-IFRS)에 의한 재무상태표에 표시되는 비유동부채의 금액은 얼마인가?

(17) 12월 31일 현재 한국채택국제회계기준(K-IFRS)에 의한 재무상태표에 표시되는 기타유동금융자산의 금액은 얼마인가?

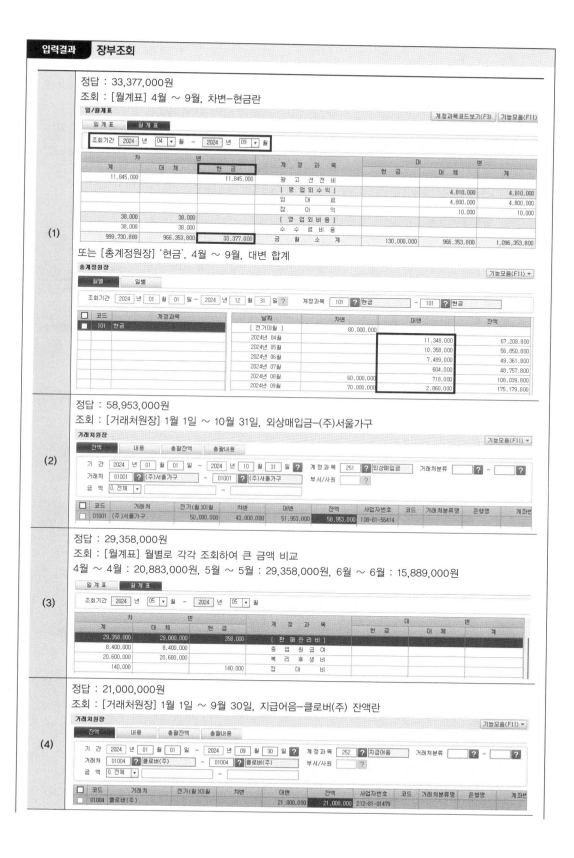

(1) 정답 : 33,377,000원

조회 : [월계표] 4월 ~ 9월, 차변-현금란

또는 [총계정원장] '현금', 4월 ~ 9월, 대변 합계

(2) 정답 : 58,953,000원

조회 : [거래처원장] 1월 1일 ~ 10월 31일, 외상매입금-(주)서울가구

(3) 정답 : 29,358,000원

조회 : [월계표] 월별로 각각 조회하여 큰 금액 비교

4월 ~ 4월 : 20,883,000원, 5월 ~ 5월 : 29,358,000원, 6월 ~ 6월 : 15,889,000원

(4) 정답 : 21,000,000원

조회 : [거래처원장] 1월 1일 ~ 9월 30일, 지급어음-클로버(주) 잔액란

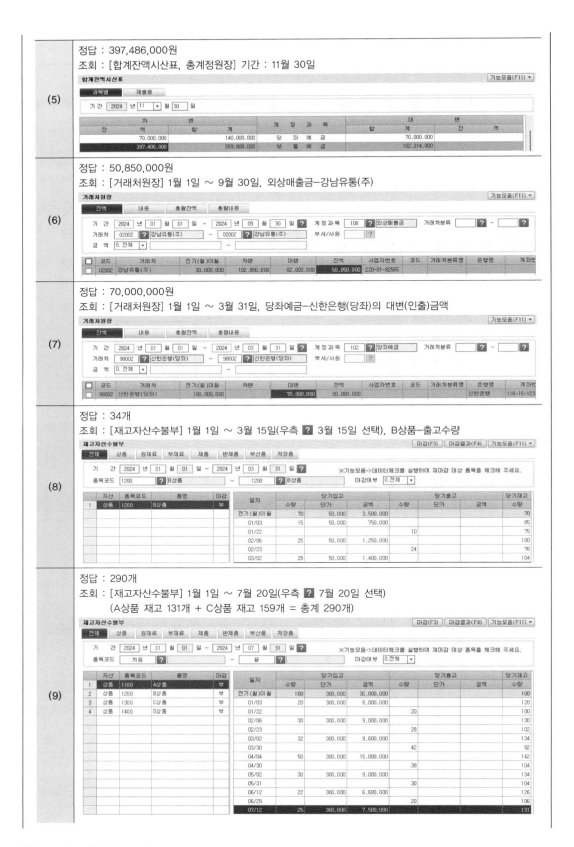

(5)
정답 : 397,486,000원
조회 : [합계잔액시산표, 총계정원장] 기간 : 11월 30일

(6)
정답 : 50,850,000원
조회 : [거래처원장] 1월 1일 ~ 9월 30일, 외상매출금-강남유통(주)

(7)
정답 : 70,000,000원
조회 : [거래처원장] 1월 1일 ~ 3월 31일, 당좌예금-신한은행(당좌)의 대변(인출)금액

(8)
정답 : 34개
조회 : [재고자산수불부] 1월 1일 ~ 3월 15일(우측 ? 3월 15일 선택), B상품-출고수량

(9)
정답 : 290개
조회 : [재고자산수불부] 1월 1일 ~ 7월 20일(우측 ? 7월 20일 선택)
        (A상품 재고 131개 + C상품 재고 159개 = 총계 290개)

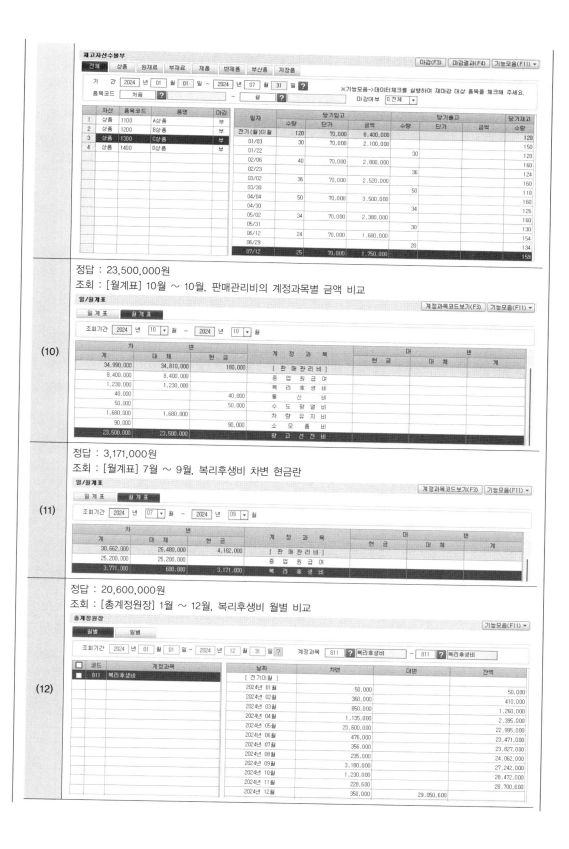

정답 : 23,500,000원
조회 : [월계표] 10월 ~ 10월, 판매관리비의 계정과목별 금액 비교

(10)

	차 변		계 정 과 목	대 변		
계	대 체	현 금		현 금	대 체	계
34,990,000	34,810,000	180,000	[판 매 관 리 비]			
8,400,000	8,400,000		종 업 원 급 여			
1,230,000	1,230,000		복 리 후 생 비			
40,000		40,000	통 신 비			
50,000		50,000	수 도 광 열 비			
1,680,000	1,680,000		차 량 유 지 비			
90,000		90,000	소 모 품 비			
23,500,000	23,500,000		광 고 선 전 비			

정답 : 3,171,000원
조회 : [월계표] 7월 ~ 9월, 복리후생비 차변 현금란

(11)

	차 변		계 정 과 목	대 변		
계	대 체	현 금		현 금	대 체	계
30,662,000	26,480,000	4,182,000	[판 매 관 리 비]			
25,200,000	25,200,000		종 업 원 급 여			
3,771,000	600,000	3,171,000	복 리 후 생 비			

정답 : 20,600,000원
조회 : [총계정원장] 1월 ~ 12월, 복리후생비 월별 비교

(12)

코드	계정과목	날짜	차변	대변	잔액
811	복리후생비	[전기이월]			
		2024년 01월	50,000		50,000
		2024년 02월	360,000		410,000
		2024년 03월	850,000		1,260,000
		2024년 04월	1,135,000		2,395,000
		2024년 05월	20,600,000		22,995,000
		2024년 06월	476,000		23,471,000
		2024년 07월	356,000		23,827,000
		2024년 08월	235,000		24,062,000
		2024년 09월	3,180,000		27,242,000
		2024년 10월	1,230,000		28,472,000
		2024년 11월	228,600		28,700,600
		2024년 12월	350,000	29,050,600	

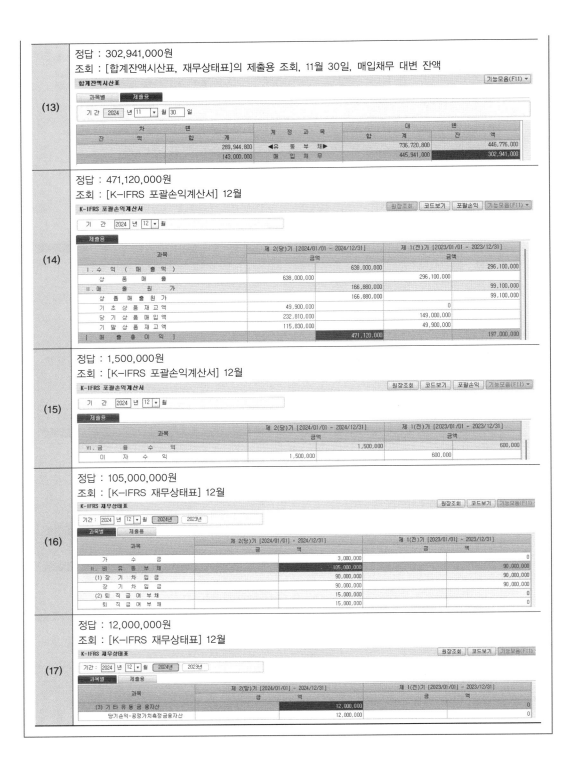

(13)
정답 : 302,941,000원
조회 : [합계잔액시산표, 재무상태표]의 제출용 조회, 11월 30일, 매입채무 대변 잔액

합계잔액시산표   기능모음(F11) ▼

| 과목별 | 제출용 |

기 간 2024 년 11 ▼ 월 30 일

차 변 잔 액	차 변 합 계	계 정 과 목	대 변 합 계	대 변 잔 액
289,944,800		◀유 동 부 채▶	736,720,800	446,776,000
143,000,000		매 입 채 무	445,941,000	302,941,000

(14)
정답 : 471,120,000원
조회 : [K-IFRS 포괄손익계산서] 12월

K-IFRS 포괄손익계산서   원장조회 | 코드보기 | 포괄손익 | 기능모음(F11) ▼

기 간 2024 년 12 ▼ 월

제출용

과목	제 2(당)기 [2024/01/01 ~ 2024/12/31] 금액	제 1(전)기 [2023/01/01 ~ 2023/12/31] 금액
Ⅰ.수 익 (매 출 액)	638,000,000	296,100,000
상 품 매 출	638,000,000	296,100,000
Ⅱ.매 출 원 가	166,880,000	99,100,000
상 품 매 출 원 가	166,880,000	99,100,000
기 초 상 품 재 고 액	49,900,000	0
당 기 상 품 매 입 액	232,810,000	149,000,000
기 말 상 품 재 고 액	115,830,000	49,900,000
[매 출 총 이 익]	471,120,000	197,000,000

(15)
정답 : 1,500,000원
조회 : [K-IFRS 포괄손익계산서] 12월

K-IFRS 포괄손익계산서   원장조회 | 코드보기 | 포괄손익 | 기능모음(F11) ▼

기 간 2024 년 12 ▼ 월

제출용

과목	제 2(당)기 [2024/01/01 ~ 2024/12/31] 금액	제 1(전)기 [2023/01/01 ~ 2023/12/31] 금액
Ⅵ.금 융 수 익	1,500,000	600,000
이 자 수 익	1,500,000	600,000

(16)
정답 : 105,000,000원
조회 : [K-IFRS 재무상태표] 12월

K-IFRS 재무상태표   원장조회 | 코드보기 | 기능모음(F11)

기간 : 2024 년 12 ▼ 월 2024년 2023년

| 과목별 | 제출용 |

과목	제 2(당)기 [2024/01/01 ~ 2024/12/31] 금 액	제 1(전)기 [2023/01/01 ~ 2023/12/31] 금 액
가 수 금	3,000,000	0
Ⅱ.비 유 동 부 채	105,000,000	90,000,000
(1) 장 기 차 입 금	90,000,000	90,000,000
장 기 차 입 금	90,000,000	90,000,000
(2) 퇴 직 급 여 부 채	15,000,000	0
퇴 직 급 여 부 채	15,000,000	0

(17)
정답 : 12,000,000원
조회 : [K-IFRS 재무상태표] 12월

K-IFRS 재무상태표   원장조회 | 코드보기 | 기능모음(F11)

기간 : 2024 년 12 ▼ 월 2024년 2023년

| 과목별 | 제출용 |

과목	제 2(당)기 [2024/01/01 ~ 2024/12/31] 금 액	제 1(전)기 [2023/01/01 ~ 2023/12/31] 금 액
(3) 기 타 유 동 금 융자산	12,000,000	0
당기손익-공정가치측정금융자산	12,000,000	0

PART 2
모의고사

제1회 ~ 제15회 모의고사

아이들이 답이 있는 질문을 하기 시작하면
그들이 성장하고 있음을 알 수 있다.

- 존 J. 플롬프 -

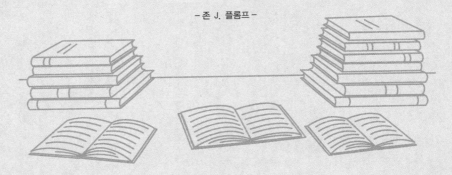

제1회 모의고사

- 회사명 : 서울스포츠(주) [회사코드 2001]
- 회계연도 : 2024.1.1. ~ 12.31.

01 다음에 제시되는 기준정보를 입력하시오. 〈16점/각 4점〉

(1) 다음의 신규 거래처를 등록하시오. (각 2점)

거래처(명)	거래처분류(구분)	거래처코드	대표자(명)	사업자등록번호	업태/종목
(주)바이크나라	매입처(일반)	02003	지석경	502-81-43315	제조업/자전거
(주)연합바이크	매출처(일반)	03003	정현수	113-81-34668	도소매업/자전거

(2) 다음의 신규 상품(품목)을 등록하시오.

품목코드	품목(품명)	(상세)규격	품목종류(자산)	기본단위(단위명)
1500	하이브리드	NCT	상 품	EA

(3) 다음 유형자산을 등록하시오.

계정과목 (과목명)	자산(코드)	자산(명)	취득수량	취득일	취득금액	내용연수	상각방법
차량운반구	3001	영업부차량	1대	2024.12.10.	₩20,000,000	5년	정액법

(4) 다음의 신규 부서를 등록하시오. (각 2점)

(부서)코드	부서명	제조/판관	비 고
40	배송부	판 관	
50	품질관리부	판 관	

02 다음 거래를 입력하시오(단, 채권·채무 및 금융 거래는 거래처코드를 입력하고 각 문항별 한 개의 전표번호로 입력한다). 〈36점/각 4점〉

(1) 12월 2일   11월 25일 영업부 직원에게 가지급한 여비개산액을 정산하고 차액은 현금으로 지급하다.

> • 항공료 : ₩160,000
> • 숙박비 : ₩200,000
> • 거래처 직원과의 식사비 : ₩140,000

(2) 12월 4일   (주)부자로부터 업무용 건물을 구입하기로 하고 계약금 ₩5,000,000을 보통예금(국민은행) 계좌에서 이체하다.

(3) 12월 5일   매출처 (주)사천리의 외상매출금 중 ₩6,000,000을 보통예금(국민은행) 계좌로 입금받다.

(4) 12월 10일   우리자동차(주)로부터 기준정보에서 등록한 영업부차량(998cc)을 ₩18,300,000에 구입하고, 대금은 당좌예금(기업은행) 계좌에서 이체하다. 취득세 ₩1,700,000은 현금으로 지급하다.

(5) 12월 11일   상품을 매입하고 전자세금계산서를 발급받다.

전자세금계산서(공급받는자 보관용)					승인번호	20241211-XXXX0011		
공급자	등록번호	134-81-56413			공급받는자	등록번호	133-81-12348	
	상호	지멘스(주)	성명(대표자)	박원주		상호	서울스포츠(주)	성명(대표자) 김정민
	사업장주소	서울특별시 은평구 은평로 10				사업장주소	서울특별시 중구 남대문로 10	
	업태	제조업	종사업장번호			업태	도매 및 상품중개업	종사업장번호
	종목	자전거및자전거용품				종목	자전거및자전거부품	
	E-Mail	efgf@sanggong.com				E-Mail	abce@kcci.com	

작성일자	2024.12.11.	공급가액	24,000,000	세 액	2,400,000
비고					

월	일	품목명	규격	수량	단가	공급가액	세액	비고
12	11	산악형	M-1	120	200,000	24,000,000	2,400,000	

합계금액	현금	수표	어음	외상미수금	이 금액을	○ 영수 ⊙ 청구	함
26,400,000	8,000,000			18,400,000			

(6) 12월 14일 상품을 매출하고 전자세금계산서를 발급하다.

전자세금계산서(공급자 보관용)						승인번호		20241214-XXXX0125	

공급자	등록번호	133-81-12348			공급받는자	등록번호	124-81-12344		
	상호	서울스포츠(주)	성명(대표자)	김정민		상호	동그라미(주)	성명(대표자)	김미라
	사업장주소	서울특별시 중구 남대문로 10				사업장주소	서울특별시 송파구 동남로 4길 25		
	업태	도매 및 상품중개업	종사업장번호			업태	소매	종사업장번호	
	종목	자전거및자전거부품				종목	자전거		
	E-Mail	abce@kcci.com				E-Mail	qwas@sanggong.com		

작성일자	2024.12.14.	공급가액	24,400,000	세액	2,440,000
비고					

월	일	품목명	규격	수량	단가	공급가액	세액	비고
12	14	로드형	R-1	30	280,000	8,400,000	840,000	
12	14	산악형	M-1	50	320,000	16,000,000	1,600,000	

합계금액	현금	수표	어음	외상미수금	이 금액을	○ 영수	함
26,840,000				26,840,000		◉ 청구	

(7) 12월 17일 매입처 지멘스(주)의 외상매입금 중 ₩10,000,000을 약속어음(어음번호 : 아자35126416, 만기일 : 2025년 2월 17일, 지급장소 : 기업은행)을 발행하여 지급하다.

(8) 12월 23일 대한상공회의소 회비 ₩400,000을 현금으로 지급하다.

(9) 12월 28일 종업원급여 ₩2,000,000 중 소득세 등 ₩150,000을 원천징수하고 잔액을 보통예금 (국민은행) 계좌에서 이체하여 지급하다.

03 다음 기말(12월 31일) 결산 정리 사항을 회계 처리하고 마감하시오. 〈20점/각 4점〉

(1) 소모품 사용액은 ₩1,200,000이다.

(2) 단기 시세차익을 목적으로 보유 중인 주식의 공정가치를 ₩6,400,000으로 평가하다.

(3) 매출채권 잔액에 대하여 1%의 대손충당금(보충법)을 설정하다.

(4) 모든 비유동자산에 대하여 감가상각비를 계상하다.

(5) 기말상품재고액을 입력하고 결산 처리하다. 단, 재고평가는 선입선출법으로 한다.

04 다음 사항을 조회하여 번호 순서대로 단답형 답안을 등록하시오. 〈28점/각 4점〉

(1) 1월 1일부터 4월 30일까지 외상매출금 발생액이 가장 적은 달은 몇 월인가?

(2) 3월 1일부터 7월 31일까지 보통예금 인출액은 얼마인가?

(3) 4월 1일부터 10월 31일까지 제일자전거(주)의 외상매출금 발생액은 얼마인가?

(4) 7월 31일 현재 미지급금 잔액은 얼마인가?

(5) 9월 30일 현재 보유 중인 산악형의 재고수량은 몇 개인가?

(6) 1월 1일부터 12월 31일까지 한국채택국제회계기준(K-IFRS)에 의한 포괄손익계산서에 표시되는 기타 수익은 얼마인가?

(7) 12월 31일 현재 한국채택국제회계기준(K-IFRS)에 의한 재무상태표에 표시되는 유동부채는 얼마인가?

제2회 모의고사

- 회사명 : 케이바이크(주) [회사코드 2002]
- 회계연도 : 2024.1.1. ~ 12.31.

01 다음에 제시되는 기준정보를 입력하시오. 〈16점/각 4점〉

(1) 다음의 신규 거래처를 등록하시오. (각 2점)

거래처(명)	거래처분류(구분)	거래처코드	대표자(명)	사업자등록번호	업태/종목
(주)웰라이프	매입처(일반)	02003	민건강	502-81-43315	제조업/자전거
(주)트랜드	매출처(일반)	03003	권위지	113-81-34668	도소매업/자전거

(2) 다음의 신규 상품(품목)을 등록하시오.

품목코드	품목(품명)	(상세)규격	품목종류(자산)	기본단위(단위명)
4003	스쿠터	STA	상 품	EA

(3) 다음 정기적금을 등록하시오.

거래처(금융기관명)	거래처코드	금융기관 (계좌개설점)	적금종류	계좌번호	계약기간 (가입일 ~ 만기일)	이자율
우리은행(정기적금)	98100	우리은행	정기적금	113-546-1234	2024.12.08. ~ 2025.12.07.	4%

(4) 다음의 신규 부서를 등록하시오. (각 2점)

(부서)코드	부서명	제조/판관	비 고
40	총무부	판 관	
50	인사부	판 관	

02 다음 거래를 입력하시오(단, 채권·채무 및 금융 거래는 거래처코드를 입력하고 각 문항별 한 개의 전표번호로 입력한다). 〈36점/각 4점〉

(1) 12월 2일   11월 25일 영업부 직원에게 가지급한 출장비 내역은 다음과 같으며, 차액은 현금으로 회수하다.

• 교통비 : ₩120,000
• 숙박비 : ₩150,000
• 식대 : ₩30,000

(2) 12월 5일   매입처 (주)스마트에 발행하였던 약속어음(어음번호 : 아자35126414, 만기일 : 2024년 12월 5일, 지급은행 : 기업은행) ₩10,000,000이 금일 만기가 도래하여 당사의 당좌예금 (기업은행) 계좌에서 결제되었음을 확인하다.

(3) 12월 8일   기준정보에서 등록한 1년 만기 정기적금(우리은행)에 현금 ₩4,000,000을 예입하다.

(4) 12월 9일   상품을 매입하고 전자세금계산서를 발급받다.

전자세금계산서(공급받는자 보관용)					승인번호		20241209-XXXX0011	
공급자	등록번호	201-81-77358			공급받는자	등록번호	133-81-12348	
	상호	(주)스마트	성명 (대표자)	김제일		상호	케이바이크(주)	성명 (대표자)	김용석
	사업장 주소	서울특별시 서초구 강남대로 261				사업장 주소	서울특별시 중구 남대문로 10	
	업태	제조업	종사업장번호			업태	도매 및 상품중개업	종사업장번호
	종목	자전거				종목	자전거및자전거부품	
	E-Mail	efgf@sanggong.com				E-Mail	abce@kcci.com	
작성일자		2024.12.09.	공급가액		26,000,000	세 액		2,600,000
비고								

월	일	품목명	규격	수량	단가	공급가액	세액	비고
12	9	산악형	M-1	40	200,000	8,000,000	800,000	
12	9	퀵보드	R-1	100	180,000	18,000,000	1,800,000	

합계금액	현금	수표	어음	외상미수금	이 금액을	○ 영수	함
28,600,000				28,600,000		● 청구	

(5) 12월 10일   (주)세라와 사무실 임차 계약(2024년 12월 10일 ~ 2026년 12월 9일)을 체결하고, 보증금 ₩10,000,000을 보통예금(국민은행) 계좌에서 이체하여 지급하다.

(6) 12월 14일 상품을 매출하고 전자세금계산서를 발급하다.

전자세금계산서(공급자 보관용)						승인번호		20241214-XXXX0125	
공급자	등록번호	133-81-12348			공급받는자	등록번호	220-81-83676		
	상호	케이바이크(주)	성명(대표자)	김용석		상호	(주)사천리	성명(대표자)	사천성
	사업장주소	서울특별시 중구 남대문로 10				사업장주소	서울특별시 금천구 독산로 165		
	업태	도매 및 상품중개업	종사업장번호			업태	소매	종사업장번호	
	종목	자전거및자전거부품				종목	자전거		
	E-Mail	abce@kcci.com				E-Mail	qwas@sanggong.com		

작성일자	2024.12.14.	공급가액	11,250,000	세 액	1,125,000
비고					

월	일	품목명	규격	수량	단가	공급가액	세액	비고
12	14	퀵보드	R-1	45	250,000	11,250,000	1,125,000	

합계금액	현금	수표	어음	외상미수금	이 금액을	○ 영수	함
12,375,000	5,000,000			7,375,000		⊙ 청구	

(7) 12월 17일 매출처 동그라미(주)의 외상매출금 중 ₩19,000,000이 보통예금(국민은행) 계좌로 입금되다.

(8) 12월 23일 상품 관련 홍보물 제작비 ₩300,000을 법인신용카드(신한카드)로 결제하다.

(9) 12월 29일 임시 주주총회에서 사업 확장을 위하여 신주 발행을 의결하여 보통주 신주 10,000주를 1주당 ₩8,000(액면금액 @₩5,000)에 발행하고, 납입금은 보통예금(국민은행) 계좌로 입금받다.

03 다음 기말(12월 31일) 결산 정리 사항을 회계 처리하고 마감하시오. 〈20점/각 4점〉

(1) 보험료 선급분을 계상하다. 단, 월할계산에 의한다.

(2) 장기 투자 목적으로 10월 12일 취득한 주식의 공정가치를 ₩8,200,000으로 평가하다.

(3) 매출채권 잔액에 대하여 1%의 대손충당금(보충법)을 설정하다.

(4) 모든 비유동자산에 대하여 감가상각비를 계상하다.

(5) 기말상품재고액을 입력하고 결산 처리하다. 단, 재고평가는 선입선출법으로 한다.

04 다음 사항을 조회하여 번호 순서대로 단답형 답안을 등록하시오. 〈28점/각 4점〉

(1) 1월 1일부터 3월 31일까지 판매관리비 현금 지급액은 얼마인가?

(2) 2월 1일부터 5월 31일까지 상품매출액이 가장 큰 달은 몇 월인가?

(3) 3월 1일부터 8월 31일까지 (주)사천리의 외상매출금 회수액은 얼마인가?

(4) 7월 1일부터 10월 31일까지 로드형의 구매수량은 몇 개인가?

(5) 7월 1일부터 11월 30일까지 판매관리비 지출액은 얼마인가?

(6) 1월 1일부터 12월 31일까지 한국채택국제회계기준(K-IFRS)에 의한 포괄손익계산서에 표시되는 기타 수익은 얼마인가?

(7) 12월 31일 현재 한국채택국제회계기준(K-IFRS)에 의한 재무상태표에 표시되는 유동자산은 얼마인가?

제3회 모의고사

- 회사명 : 제닉스컴퓨터(주) [회사코드 2003]
- 회계연도 : 2024.1.1. ~ 12.31.

01 다음에 제시되는 기준정보를 입력하시오. 〈16점/각 4점〉

(1) 다음의 신규 거래처를 등록하시오. (각 2점)

거래처(명)	거래처분류(구분)	거래처코드	대표자(명)	사업자등록번호	업태/종목
(주)자주정보유통	매입처(일반)	00250	정현우	124-81-00998	도소매/컴퓨터
(주)지선정보유통	매출처(일반)	00150	홍지선	402-81-55336	도소매/컴퓨터

(2) 다음의 유형자산을 등록하시오.

계정과목(과목명)	자산(코드)	자산(명)	취득수량	취득일	취득금액	내용연수	상각방법
비 품	00302	난방기	1개	2024.12.12.	₩3,000,000	5년	정률법

(3) 다음의 신규 상품(품목)을 등록하시오.

품목코드	품목(품명)	(상세)규격	품목종류(자산)	기본단위(단위명)
1500	CPU	A7	상 품	EA

(4) 다음의 신규 부서를 등록하시오. (각 2점)

(부서)코드	부서명	제조/판관	비 고
13	인사팀	판 관	
14	총무팀	판 관	

02 다음 거래를 입력하시오(단, 채권·채무 및 금융 거래는 거래처코드를 입력하고 각 문항별 한 개의 전표번호로 입력한다). 〈36점/각 4점〉

(1) 12월 3일   박하나 직원에게 출장을 명하고 여비개산액 ₩500,000을 현금으로 지급하다.

(2) 12월 5일   영업부 직원의 생일선물 ₩200,000을 숭례문마트(주)에서 구입하고 KB국민카드로 결제하다.

(3) 12월 12일   기준정보에서 등록한 난방기를 대한전자유통(주)로부터 ₩3,000,000에 구입하고, 대금은 외상으로 하다.

(4) 12월 13일   우리은행의 유동성장기부채 ₩50,000,000에 대한 이자 ₩250,000을 현금으로 지급하다.

(5) 12월 16일   단기 시세차익을 목적으로 보유 중인 대양전자(주) 주식 1,500주(액면금액 : @₩5,000, 장부금액 : @₩7,500) 중 1,000주를 1주당 ₩8,500에 처분하고, 대금은 보통예금(신한은행) 계좌로 입금받다.

(6) 12월 19일   상품을 매입하고 전자세금계산서를 발급받다.

전자세금계산서				(공급받는자 보관용)			승인번호		20241219-XXXX0151	
공급자	등록번호	121-81-45676			공급받는자	등록번호	104-81-10231			
	상호	(주)인천정보유통	성명(대표자)	김창숙		상호	제닉스컴퓨터(주)	성명(대표자)	정선달	
	사업장주소	인천광역시 중구 개항로 10				사업장주소	서울특별시 중구 퇴계로 20길 35			
	업태	도매 및 상품중개업	종사업장번호			업태	도매 및 상품중개업	종사업장번호		
	종목	컴퓨터 및 주변기기				종목	컴퓨터 및 주변장치			
	E-Mail	ae345@kcci.com				E-Mail	abcd@kcci.com			

작성일자	2024.12.19	공급가액	20,000,000	세 액	2,000,000
비고					

월	일	품목명	규격	수량	단가	공급가액	세액	비고
12	19	Photo Printer	16ppm	40	300,000	12,000,000	1,200,000	
12	19	Brady Printer	BMP41	40	200,000	8,000,000	800,000	

합계금액	현금	수표	어음	외상미수금	이 금액을	○ 영수	함
22,000,000				22,000,000		◉ 청구	

(7) 12월 20일 (주)대구정보유통에 발행한 약속어음(어음번호 : 다하52196413, 만기일 : 2024년 12월 20일, 지급은행 : 국민은행) ₩9,350,000이 금일 만기가 되어 당점의 당좌예금(국민은행) 계좌에서 결제되다.

(8) 12월 23일 상품을 매출하고 전자세금계산서를 발급하다.

전자세금계산서			(공급자 보관용)		승인번호	20241223-XXXX0253	

	등록번호	104-81-10231				등록번호	124-81-00718		
공급자	상호	제닉스컴퓨터(주)	성명 (대표자)	정선달	공급받는자	상호	(주)서울정보유통	성명 (대표자)	오서울
	사업장 주소	서울특별시 중구 퇴계로 20길 35				사업장 주소	서울특별시 중구 남대문로 10		
	업태	도매 및 상품중개업	종사업장번호			업태	도매 및 상품중개업	종사업장번호	
	종목	컴퓨터 및 주변장치				종목	컴퓨터 및 주변기기		
	E-Mail	abcd@kcci.com				E-Mail	grw21@kcci.com		

작성일자	2024.12.23	공급가액	110,000,000	세 액	11,000,000
비고					

월	일	품목명	규격	수량	단가	공급가액	세액	비고
12	23	Photo Printer	16ppm	50	1,000,000	50,000,000	5,000,000	
12	23	3D Printer	24×20×19	15	4,000,000	60,000,000	6,000,000	

합계금액	현금	수표	어음	외상미수금	이 금액을	○ 영수	함
121,000,000				121,000,000		● 청구	

(9) 12월 26일 (주)부산정보유통 발행의 약속어음(어음번호 : 바사92657166, 만기일 : 2024년 12월 26일, 지급은행 : 국민은행) ₩19,250,000이 만기가 도래하여 당좌예금(국민은행) 계좌로 입금받다.

03 다음 기말(12월 31일) 결산 정리 사항을 회계 처리하고 마감하시오. 〈20점/각 4점〉

(1) 보험료 선급분을 계상하다. 단, 월할계산에 의한다.

(2) 소모품 미사용액은 ₩200,000이다.

(3) 모든 비유동자산에 대하여 감가상각비를 계상하다.

(4) 매출채권 잔액에 대하여 1%의 대손충당금(보충법)을 설정하다.

(5) 기말상품재고액을 입력하고 결산 처리하다. 단, 재고평가는 선입선출법으로 한다.

04 다음 사항을 조회하여 번호 순서대로 단답형 답안에 등록하시오. 〈28점/각 4점〉

(1) 1월 1일부터 4월 30일까지 구매한 3D Printer의 공급가액은 얼마인가?

(2) 4월 1일부터 6월 30일까지 판매한 Photo Printer의 수량은 얼마인가?

(3) 6월 30일 현재 경성정보유통의 외상매입금 잔액은 얼마인가?

(4) 7월 1일부터 9월 30일까지 (주)부산정보유통으로부터 만기 결제된 받을어음 금액은 얼마인가?

(5) 5월부터 7월까지 판매비와관리비가 가장 많이 지출된 달은 몇 월인가?

(6) 1월 1일부터 12월 31일까지 한국채택국제회계기준(K-IFRS)에 의한 포괄손익계산서에 표시되는 기타수익은 얼마인가?

(7) 12월 31일 현재 한국채택국제회계기준(K-IFRS)에 의한 재무상태표에 표시되는 비유동부채는 얼마인가?

제4회 모의고사

- 회사명 : 현대몰(주) [회사코드 2004]
- 회계연도 : 2024.1.1. ~ 12.31.

01 다음에 제시되는 기준정보를 입력하시오. 〈16점/각 4점〉

(1) 다음의 신규 거래처를 등록하시오. (각 2점)

거래처(명)	거래처분류(구분)	거래처코드	대표자(명)	사업자등록번호	업태/종목
(주)고양정보통신	매입처(일반)	00304	정현욱	110-81-48732	도소매/컴퓨터
(주)울산정보통신	매출처(일반)	00404	배수지	608-81-12347	도소매/컴퓨터

(2) 다음의 유형자산을 등록하시오.

계정과목 (과목명)	자산(코드)	자산(명)	취득수량	취득일	취득금액	내용연수	상각방법
비 품	302	냉장고	1개	2024.12.18.	₩1,500,000	5년	정률법

(3) 다음의 신규 상품(품목)을 등록하시오.

품목코드	품목(품명)	(상세)규격	품목종류(자산)	기준단위(단위명)
600	RAM	8GB	상 품	EA

(4) 다음의 신규 부서를 등록하시오. (각 2점)

(부서)코드	부서명	제조/판관	비 고
13	회계팀	판 관	
14	해외영업팀	판 관	

02 다음 거래를 입력하시오(단, 채권·채무 및 금융 거래는 거래처코드를 입력하고 각 문항별 한 개의 전표번호로 입력한다). 〈36점/각 4점〉

(1) 12월 2일　엘지마트(주)에서 거래처 직원의 결혼선물 ₩150,000을 구입하고 현대카드로 결제하다.

(2) 12월 5일　남산개발(주)와 상품 창고를 건설하기로 하고 공사계약금 ₩5,000,000을 당좌예금(국민은행) 계좌에서 이체하여 지급하다.

(3) 12월 8일　보통예금(신한은행) 계좌에 원인 불명의 ₩3,000,000이 입금되었음을 확인하다.

(4) 12월 10일　거래처에 배부할 홍보용 탁상달력(1,000부, @₩5,000)을 제작하고 대금은 비씨카드로 결제하다.

(5) 12월 11일　상품을 매입하고 전자세금계산서를 발급받다. 대금은 약속어음(어음번호 : 다하71549966, 만기일 : 2025년 3월 11일, 지급은행 : 국민은행)을 발행하여 지급하다.

전자세금계산서		(공급받는자 보관용)			승인번호	20241211-XXXX0151	
공급자	등록번호	114-81-81238			등록번호	104-81-10231	
	상호	(주)대구정보유통	성명 (대표자)	박강희	상호	현대물(주)	성명 (대표자) 윤시윤
	사업장 주소	대구광역시 중구 경상감영1길 10			사업장 주소	서울특별시 중구 퇴계로 20길 35	
	업태	도매 및 상품중개업	종사업장번호		업태	도매 및 상품중개업	종사업장번호
	종목	컴퓨터 및 주변기기			종목	컴퓨터 및 주변장치	
	E-Mail	ae345@kcci.com			E-Mail	abcd@kcci.com	
작성일자	2024.12.11	공급가액	25,000,000		세 액	2,500,000	
비고							

월	일	품목명	규격	수량	단가	공급가액	세액	비고
12	11	CD/DVD Printer	CD800	100	250,000	25,000,000	2,500,000	

합계금액	현금	수표	어음	외상미수금	이 금액을	⊙ 영수 ○청구	함
27,500,000			27,500,000				

(6) 12월 14일　단기 시세차익을 목적으로 엘지기업(주) 주식 1,000주(액면금액 : @₩5,000)를 주당 @₩6,000에 취득하고, 취득 시 수수료 30,000원을 포함한 대금은 보통예금(신한은행) 계좌로 이체하다.

(7) 12월 18일　대한전자유통(주)로부터 기준정보에서 등록한 냉장고를 ₩1,500,000에 구입하고, 대금은 비씨카드로 결제하다.

(8) 12월 26일 상품을 매출하고 전자세금계산서를 발급하다. 대금은 동사 발행의 약속어음(어음번호 : 라가19231256, 만기일 : 2025년 3월 26일, 지급은행 : 기업은행)으로 받다.

전자세금계산서			(공급자 보관용)			승인번호		20241226-XXXX0253	

공급자	등록번호	104-81-10231			공급받는자	등록번호	206-82-00400		
	상호	현대물(주)	성명(대표자)	윤시윤		상호	(주)가림	성명(대표자)	오세진
	사업장주소	서울특별시 중구 퇴계로 20길 35				사업장주소	부산광역시 중구 구덕로 1		
	업태	도매 및 상품중개업	종사업장번호			업태	도매 및 상품중개업	종사업장번호	
	종목	컴퓨터 및 주변장치				종목	컴퓨터 및 주변기기		
	E-Mail	abcd@kcci.com				E-Mail	grw21@kcci.com		

작성일자	2024.12.26	공급가액	40,000,000	세액	4,000,000
비고					

월	일	품목명	규격	수량	단가	공급가액	세액	비고
12	26	Laserjet Printer	24ppm	20	2,000,000	40,000,000	4,000,000	

합계금액	현금	수표	어음	외상미수금	이 금액을	◉ 영수	함
44,000,000			44,000,000			○ 청구	

(9) 12월 28일 현금의 장부 잔액보다 현금 실제액이 ₩70,000 부족함을 발견하였으며 그 원인을 알 수 없다.

03 다음 기말(12월 31일) 결산 정리 사항을 회계 처리하고 마감하시오. 〈20점/각 4점〉

(1) 임대료 선수분 ₩500,000을 계상하다.

(2) 12월 8일에 보통예금(신한은행) 계좌에 입금된 ₩3,000,000은 (주)인천정보유통의 외상대금으로 판명되다.

(3) 모든 비유동자산에 대하여 감가상각비를 계상하다.

(4) 매출채권 잔액에 대하여 1%의 대손충당금(보충법)을 설정하다.

(5) 기말상품재고액을 입력하고 결산 처리하다. 단, 재고평가는 선입선출법으로 한다.

04 다음 사항을 조회하여 번호 순서대로 단답형 답안에 등록하시오. 〈28점/각 4점〉

(1) 1월 1일부터 3월 31일까지 구매한 Laserjet Printer의 수량은 얼마인가?

(2) 4월 1일부터 6월 30일까지 판매한 Brady Printer의 공급가액은 얼마인가?

(3) 6월 30일 현재 한림유통의 외상매출금 잔액은 얼마인가?

(4) 7월 1일부터 9월 30일까지 강남정보통신에 만기 결제한 지급어음의 금액은 얼마인가?

(5) 8월부터 11월까지 복리후생비가 가장 적게 지출된 달은 몇 월인가?

(6) 1월 1일부터 12월 31일까지 한국채택국제회계기준(K-IFRS)에 의한 포괄손익계산서에 표시되는 기타
비용은 얼마인가?

(7) 12월 31일 현재 한국채택국제회계기준(K-IFRS)에 의한 재무상태표에 표시되는 기타유동부채는 얼마
인가?

제5회 모의고사

- 회사명 : 기린화장품(주) [회사코드 2005]
- 회계연도 : 2024.1.1. ~ 12.31.

01 다음에 제시되는 기준정보를 입력하시오. 〈16점/각 4점〉

(1) 다음의 신규 거래처를 등록하시오. (각 2점)

거래처(명)	거래처분류(구분)	거래처코드	대표자(명)	사업자등록번호	업태/종목
(주)미백화장품	매입처(일반)	03004	김미백	220-81-28765	제조/화장품
조은화장품(주)	매출처(일반)	04004	정조은	107-81-34566	도소매/화장품

(2) 다음의 정기예금을 등록하시오.

거래처명 (금융기관명)	거래처코드	금융기관 (계좌개설점)	예금종류	계좌번호	계약기간 (가입일 ~ 만기일)	이자율
우리은행 (정기예금)	98007	우리은행	정기예금	505-02-34567	2024.12.13. ~ 2025.12.12.	3%

(3) 다음의 신규 부서를 등록하시오. (각 2점)

(부서)코드	부서명	제조/판관	비 고
50	마케팅부	판 관	
60	연구활동부	판 관	

(4) 다음의 신규 상품(품목)을 등록하시오.

품목코드	품목(품명)	(상세)규격	품목종류(자산)	기본단위(단위명)
600	BB크림	3호	상 품	EA

02 다음 거래를 입력하시오(단, 채권·채무 및 금융 거래는 거래처코드를 입력하고 각 문항별 한 개의 전표번호로 입력한다). 〈36점/각 4점〉

(1) 12월 3일 단기 시세차익을 목적으로 (주)상공 발행 주식 400주(액면금액 @₩5,000, 취득금액 @₩25,000)를 취득하고, 대금은 현금으로 지급하다.

(2) 12월 4일 오연화장품(주)에 대여한 단기대여금에 대한 이자 ₩150,000이 보통예금(국민은행) 계좌에 입금되었음을 확인하다.

(3) 12월 8일 용산전자(주)로부터 업무용 에어컨을 구입하고 대금은 보통예금(국민은행) 계좌에서 이체하여 지급하다. 단, 유형자산을 등록하시오.

계정과목(과목명)	자산(코드)	자산(명)	취득수량	취득금액	내용연수	상각방법
비 품	7005	에어컨	1대	₩2,000,000	5년	정액법

(4) 12월 11일 상품을 매입하고 전자세금계산서를 발급받다.

전자세금계산서(공급받는자 보관용)					승인번호	20241211-XXXX0011	
공급자	등록번호	101-81-10343			공급받는자	등록번호	104-81-23454
	상호	(주)드림화장품	성명(대표자)	신드림		상호	기린화장품(주) 성명(대표자) 이코참
	사업장 주소	서울특별시 중구 세종대로 141				사업장 주소	서울특별시 중구 남대문로 52-13
	업태	제조, 도매	종사업장번호			업태	도매 및 상품중개업 종사업장번호
	종목	화장품				종목	화장품
	E-Mail	efgf@sanggong.com				E-Mail	abce@kcci.com

작성일자	2024.12.11.	공급가액	7,500,000	세 액	750,000
비고					

월	일	품목명	규격	수량	단가	공급가액	세액	비고
12	11	보습젤	100호	250	30,000	7,500,000	750,000	

합계금액	현금	수표	어음	외상미수금	이 금액을	○ 영수 함
8,250,000	4,000,000			4,250,000		● 청구

(5) 12월 13일 기준정보에서 등록한 1년 만기 정기예금(우리은행) 계좌에 현금 ₩10,000,000을 예입하다.

(6) 12월 22일 상품을 매출하고 전자세금계산서를 발급하다. 대금 중 ₩10,000,000은 한라화장품(주) 발행 약속어음(어음번호 : 다라20001245, 만기일 : 2025년 2월 22일, 지급은행 : 신한은행)으로 받고, 잔액은 외상으로 하다.

전자세금계산서(공급자 보관용)							승인번호		20241222-XXXX0125	
공급자	등록번호	104-81-23454			공급받는자	등록번호	104-81-24017			
	상호	기린화장품(주)	성명 (대표자)	이코참		상호	한라화장품(주)	성명 (대표자)	김한국	
	사업장 주소	서울특별시 중구 남대문로 52-13				사업장 주소	서울특별시 송파구 도곡로 434			
	업태	도매 및 상품중개업	종사업장번호			업태	도소매		종사업장번호	
	종목	화장품				종목	화장품			
	E-Mail	abce@kcci.com				E-Mail	qwas@sanggong.com			
작성일자		2024.12.22.	공급가액		20,600,000		세 액		2,060,000	
비고										

월	일	품목명	규격	수량	단가	공급가액	세액	비고
12	22	로션	1호	110	100,000	11,000,000	1,100,000	
12	22	향수	2호	120	80,000	9,600,000	960,000	

합계금액	현금	수표	어음	외상미수금	이 금액을	○ 영수 함
22,660,000			10,000,000	12,660,000		◉ 청구

(7) 12월 23일 매입처 (주)강남화장품의 외상매입금 ₩5,000,000에 대하여 약속어음(어음번호 : 나다 33334401, 만기일 : 2025년 3월 20일, 지급은행 : 신한은행)을 발행하여 지급하다.

(8) 12월 24일 종업원급여를 다음과 같이 보통예금(국민은행) 계좌에서 이체하여 지급하다.

급여 총액	공제 내역				실지급액
	소득세	건강보험료	국민연금	계	
₩5,500,000	₩50,000	₩180,000	₩220,000	₩450,000	₩5,050,000

(9) 12월 28일 업무용 트럭과 관련하여 다음에 해당하는 비용을 현금으로 지급하다.

- 차량 유류대금 : ₩200,000
- 자동차세 : ₩250,000

03 다음 기말(12월 31일) 결산 정리 사항을 회계 처리하고 마감하시오. 〈20점/각 4점〉

(1) 이자수익 선수분 ₩400,000을 계상하다.

(2) 결산일 현재 현금의 실제 잔액이 장부 잔액을 ₩53,000 초과하나 그 원인은 알 수 없다.

(3) 모든 비유동자산에 대하여 감가상각비를 계상하다.

(4) 매출채권 잔액에 대하여 1%의 대손충당금(보충법)을 설정하다.

(5) 기말상품재고액을 입력하고 결산 처리하다. 단, 재고평가는 선입선출법으로 한다.

04 다음 사항을 조회하여 번호 순서대로 단답형 답안을 등록하시오. 〈28점/각 4점〉

(1) 1월 1일부터 3월 31일까지 현금의 출금 총액은 얼마인가?

(2) 3월 1일부터 5월 31일까지 상품(향수)의 입고수량은 몇 개인가?

(3) 6월 30일 현재 매출처 한라화장품(주)의 외상매출금 잔액은 얼마인가?

(4) 7월 1일부터 9월 30일까지 복리후생비의 발생 총액은 얼마인가?

(5) 10월 31일 현재 받을어음 잔액은 얼마인가?

(6) 12월 31일 현재 한국채택국제회계기준(K-IFRS)에 의한 재무상태표에 표시되는 유동자산은 얼마인가?

(7) 1월 1일부터 12월 31일까지 한국채택국제회계기준(K-IFRS)에 의한 포괄손익계산서에 표시되는 기타 수익은 얼마인가?

제6회 모의고사

- 회사명 : 영우악기(주) [회사코드 2006]
- 회계연도 : 2024.1.1. ~ 12.31.

01 다음에 제시되는 기준정보를 입력하시오. 〈16점/각 4점〉

(1) 다음의 신규 거래처를 등록하시오. (각 2점)

거래처(상호)명	거래처분류(구분)	거래처코드	대표자	사업자번호	업태/종목
용산악기(주)	매입처(일반)	01103	박용산	106-81-01475	제조/악기
남강악기(주)	매출처(일반)	02203	유남강	148-81-12340	도소매/악기

(2) 다음 유형자산을 등록하시오.

자산코드	계정과목 (자산계정)	자산명	수 량	취득일	취득가액	내용연수	상각방법
6004	차량운반구	트 럭	1대	2024.12.10.	₩12,500,000	5년	정액법

(3) 다음의 신규 상품(품목)을 등록하시오.

품목코드	품목(품명)	(상세)규격	품목구분(종류)	기준단위
600	디지털피아노	76건반	상 품	EA

(4) 다음의 신규 부서를 등록하시오. (각 2점)

조직(부서)명	조직(부서)코드	제조/판관	비 고
경영기획부	40	판 관	
인사관리부	50	판 관	

02 다음 거래를 입력하시오(단, 채권·채무 및 금융 거래는 거래처코드를 입력하고 각 문항별 한 개의 전표번호로 입력한다). 〈36점/각 4점〉

(1) 12월 2일 마케팅부 직원에게 10월 3일에 지급한 출장비를 정산하고, 차액은 현금으로 지급하다.

〈출장비사용내역〉
• 교통비 : ₩100,000
• 숙박비 : ₩150,000
• 식비 : ₩80,000

(2) 12월 5일 현금 ₩3,000,000을 1년 만기 정기적금(외환은행)에 예입하다.

(3) 12월 8일 상품을 매입하고 전자세금계산서를 발급받다.

전자세금계산서			(공급받는자 보관용)			승인번호		20241208-XXXX0151	
공급자	등록번호		106-81-01475		공급받는자	등록번호		104-81-47228	
	상호	용산악기(주)	성명(대표자)	박용산		상호	영우악기(주)	성명(대표자)	우영우
	사업장주소	대전광역시 중구 대전천서로 101				사업장주소	서울특별시 중구 퇴계로 20길 35		
	업태	도매 및 상품중개업	종사업장번호			업태	도매 및 상품중개업	종사업장번호	
	종목	악기				종목	악기		
	E-Mail	ae345@kcci.com				E-Mail	abcd@kcci.com		

작성일자	2024.12.08	공급가액	120.000.000	세 액	12.000.000
비고					

월	일	품목명	규격	수량	단가	공급가액	세액	비고
12	8	디지털피아노		200	600.000	120.000.000	12.000.000	

합계금액	현금	수표	어음	외상미수금	이 금액을	○ 영수 ⊙ 청구	함
132,000,000				132,000,000			

(4) 12월 10일 기준정보등록한 업무용 트럭을 사랑자동차(주)로부터 ₩12,000,000에 외상으로 구입하고, 취득세 ₩500,000은 현금으로 지급하다.

(5) 12월 12일 동강악기(주)에 대한 외상매출금 중 ₩10,000,000을 현금으로 회수하여 보통예금(기업은행)에 입금하다.

(6) 12월 17일 상품을 매출하고 전자세금계산서를 발급하다.

전자세금계산서				(공급자 보관용)			승인번호			20241217-XXXX0253	

공급자	등록번호	104-81-47228				공급받는자	등록번호	658-05-00444			
	상호	영우악기(주)	성명(대표자)	우영우			상호	서울악기(주)	성명(대표자)	윤흥수	
	사업장주소	서울특별시 중구 퇴계로 20길 35					사업장주소	서울 중구 남대문로 1254			
	업태	도매 및 상품중개업	종사업장번호				업태	도매 및 상품중개업	종사업장번호		
	종목	악기					종목	악기 외			
	E-Mail	abcd@kcci.com					E-Mail	11478@kcci.com			

작성일자	2024.12.17.	공급가액	132,000,000	세 액	13,200,000
비고					

월	일	품목명	규격	수량	단가	공급가액	세액	비고
12	17	전자기타	71-A	30	400,000	12,000,000	1,200,000	
12	17	디지털피아노	76건반	150	800,000	120,000,000	12,000,000	

합계금액	현금	수표	어음	외상미수금	이 금액을	○ 영수	함
145,200,000				145,200,000		◉ 청구	

(7) 12월 19일 12월에 청구된 신용카드(대한카드) 대금 ₩1,200,000이 보통예금(기업은행) 계좌에서 인출되다.

(8) 12월 22일 매입처 서울악기(주)에 발행한 약속어음 ₩20,000,000이 금일 만기가 되어 당점의 당좌예금(신한은행) 계좌에서 지급되었음을 확인하다. (어음번호 : 가나20140004, 만기일 : 2024년 12월 22일, 지급은행 : 신한은행)

(9) 12월 30일 단기차입금에 대한 이자 ₩1,350,000을 현금으로 지급하다.

03 다음 기말(12월 31일) 결산 정리 사항을 회계 처리하고 마감하시오. 〈20점/각 4점〉

(1) 4월 1일 지급한 보험료 미경과분 ₩60,000을 계상하다.

(2) 현재 보유하고 있는 당기손익-공정가치측정금융자산 ₩5,000,000을 ₩5,500,000으로 평가하다.

(3) 매출채권 잔액에 대하여 1%의 대손충당금(보충법)을 설정하다.

(4) 모든 비유동자산에 대하여 감가상각비를 계상하다.

(5) 기말상품재고액을 입력하고 결산 처리하다. 단, 재고평가는 선입선출법으로 한다.

04 다음 사항을 조회하여 번호 순서대로 단답형 답안에 등록하시오. 〈28점/각 4점〉

(1) 1월 1일부터 5월 31일까지 지출된 현금 총액은 얼마인가?

(2) 1월 1일부터 6월 30일까지 전자기타 총 매입 수량은 몇 EA인가?

(3) 1월 1일부터 6월 30일까지 중앙악기(주)의 외상매입금 지급 총액은 얼마인가?

(4) 7월 31일 현재 보통예금의 잔액은 얼마인가?

(5) 5월에 발생한 판매비와관리비 총액은 얼마인가?

(6) 1월 1일부터 12월 31일까지 한국채택국제회계기준(K-IFRS)에 의한 포괄손익계산서에 표시되는 금융
수익 금액은 얼마인가?

(7) 12월 31일 현재 한국채택국제회계기준(K-IFRS)에 의한 재무상태표에 표시되는 기타유동금융자산의
금액은 얼마인가?

제7회 모의고사

- 회사명 : 파랑문구(주) [회사코드 2007]
- 회계연도 : 2024.1.1. ~ 12.31.

01 다음에 제시되는 기준정보를 입력하시오. 〈16점/각 4점〉

(1) 다음의 신규 거래처를 등록하시오. (각 2점)

거래처(상호)명	거래처분류(구분)	거래처코드	대표자	사업자번호	업태/종목
보라문구(주)	매입처(일반)	01008	박보라	108-81-31257	제조/문구용품
행복문구(주)	매출처(일반)	02008	장행복	220-81-26544	도소매/문구용품

(2) 다음 유형자산을 등록하시오.

자산코드	계정과목 (자산계정)	자산명	수량	취득일	취득가액	내용연수	상각방법
6004	차량운반구	운반트럭	1대	2024.12.08	₩12,000,000	5년	정액법

(3) 다음의 신규 상품(품목)을 등록하시오.

품목코드	품목(품명)	(상세)규격	품목 구분	기준단위
500	E상품	50호	상 품	EA

(4) 다음의 신규 부서를 등록하시오. (각 2점)

조직(부서)명	조직(부서)코드	제조/판관	비 고
경영지원부	50	판 관	
전략기획부	60	판 관	

02 다음 거래를 입력하시오(단, 채권·채무 및 금융 거래는 거래처코드를 입력하고 각 문항별 한 개의 전표번호로 입력한다). 〈36점/각 4점〉

(1) 12월 5일　매입처 사랑문구(주)에 발행한 약속어음 ₩34,100,000이 금일 만기가 되어 당좌예금(기업은행) 계좌에서 지급되었음을 확인하다.

• 어음번호 : 가라55551114	• 만기일 : 2024년 12월 05일	• 지급은행 : 기업은행

(2) 12월 8일　상품 운반용 트럭 (기준정보등록자산) 1대를 대한자동차(주)로부터 ₩12,000,000에 구입하고 대금은 보통예금(국민은행) 계좌에서 이체하다.

(3) 12월 11일　상품을 매입하고 전자세금계산서를 발급받다. 부가가치세(10%)를 포함한 대금은 약속어음을 발행하여 지급하다. 단, 어음등록도 할 것(수령일 : 당일, 1매)

• 어음번호 : 가라12589645	• 만기일 : 2025년 1월 20일	• 지급은행 : 기업은행

전자세금계산서　(공급받는자 보관용)

승인번호 20241211-XXXX0151

공급자	등록번호	108-81-31257			공급받는자	등록번호	123-81-54680		
	상호	보라문구(주)	성명(대표자)	박보라		상호	파랑문구(주)	성명(대표자)	오파랑
	사업장주소	대전광역시 중구 대전천서로 101				사업장주소	경기도 안양시 동안구 갈산로 10		
	업태	도매 및 상품중개업	종사업장번호			업태	도매 및 상품중개업	종사업장번호	
	종목	문구 외				종목	문구 외		
	E-Mail	ae345@kcci.com				E-Mail	abcd@kcci.com		

작성일자	2024.12.11.	공급가액	18,000,000	세액	1,800,000
비고					

월	일	품목명	규격	수량	단가	공급가액	세액	비고
12	11	E상품	50호	600	30,000	18,000,000	1,800,000	

합계금액	현금	수표	어음	외상미수금	이 금액을	
19,800,000			19,800,000		○ 영수 ◉ 청구	함

(4) 12월 12일　출장 중인 종업원으로부터 원인을 알 수 없는 ₩300,000이 보통예금(국민은행) 계좌에 입금되다.

(5) 12월 17일 당기 2월 3일에 구입한 주식 500주를 1주당 @₩6,000에 처분하고 대금은 수수료
₩50,000을 차감한 실수금이 보통예금(국민은행) 계좌에 입금되다.

(6) 12월 19일 상품을 매출하고 전자세금계산서를 발급하다.

전자세금계산서					(공급자 보관용)			승인번호	20241219-XXXX0253		
공급자	등록번호	123-81-54680				공급받는자	등록번호	220-81-26544			
	상호	파랑문구(주)	성명(대표자)	오파랑			상호	행복문구(주)	성명(대표자)	장행복	
	사업장주소	경기도 안양시 동안구 갈산로 10					사업장주소	광주광역시 동구 무등로 295			
	업태	도매 및 상품중개업	종사업장번호				업태	도매 및 상품중개업	종사업장번호		
	종목	문구 외					종목	문구도서외			
	E-Mail	abcd@kcci.com					E-Mail	grw21@kcci.com			
작성일자		2024.12.19	공급가액		38,000,000		세액		3,800,000		
비고											
월	일	품목명	규격	수량	단가	공급가액	세액	비고			
12	19	A상품	20호	300	100,000	30,000,000	3,000,000				
12	19	B상품	10호	100	80,000	8,000,000	800.00				
합계금액		현금	수표		어음	외상미수금	이 금액을	◉ 영수	함		
41,800,000						41,800,000		○ 청구			

(7) 12월 22일 웃음문구(주)에 대한 외상매출금 중 ₩15,000,000을 하나은행 발행의 자기앞수표로 받다.

(8) 12월 23일 하나은행으로부터 현금 ₩30,000,000(차입기간 2024.12.23. ~ 2026.12.23.)을 차입
하다.

(9) 12월 30일 다음의 경비를 현금으로 지급하다.

• 직원의 결혼 축의금 : ₩500,000   • 불우이웃 성금 : ₩200,000

03 다음 기말(12월 31일) 결산 정리 사항을 회계 처리하고 마감하시오. 〈20점/각 4점〉

(1) 임차료 미경과액 ₩300,000을 계상하다.

(2) 정기예금에 대한 이자 미수액 ₩1,200,000을 계상하다.

(3) 매출채권 잔액에 대하여 1%의 대손충당금(보충법)을 설정하다.

(4) 모든 비유동자산에 대하여 감가상각비를 계상하다.

(5) 기말상품재고액을 입력하고 결산 처리하다. 단, 재고평가는 선입선출법으로 한다.

04 다음 사항을 조회하여 번호 순서대로 단답형 답안에 등록하시오. 〈28점/각 4점〉

(1) 1월 1일부터 4월 30일까지 현금의 지출액은 얼마인가?

(2) 1월 1일부터 6월 30일까지 B상품의 출고 수량은 몇 EA인가?

(3) 1월부터 6월까지 중 판매비와관리비가 가장 많이 발생한 월의 금액은 얼마인가?

(4) 9월 30일 현재 대한문구(주)의 지급어음 잔액은 얼마인가?

(5) 11월 30일 현재 보통예금의 잔액은 얼마인가?

(6) 1월 1일부터 12월 31일까지 한국채택국제회계기준(K-IFRS)에 의한 포괄손익계산서에 표시되는 매출 총이익은 얼마인가?

(7) 12월 31일 현재 한국채택국제회계기준(K-IFRS)에 의한 재무상태표에 표시되는 비유동부채의 금액은 얼마인가?

제8회 모의고사

- 회사명 : 우리컴(주) [회사코드 2008]
- 회계연도 : 2024.1.1. ~ 12.31.

01 다음에 제시되는 기준정보를 입력하시오. 〈16점/각 4점〉

(1) 다음의 신규 거래처를 등록하시오. (각 2점)

거래처(명)	거래처분류(구분)	거래처코드	대표자(명)	사업자등록번호	업태/종목
(주)성남정보유통	매입처(일반)	02004	조상범	110-81-55795	도소매/컴퓨터
(주)수원정보유통	매출처(일반)	03004	윤미라	409-81-14753	도소매/컴퓨터

(2) 다음의 유형자산을 등록하시오.

계정과목(과목명)	자산(코드)	자산(명)	취득수량	취득일	취득금액	내용연수	상각방법
비 품	302	공기청정기	1개	2024.12.4.	₩1,700,000	5년	정액법

(3) 다음의 신규 상품(품목)을 등록하시오.

품목코드	품목(품명)	(상세)규격	품목종류(자산)	기본단위(단위명)
500	CD/DVD RW	RW-32X	상 품	EA

(4) 다음의 신규 부서를 등록하시오. (각 2점)

(부서)코드	부서명	제조/판관	비 고
13	무역팀	판 관	
14	고객지원팀	판 관	

02 다음 거래를 입력하시오(단, 채권·채무 및 금융 거래는 거래처코드를 입력하고 각 문항별 한 개의 전표번호로 입력한다). 〈36점/각 4점〉

(1) 12월 4일   대한전자유통(주)로부터 기준정보에서 등록한 공기청정기를 ₩1,700,000에 구입하고, 대금은 국민은행 발행 자기앞수표로 지급하다.

(2) 12월 6일   영업직원의 업무능력 향상을 위해 외부전문가를 초빙하여 교육을 실시하고, 강사료 ₩1,000,000 중 원천징수분 ₩88,000을 차감한 금액은 현금으로 지급하다.

(3) 12월 8일   산업은행의 유동성장기부채 ₩50,000,000과 그에 대한 이자 ₩250,000을 보통예금(신한은행) 계좌에서 지급하다.

(4) 12월 10일   대한적십자사에 연말 불우이웃돕기 성금 ₩850,000을 현금으로 납부하다.

(5) 12월 11일   (주)광주정보통신과 상품의 판매계약을 체결하고, 계약금 ₩5,000,000은 보통예금(신한은행) 계좌로 입금받다.

(6) 12월 13일   상품을 매입하고 전자세금계산서를 발급받다.

전자세금계산서			(공급받는자 보관용)			승인번호		20241213-XXXX0151	
공급자	등록번호	106-86-43373			공급받는자	등록번호	133-81-26371		
	상호	(주)대전정보유통	성명(대표자)	황소라		상호	우리컴(주)	성명(대표자)	정선달
	사업장주소	대전광역시 중구 대전천서로 101				사업장주소	서울특별시 중구 퇴계로 20길 35		
	업태	도매 및 상품중개업	종사업장번호			업태	도매 및 상품중개업	종사업장번호	
	종목	컴퓨터 및 주변기기				종목	컴퓨터 및 주변장치		
	E-Mail	ae345@kcci.com				E-Mail	abcd@kcci.com		

작성일자	2024.12.13	공급가액	21,000,000	세 액	2,100,000
비고					

월	일	품목명	규격	수량	단가	공급가액	세액	비고
12	13	Inkjet Printer	20ppm	40	150,000	6,000,000	600,000	
12	13	Photo Printer	16ppm	50	300,000	15,000,000	1,500,000	

합계금액	현금	수표	어음	외상미수금	이 금액을	○ 영수	함
23,100,000				23,100,000		◉ 청구	

(7) 12월 17일 상품을 매출하고 전자세금계산서를 발급하다. 대금은 동점 발행의 약속어음(어음번호 : 사아70213878, 만기일 : 2025년 3월 17일, 지급은행 : 국민은행)으로 받다.

전자세금계산서		(공급자 보관용)			승인번호	20241217-XXXX0253	

공급자	등록번호	133-81-26371			공급받는자	등록번호	217-81-15304	
	상호	우리컴(주)	성명(대표자)	정선달		상호	(주)광주정보통신	성명(대표자)	오대림
	사업장주소	서울특별시 중구 퇴계로 20길 35				사업장주소	광주광역시 동구 무등로 295	
	업태	도매 및 상품중개업	종사업장번호			업태	도매 및 상품중개업	종사업장번호
	종목	컴퓨터 및 주변장치				종목	컴퓨터 및 주변기기	
	E-Mail	abcd@kcci.com				E-Mail	grw21@kcci.com	

작성일자	2024.12.17	공급가액	20,000,000	세 액	2,000,000
비고					

월	일	품목명	규격	수량	단가	공급가액	세액	비고
12	17	Inkjet Printer	20ppm	40	500,000	20,000,000	2,000,000	

합계금액	현금	수표	어음	외상미수금	이 금액을	◉ 영수	함
22,000,000			22,000,000			○ 청구	

(8) 12월 20일 장기 투자 목적으로 (주)삼일전자 주식 1,200주(액면금액 @₩5,000)를 1주당 ₩15,000에 구입하고, 주식대금은 보통예금(신한은행) 계좌에서 이체하다. 단, 구입자산의 공정가치 변동은 기타포괄손익으로 표시한다.

(9) 12월 26일 매출처 (주)인천정보유통 발행 당점 수취 약속어음(어음번호 : 바사92657166, 만기일 : 2024년 12월 26일, 지급은행 : 하나은행) ₩5,000,000이 만기가 되어 당좌예금(국민은행) 계좌로 입금받다.

03 다음 기말(12월 31일) 결산 정리 사항을 회계 처리하고 마감하시오. 〈20점/각 4점〉

(1) 장기차입금에 대한 당기분 이자 미지급액 ₩1,600,000을 계상하다.

(2) 단기 투자 목적으로 보유 중인 주식 전부를 ₩12,000,000으로 평가하다.

(3) 모든 비유동자산에 대하여 감가상각비를 계상하다.

(4) 매출채권 잔액에 대하여 1%의 대손충당금(보충법)을 설정하다.

(5) 기말상품재고액을 입력하고 결산 처리하다. 단, 재고평가는 선입선출법으로 한다.

04 다음 사항을 조회하여 번호 순서대로 단답형 답안에 등록하시오. 〈28점/각 4점〉

(1) 1월 1일부터 9월 30일까지 경성정보유통으로부터 구매한 3D Printer의 공급가액은 얼마인가?

(2) 1월 1일부터 6월 30일까지 대한전자유통(주)에 판매한 Photo Printer의 수량은 얼마인가?

(3) 4월 1일부터 6월 30일까지 보통예금에 예입된 금액은 얼마인가?

(4) 7월부터 10월까지 판매비와관리비의 현금 지출이 가장 많은 달은 몇 월인가?

(5) 11월 30일 현재 외상매입금 잔액은 얼마인가?

(6) 1월 1일부터 12월 31일까지 한국채택국제회계기준(K-IFRS)에 의한 포괄손익계산서에 표시되는 금융원가는 얼마인가?

(7) 12월 31일 현재 한국채택국제회계기준(K-IFRS)에 의한 재무상태표에 표시되는 유동자산은 얼마인가?

제9회 모의고사

- 회사명 : (주)을지유통 [회사코드 2009]
- 회계연도 : 2024.1.1. ~ 12.31.

01 다음 제시되는 기준정보를 입력하시오. 〈16점〉

(1) 다음의 신규 거래처를 등록하시오.

거래처(상호)명	거래처분류(구분)	거래처코드	대표자	사업자번호	업태/종목
드림유통(주)	매입처(일반)	02009	박드림	120-81-54231	도매 및 소매업/생활용품
경인유통(주)	매출처(일반)	03009	한경인	201-81-77358	도매 및 소매업/생활용품

(2) 다음의 정기예금을 등록하시오.

거래처(금융기관명)	거래처코드	금융기관(계좌개설점)	예금종류	계좌번호	계약기간(가입일 ~ 만기일)
하나은행(정기예금)	98006	하나은행	정기예금	1345-7946-1	2024.12.12. ~ 2025.12.12.

(3) 다음의 신규 부서를 등록하시오.

조직(부서)명	조직(부서)코드	제조/판관	비 고
자원개발부	14	판 관	
고객지원부	15	판 관	

(4) 다음의 신규 상품(품목)을 등록하시오.

품목코드	품목(품명)	(상세)규격	품목 구분(종류)	기준 단위
500	병상품	3호	상 품	EA

02 다음 거래를 입력하시오(단, 채권·채무 및 금융 거래는 거래처코드를 입력하고 각 문항별 한 개의 전표번호로 입력한다). 〈36점/각 4점〉

(1) 12월 3일 가수금(10월 15일) ₩1,500,000은 매출처 가온유통(주)로부터 외상매출금이 회수된 것으로 확인되다.

(2) 12월 7일 현대유통(주)로부터 상품을 매입하고, 전자세금계산서를 발급받다.

전자세금계산서			(공급받는자 보관용)			승인번호	20241207-XXXX0151	

공급자	등록번호	305-81-67899			공급받는자	등록번호	140-81-12346		
	상호	현대유통	성명(대표자)	이종욱		상호	을지유통(주)	성명(대표자)	박기술
	사업장주소	대전광역시 중구 대전천서로 101				사업장주소	경기 시흥 경기과기대로 219		
	업태	도매 및 상품중개업	종사업장번호			업태	도매 및 상품중개업	종사업장번호	
	종목	컴퓨터 및 주변기기				종목	컴퓨터 및 주변장치		
	E-Mail	ae345@kcci.com				E-Mail	abcd@kcci.com		

작성일자	2024.12.7	공급가액	2,200,000	세 액	220,000
비고					

월	일	품목명	규격	수량	단가	공급가액	세액	비고
12	7	병상품	3호	200	11,000	2,200,000	220,000	

합계금액	현금	수표	어음	외상미수금	이 금액을	○ 영수	함
2,420,000				2,420,000		⦿ 청구	

(3) 12월 10일 친절컴마트에서 회의실용 프로젝트 1대를 ₩3,600,000에 구입하고 대금은 보통예금(국민은행) 계좌에서 이체하다. 단, 유형자산을 등록하시오

자산코드	계정과목(자산계정)	자산명	내용연수	상각방법
06003	비 품	프로젝트	5년	정액법

(4) 12월 12일 보통예금(국민은행)에서 ₩6,000,000을 자기앞수표로 인출하여 하나은행에 정기예금(1년 만기)으로 예입하다.

(5) 12월 17일 강남웰빙유통(주)의 외상매출금 중 ₩23,000,000을 약속어음(어음번호 : 아차40103333, 만기일 : 2025년 3월 10일, 발행인 : 강남웰빙유통(주), 지급은행 : 국민은행)으로 받다.

(6) 12월 19일 보통예금(국민은행) 통장을 정리한 결과, 이자 ₩32,000이 입금되어 있음을 확인하다.

(7) 12월 20일 상품을 매출하고, 전자세금계산서를 발급하다.

전자세금계산서 (공급자 보관용)					승인번호		20241220-XXXX0253	

공급자	등록번호	140-81-12346			공급받는자	등록번호	408-81-34566	
	상호	을지유통(주)	성명(대표자)	박기술		상호	(주)대림유통	성명(대표자)	지의준
	사업장주소	경기 시흥 경기과기대로 219				사업장주소	광주광역시 동구 무등로 295	
	업태	도매 및 상품중개업	종사업장번호			업태	도매 및 상품중개업	종사업장번호
	종목	컴퓨터 및 주변장치				종목	컴퓨터 및 주변기기	
	E-Mail	abcd@kcci.com				E-Mail	grw21@kcci.com	

작성일자	2024.12.20	공급가액	4,600,000	세 액	460,000
비고					

월	일	품목명	규격	수량	단가	공급가액	세액	비고
12	20	을상품	2호	60	60,000	3,600,000	360,000	
12	20	병상품	3호	40	25,000	1,000,000	100,000	

합계금액	현금	수표	어음	외상미수금	이 금액을	◉ 영수 ○ 청구	함
5,060,000				5,060,000			

(8) 12월 24일 종업원급여 ₩2,000,000 중 소득세 ₩165,000을 차감한 잔액은 보통예금(국민은행)에서종업원 급여 계좌로 이체하다.

(9) 12월 28일 (주)부산정보유통에 대한 외상매입금 ₩1,000,000을 당좌수표(국민은행, 수표번호 : 가라32144328)를 발행하여 지급하다.

03 다음 기말(12월 31일) 결산 정리 사항을 회계 처리하고 마감하시오. 〈20점〉

(1) 화재보험료 미경과분 ₩70,000을 계상하다.

(2) 현금과부족계정 차변 잔액(₩200,000)에 대한 원인은 거래처 창립기념일 축하 화환 대금 지급에 대한 입력 누락으로 확인되다.

(3) 매출채권 잔액에 대하여 1%의 대손충당금(보충법)을 설정하다.

(4) 모든 비유동자산에 대하여 감가상각비를 계상하다.

(5) 기말상품재고액을 조회하여 입력하고 결산을 하다. (단, 재고평가는 선입선출법)

04 다음 사항을 조회하여 번호 순서대로 단답형 답안에 등록하시오. 〈28점/각 4점〉

(1) 2월 1일부터 4월 30일까지 보통예금(국민은행)의 예입 총액은 얼마인가?

(2) 3월 1일부터 6월 30일까지 을상품의 총매입액은 얼마인가?

(3) 8월 31일 현재 갑상품의 재고수량은 몇 개인가?

(4) 9월 30일 현재 대한전자유통(주)의 외상매출금 잔액은 얼마인가?

(5) 10월 20일 현재 외상매입금 잔액이 가장 큰 거래처의 금액은 얼마인가?

(6) 12월 31일 현재 한국채택국제회계기준(K-IFRS)에 의한 재무상태표에 표시되는 비유동자산의 합계액은 얼마인가?

(7) 1월 1일부터 12월 31일까지 한국채택국제회계기준(K-IFRS)에 의한 포괄손익계산서에 표시되는 당기순이익은 얼마인가?

제10회 모의고사

- 회사명 : 구리자전거(주) [회사코드 2010]
- 회계연도 : 2024.1.1. ~ 12.31.

01 다음에 제시되는 기준정보를 입력하시오. 〈16점/각 4점〉

(1) 다음의 신규 거래처를 등록하시오. (각 2점)

거래처코드	거래처(상호)명	거래처분류(구분)	대표자	사업자번호	업태/종목
02005	서서자전거(주)	매입처(일반)	조상용	110-81-55795	제조업/자전거및이륜차
03005	광주자전거(주)	매출처(일반)	장명순	409-81-14753	도소매업/자전거및자전거부품

(2) 다음의 유형자산을 등록하시오.

자산코드	계정과목(자산계정)	자산명	수 량	취득일	취득가액	내용연수	상각방법
302	비 품	책 장	1개	2024.12.4.	₩1,200,000	5년	정액법

(3) 다음의 신규 상품(품목)을 등록하시오.

품목코드	품목(품명)	(상세)규격	품목구분(종류)	기준단위
600	외발자전거	TT	상 품	EA

(4) 다음의 신규 부서를 등록하시오. (각 2점)

조직(부서)명	조직(부서)코드	제조/판관	비 고
재무팀	40	판 관	
고객지원팀	50	판 관	

02 다음 거래를 입력하시오(단, 채권·채무 및 금융 거래는 거래처코드를 입력하고 각 문항별 한 개의 전표번호로 입력한다). 〈36점/각 4점〉

(1) 12월 4일   기준정보에서 등록한 책장 1대를 ₩1,200,000에 고성가구로부터 구입하고, 대금은 보통예금(기업은행) 계좌에서 이체하여 지급하다.

(2) 12월 6일   영업직원의 업무능력 향상을 위해 외부전문가를 초빙하여 교육을 실시하다. 강사료는 ₩1,000,000이며, 원천징수세액 ₩44,000을 차감한 금액을 현금으로 지급하다.

(3) 12월 8일   상품을 매입하고 전자세금계산서를 발급받다.

전자세금계산서				(공급받는자 보관용)			승인번호		20241208-XXXX0151		
공급자	등록번호	116-90-52390				공급받는자	등록번호		124-31-12349		
	상호	이륜공업(주)	성명 (대표자)	신동운			상호	구리자전거(주)	성명 (대표자)		한자전
	사업장 주소	대전광역시 중구 대전천서로 101					사업장 주소	서울특별시 서대문구 독립문로 11			
	업태	도매 및 상품중개업	종사업장번호				업태	도매 및 상품중개업		종사업장번호	
	종목	자전거					종목	자전거			
	E-Mail	ae345@kcci.com					E-Mail	abcd@kcci.com			
작성일자		2024.12.8	공급가액		20,000,000		세 액		2,000,000		
비고											
월	일	품목명	규격	수량	단가		공급가액		세액		비고
12	8	시티자전거	RT	40	500,000		20,000,000		2,000,000		
합계금액		현금	수표		어음		외상미수금	이 금액을	○ 영수	함	
22,000,000							22,000,000		⦿ 청구		

(4) 12월 11일   오천자전거(주)와 2인승자전거 50개(EA)에 대한 판매 계약을 체결하고, 계약금 ₩5,000,000을 보통예금(기업은행) 계좌로 수취하다.

(5) 12월 13일   매출처 한국유통(주)에서 수취한 약속어음 ₩13,200,000(어음번호 : 가타22220025, 만기일 : 2024년 12월 13일, 지급은행 : 신한은행)이 금일 만기가 되어 당점의 당좌예금 (신한은행) 계좌에 입금되다.

(6) 12월 15일 상품을 매출하고 전자세금계산서를 발급하다. 부가가치세(10%)를 포함한 대금은 약속어음
　　　(어음번호 : 가타20360067, 만기일 : 2025년 3월 8일, 지급은행 : 신한은행)으로 받다.

전자세금계산서			(공급자 보관용)			승인번호		20241215-XXXX0253	
공급자	등록번호	124-31-12349			공급받는자	등록번호		107-81-31220	
	상호	구리자전거(주)	성명(대표자)	한자전		상호	(주)고려자전거	성명(대표자)	김동인
	사업장주소	서울특별시 서대문구 독립문로 11				사업장주소	광주광역시 동구 무등로300		
	업태	도매 및 상품중개업	종사업장번호			업태	도매 및 상품중개업	종사업장번호	
	종목	자전거				종목	자전거		
	E-Mail	abcd@kcci.com				E-Mail	12547@kcci.com		
작성일자	2024.12.15		공급가액	30,000,000		세 액		3,000,000	
비고									

월	일	품목명	규격	수량	단가	공급가액	세액	비고
12	15	산악용자전거	VE	30	1,000,000	30,000,000	3,000,000	

합계금액	현금	수표	어음	외상미수금	이 금액을	⊙ 영수	함
33,000,000			33,000,000			○ 청구	

(7) 12월 18일 장기 투자 목적으로 기흥정밀(주) 주식 1,200주(액면금액 @₩5,000)를 주당 ₩15,000에
　　　매입하고, 대금은 보통예금(기업은행) 계좌에서 지급하다. 단, 구입자산의 공정가치 변동은
　　　기타포괄손익으로 표시한다.

(8) 12월 22일 상환기일이 도래한 신한캐피탈(주)의 유동성장기부채 ₩30,000,000에 대해 계약기간을
　　　2년 연장하고, 이자 ₩150,000은 현금으로 지급하다.

(9) 12월 26일 거래처 송년회에 참석하여 회식비 ₩850,000을 KB카드로 결제하다.

03　다음 기말(12월 31일) 결산 정리 사항을 회계 처리하고 마감하시오. 〈20점/각 4점〉

(1) 차입금의 이자 미지급분 ₩480,000을 계상하다.

(2) 단기 시세차익을 목적으로 보유 중인 대호전자(주) 주식 2,500주(액면금액 @₩5,000, 취득금액
　　@₩12,000)를 1주당 ₩15,000으로 평가하다.

(3) 매출채권 잔액에 대하여 1%의 대손충당금(보충법)을 설정하다.

(4) 모든 비유동자산에 대하여 감가상각비를 계상하다.

(5) 기말상품재고액을 입력하고 결산 처리하다. 단, 재고평가는 선입선출법으로 한다.

04 다음 사항을 조회하여 번호 순서대로 단답형 답안에 등록하시오. 〈28점/각 4점〉

(1) 1월부터 5월까지 보통예금 입금액은 얼마인가?

(2) 1월부터 6월까지 매출액이 가장 많은 달은 몇 월인가?

(3) 5월의 판매비와관리비 중 가장 많이 지출한 항목(계정과목)의 금액은 얼마인가?

(4) 7월 15일 현재 도로형자전거의 재고와 산악용자전거의 재고 합계는 몇 개(EA)인가?

(5) 9월 30일 현재 외상매입금이 가장 큰 거래처의 잔액은 얼마인가?

(6) 1월 1일부터 12월 31일까지 한국채택국제회계기준(K-IFRS)에 의한 포괄손익계산서에 표시되는 기타수익은 얼마인가?

(7) 12월 31일 현재 한국채택국제회계기준(K-IFRS)에 의한 재무상태표에 표시되는 유동자산에서 유동부채를 차감한 금액은 얼마인가?

제11회 모의고사

- 회사명 : 소망화장품(주) [회사코드 2011]
- 회계연도 : 2024.1.1. ~ 12.31.

01 다음에 제시되는 기준정보를 입력하시오. 〈16점/각 4점〉

(1) 다음의 신규 거래처를 등록하시오. (각 2점)

거래처(명)	거래처분류(구분)	거래처코드	대표자(명)	사업자등록번호	업태/종목
(주)창조화장품	매입처(일반)	02006	정창조	129-81-54320	제조/화장품
그린화장품(주)	매출처(일반)	03006	김그린	314-81-44885	도소매/화장품

(2) 다음의 보통예금을 등록하시오.

거래처명(금융기관명)	거래처코드	금융기관(계좌개설점)	계좌번호	예금종류
농협(보통)	98006	농 협	111-02-56789-1	보통예금

(3) 다음의 신규 부서를 등록하시오. (각 2점)

(부서)코드	부서명	제조/판관	비 고
50	인사관리부	판 관	
60	고객상담부	판 관	

(4) 다음의 신규 상품(품목)을 등록하시오.

품목코드	품목(품명)	(상세)규격	품목종류(자산)	기본단위(단위명)
600	미백크림	3호	상 품	EA

02 다음 거래를 입력하시오(단, 채권·채무 및 금융 거래는 거래처코드를 입력하고 각 문항별 한 개의 전표번호로 입력한다). 〈36점/각 4점〉

(1) 12월 3일 상록화장품(주)에 대한 외상매출금 중 ₩3,000,000이 당좌예금(신한은행) 계좌에 입금되었음을 확인하다.

(2) 12월 4일 단기 시세차익을 목적으로 취득한 (주)대한 발행 주식(액면금액 @₩5,000, 취득금액 @₩10,000) 중 300주를 1주당 ₩20,000에 처분하고, 거래수수료 등 ₩15,000을 차감한 금액은 보통예금(국민은행) 계좌로 입금받다.

(3) 12월 5일 청계천전자(주)에서 온풍기를 구입하고 대금은 보통예금(국민은행) 계좌에서 이체하다. 단, 유형자산을 등록하시오.

계정과목(과목명)	자산(코드)	자산(명)	취득수량	취득금액	내용연수	상각방법
비 품	7005	온풍기	1대	₩3,000,000	5년	정액법

(4) 12월 11일 상품을 매입하고 전자세금계산서를 발급받다.

전자세금계산서(공급받는자 보관용)					승인번호	20241211-XXXX0011	

공급자	등록번호	101-81-10343			공급받는자	등록번호	185-81-41581	
	상호	(주)드림화장품	성명(대표자)	박보검		상호	소망화장품(주)	성명(대표자)	이케어
	사업장주소	서울특별시 중구 세종대로 141				사업장주소	서울특별시 중구 남대문로 52-13	
	업태	제조, 도매	종사업장번호			업태	도매 및 상품중개업	종사업장번호
	종목	화장품				종목	화장품	
	E-Mail	efgf@sanggong.com				E-Mail	abce@kcci.com	

작성일자	2024.12.11.	공급가액	24,500,000	세 액	2,450,000

월	일	품목명	규격	수량	단가	공급가액	세액	비고
비고								
12	11	로션	1호	250	50,000	12,500,000	1,250,000	
12	11	향수	2호	300	40,000	12,000,000	1,200,000	

합계금액	현금	수표	어음	외상미수금	이 금액을	○ 영수	함
26,950,000	5,000,000			21,950,000		⊙ 청구	

(5) 12월 15일 상품을 매출하고 전자세금계산서를 발급하다.

전자세금계산서(공급자 보관용)						승인번호	20241215-XXXX0125		

공급자	등록번호	185-81-41581			공급받는자	등록번호	104-81-24017		
	상호	소망화장품(주)	성명(대표자)	이케어		상호	한라화장품(주)	성명(대표자)	장한나
	사업장주소	서울특별시 중구 남대문로 52-13				사업장주소	서울특별시 송파구 도곡로 434		
	업태	도매 및 상품중개업	종사업장번호			업태	도소매	종사업장번호	
	종목	화장품				종목	화장품		
	E-Mail	abce@kcci.com				E-Mail	qwas@sanggong.com		

작성일자	2024.12.15.	공급가액	28,000,000	세 액	2,800,000
비고					

월	일	품목명	규격	수량	단가	공급가액	세액	비고
12	15	로션	1호	220	100,000	22,000,000	2,200,000	
12	15	보습젤	3호	100	60,000	6,000,000	600,000	

합계금액	현금	수표	어음	외상미수금	이 금액을	○ 영수 ⊙ 청구	함
30,800,000	10,000,000			20,800,000			

(6) 12월 17일 매입처 (주)알파화장품에 발행한 약속어음(어음번호 : 다라30004444, 만기일 : 2024년 12월 17일, 지급은행 : 신한은행) ₩20,000,000이 금일 만기가 되어 당좌예금(신한은행) 계좌에서 결제되다.

(7) 12월 21일 본사 이전용 토지를 ₩20,000,000에 취득하고, 대금은 취득세 등 제비용 ₩500,000과 함께 보통예금(국민은행) 계좌에서 인출하여 지급하다.

(8) 12월 24일 (주)드림화장품의 외상매입금 중 ₩1,000,000에 대하여 약속어음(어음번호 : 나다 33334499, 만기일 : 2025년 3월 20일, 지급은행 : 신한은행)을 발행하여 지급하다.

(9) 12월 30일 다음의 경비를 현금으로 지급하다.

- 영업부 직원 회식비 : ₩300,000
- 거래처 직원 결혼 축의금 : ₩200,000

03 다음 기말(12월 31일) 결산 정리 사항을 회계 처리하고 마감하시오. 〈20점/각 4점〉

(1) 결산일 현재 현금 실제 잔액이 장부 잔액보다 ₩60,000 부족하여 원인을 조사한 결과, ₩40,000은 시내교통비로 지출하였음이 밝혀지고 나머지는 원인을 파악하지 못하다.

(2) 보험료 선급분 ₩240,000을 계상하다.

(3) 모든 비유동자산에 대하여 감가상각비를 계상하다.

(4) 매출채권 잔액에 대하여 1%의 대손충당금(보충법)을 설정하다.

(5) 기말상품재고액을 입력하고 결산 처리하다. 단, 재고평가는 선입선출법으로 한다.

04 다음 사항을 조회하여 번호 순서대로 단답형 답안에 등록하시오. 〈28점/각 4점〉

(1) 1월 1일부터 3월 31일까지 당좌예금(신한은행)의 인출 총액은 얼마인가?

(2) 2월 1일부터 6월 30일까지 외상매출금의 회수액은 얼마인가?

(3) 7월 31일 현재 핸드크림의 재고수량은 몇 개인가?

(4) 9월 30일 현재 (주)지안화장품의 외상매입금 잔액은 얼마인가?

(5) 1월 1일부터 9월 30일까지 복리후생비 발생액이 가장 큰 월은 몇 월인가?

(6) 12월 31일 현재 한국채택국제회계기준(K-IFRS)에 의한 재무상태표에 표시되는 비유동자산은 얼마인가?

(7) 1월 1일부터 12월 31일까지 한국채택국제회계기준(K-IFRS)에 의한 포괄손익계산서에 표시되는 기타비용은 얼마인가?

제12회 모의고사

- 회사명 : (주)대한가전 [회사코드 2012]
- 회계연도 : 2024.1.1. ~ 12.31.

01 다음에 제시되는 기준정보를 입력하시오. 〈16점/각 4점〉

(1) 다음의 유형자산을 등록하시오.

자산코드	계정과목 (자산계정)	자산명	수 량	취득일	취득가액	내용연수	상각방법
4004	비 품	노트북	1대	2024.12.1.	₩4,000,000	5년	정액법

(2) 다음의 신규 거래처를 등록하시오. (각 2점)

거래처(상호)명	거래처분류(구분)	거래처코드	대표자	사업자번호	업태/종목
(주)목련	매입처(일반)	00504	한목련	502-81-43315	제조업/주방가전
부산(주)	매출처(일반)	00604	김부산	106-81-55568	도소매업/생활가전

(3) 다음의 신규 부서를 등록하시오. (각 2점)

조직(부서)명	조직(부서)코드	제조/판관	비 고
인사부	41	판 관	
홍보부	51	판 관	

(4) 다음의 신규 상품(품목)을 등록하시오.

품목코드	품목(품명)	(상세)규격	품목구분(종류)	기준단위
500	커피메이커	C1	상 품	EA

02 다음 거래를 입력하시오(단, 채권·채무 및 금융 거래는 거래처코드를 입력하고 각 문항별 한 개의 전표번호로 입력한다). 〈36점/각 4점〉

(1) 12월 1일 　기준정보에서 등록한 노트북 1대를 ₩4,000,000에 이롬전자(주)로부터 구입하고 대금 중 ₩1,000,000은 보통예금(신한은행) 계좌에서 이체하고, 잔액은 법인신용카드(농협 카드)로 결제하다.

(2) 12월 4일 　현금부족액 ₩120,000은 직원 교육훈련 강사비 ₩100,000과 경리부 전문서적 구입비 ₩20,000을 지급하고 기장 누락한 것으로 밝혀지다.

(3) 12월 5일 　상품을 매입하고 전자세금계산서를 발급받다. 부가가치세(10%)를 포함한 대금 중 ₩10,000,000은 약속어음(어음번호 : 가나11111114, 만기일 : 2025년 2월 5일, 지급은 행 : 신한은행)을 발행하여 지급하고, 잔액은 외상으로 하다.

전자세금계산서			(공급받는자 보관용)			승인번호		20241205-XXXX0151	
공급자	등록번호	658-05-00444			공급받는자	등록번호	104-25-41233		
	상호	(주)수국	성명(대표자)	윤흥수		상호	대한가전(주)	성명(대표자)	정선미
	사업장주소	대전광역시 중구 대전천서로 101				사업장주소	서울특별시 강남구 개포로 204		
	업태	도매 및 상품중개업	종사업장번호			업태	도매 및 상품중개업	종사업장번호	
	종목	가전제품				종목	가전제품		
	E-Mail	ae345@kcci.com				E-Mail	abcd@kcci.com		
작성일자		2024.12.5	공급가액		18,000,000		세 액		1,800,000
비고									

월	일	품목명	규격	수량	단가	공급가액	세액	비고
12	5	압력밥솥	A2	60	200,000	12,000,000	1,200,000	
12	5	분쇄기	G6	60	100,000	6,000,000	600,000	

합계금액	현금	수표	어음	외상미수금	이 금액을	○ 영수 ◉ 청구	함
19,800,000			10,000,000	9,800,000			

(4) 12월 7일 　11월 급여 지급 시 원천징수한 소득세 등 ₩600,000원을 현금으로 납부하다.

- 소득세(지방소득세 포함) : ₩300,000
- 건강보험료(근로자부담분 ₩150,000, 회사부담분 ₩150,000)

(5) 12월 13일 상품을 매출하고 전자세금계산서를 발급하다. 대금 중 1,000,000원은 보통예금(신한은행)으로 입금되고, 잔액은 외상으로 하다.

전자세금계산서					(공급자 보관용)			승인번호		20241213-XXXX0253	
공급자	등록번호	104-25-41233				공급받는자	등록번호		114-81-81238		
	상호	대한가전(주)	성명(대표자)	정선미			상호	서울(주)	성명(대표자)		박강희
	사업장주소	서울특별시 강남구 개포로 204					사업장주소	서울 서대문구 충정로 314			
	업태	도매 및 상품중개업	종사업장번호				업태	도매 및 상품중개업	종사업장번호		
	종목	가전제품					종목	가전제품			
	E-Mail	abcd@kcci.com					E-Mail	grw21@kcci.com			
작성일자		2024.12.13	공급가액		8,400,000		세 액		840,000		
비고											

월	일	품목명	규격	수량	단가	공급가액	세액	비고
12	13	쥬서기	G1	70	120,000	8,400,000	840,000	

합계금액	현금	수표	어음	외상미수금	이 금액을	
9,240,000	1,000,000			8,240,000	◉ 영수 ○ 청구	함

(6) 12월 15일 단기 시세차익을 목적으로 한일식품(주) 발행의 주식 200주(액면금액 @₩5,000)를 주당 ₩8,000에 구입하고 수수료 ₩20,000을 포함한 대금은 당좌예금(국민은행) 계좌에서 이체하여 지급하다.

(7) 12월 20일 업무용 화물차의 타이어를 ₩200,000에 교체하고 대금은 자기앞수표로 지급하다.

(8) 12월 22일 매입처 (주)장미에 발행한 약속어음 ₩12,000,000(어음번호 : 가나11111112, 만기일 : 2024년 12월 22일, 지급은행 : 신한은행)이 금일 만기가 되어 보통예금(신한은행) 계좌에서 인출되었음을 통지받다.

(9) 12월 26일 연말연시를 맞아 직원 선물 ₩500,000과 거래처 선물 ₩300,000을 구입하고 대금은 법인신용카드(농협카드)로 결제하다.

03 다음 기말(12월 31일) 결산 정리 사항을 회계 처리하고 마감하시오. 〈20점/각 4점〉

(1) 보험료 선급분(미경과분) ₩300,000을 계상하다.

(2) 소모품 미사용액 ₩70,000을 계상하다.

(3) 매출채권 잔액에 대하여 1%의 대손충당금(보충법)을 설정하다.

(4) 모든 비유동자산에 대하여 감가상각비를 계상하다.

(5) 기말상품재고액을 입력하고 결산 처리하다. 단, 재고평가는 선입선출법으로 한다.

04 다음 사항을 조회하여 번호 순서대로 단답형 답안에 등록하시오. 〈28점/각 4점〉

(1) 1월 1일부터 4월 30일까지 현금 지출 총액은 얼마인가?

(2) 1월 1일부터 5월 31일까지 보통예금 인출 총액은 얼마인가?

(3) 1월 1일부터 6월 30일까지 분쇄기의 출고 수량은 몇 개(EA)인가?

(4) 9월 30일 현재 (주)국일의 외상매출금 미회수액(잔액)은 얼마인가?

(5) 11월 30일 현재 매입채무 잔액은 얼마인가?

(6) 1월 1일부터 12월 31일까지 한국채택국제회계기준(K-IFRS)에 의한 포괄손익계산서에 표시되는 판매비와관리비의 금액은 얼마인가?

(7) 12월 31일 현재 한국채택국제회계기준(K-IFRS)에 의한 재무상태표에 표시되는 현금및현금성자산의 금액은 얼마인가?

- 회사명 : 구씨명품(주) [회사코드 2013]
- 회계연도 : 2024.1.1. ~ 12.31.

01 다음에 제시되는 기준정보를 입력하시오. 〈16점/각 4점〉

(1) 다음의 신규 거래처를 등록하시오. (각 2점)

거래처(명)	거래처분류(구분)	거래처코드	대표자(명)	사업자등록번호	업태/종목
중고가방(주)	매입처(일반)	02004	이중고	137-81-99783	제조/피혁제품
보세가방(주)	매출처(일반)	03004	김보세	211-81-36785	도소매업/가방

(2) 다음의 유형자산을 등록하시오.

계정과목(과목명)	자산(코드)	자산(명)	취득수량	취득일	취득금액	내용연수	상각방법
구축물	8004	주차시설	1대	2024.12.03.	₩20,000,000	10년	정액법

(3) 다음의 신규 상품(품목)을 등록하시오.

품목코드	품목(품명)	(상세)규격	품목종류(자산)	기본단위(단위명)
600	등산백	PP	상 품	EA

(4) 다음의 신규 부서를 등록하시오. (각 2점)

(부서)코드	부서명	제조/판관	비 고
50	인사관리부	판 관	
60	판매마케팅부	판 관	

02 다음 거래를 입력하시오(단, 채권·채무 및 금융 거래는 거래처코드를 입력하고 각 문항별 한 개의 전표번호로 입력한다). 〈36점/각 4점〉

(1) 12월 3일 기준정보에서 등록한 주차시설을 대한전자(주)로부터 ₩20,000,000에 구입하고 대금은 외상으로 하다.

(2) 12월 4일 단기 시세차익을 목적으로 코참패션(주) 발행 주식 300주(액면금액 @₩5,000)를 1주당 ₩12,000에 취득하고, 거래수수료 ₩7,000을 포함한 대금은 현금으로 지급하다.

(3) 12월 6일 상품을 매입하고 전자세금계산서를 발급받다.

전자세금계산서(공급받는자 보관용)					승인번호	20241206-XXXX0011		

공급자	등록번호	206-82-00400			공급받는자	등록번호	104-81-12049		
	상호	로즈가방(주)	성명(대표자)	오세진		상호	구씨명품㈜	성명(대표자)	김백
	사업장주소	경기도 고양시 일산동구 중앙로 1000				사업장주소	서울특별시 구로구 개봉로 10		
	업태	제조	종사업장번호			업태	도매 및 상품중개업	종사업장번호	
	종목	피혁제품				종목	가방		
	E-Mail	efgf@sanggong.com				E-Mail	abce@kcci.com		

작성일자	2024.12.06.	공급가액	15,000,000	세 액	1,500,000
비 고					

월	일	품목명	규격	수량	단가	공급가액	세액	비고
12	6	토트백	FP	45	200,000	9,000,000	900,000	
12	6	보스턴백	VS	20	300,000	6,000,000	600,000	

합계금액	현금	수표	어음	외상미수금	이 금액을	○ 영수 / ● 청구	함
16,500,000				16,500,000			

(4) 12월 10일 상품을 매출하고 전자세금계산서를 발급하다.

전자세금계산서(공급자 보관용)					승인번호		20241210-XXXX0125	

공급자	등록번호	104-81-12049			공급받는자	등록번호	137-16-78612	
	상호	구씨명품㈜	성명 (대표자)	김백		상호	파라곤백(주)	성명 (대표자)	진양수
	사업장 주소	서울특별시 구로구 개봉로 10				사업장 주소	서울특별시 중구 퇴계로 10	
	업태	도매 및 상품중개업	종사업장번호			업태	도소매업	종사업장번호
	종목	가방				종목	가방	
	E-Mail	abce@kcci.com				E-Mail	qwas@sanggong.com	

작성일자	2024.12.10.	공급가액	52,500,000	세 액	5,250,000
비 고					

월	일	품목명	규격	수량	단가	공급가액	세액	비고
12	10	악어백	SG	35	1,500,000	52,500,000	5,250,000	

합계금액	현금	수표	어음	외상미수금	이 금액을	○ 영수 ◉ 청구	함
57,750,000	20,000,000			37,750,000			

(5) 12월 12일 11월 30일자의 현금과부족 계정 잔액 ₩50,000은 거래처 직원의 부친상 조의금을 낸 것으로 밝혀지다.

(6) 12월 17일 12월분 종업원급여 ₩3,000,000 중 소득세 ₩200,000과 건강보험료 ₩100,000을 원 천징수하고 잔액은 보통예금(기업은행) 계좌에서 이체하다.

(7) 12월 20일 매출처 파라곤백(주)로부터 받은 약속어음(어음번호 : 가라22364455, 만기일 : 2024년 12월 20일, 지급은행 : 국민은행) ₩20,000,000이 금일 만기가 되어 당점의 당좌예금 (국민은행) 계좌에 입금받다.

(8) 12월 26일 영업사원의 유니폼 10벌(@₩100,000)을 구입하고 대금은 법인신용카드(비씨카드)로 결 제하다.

(9) 12월 28일 드림가구(주)의 단기대여금에 대한 이자 ₩40,000을 보통예금(기업은행) 계좌로 입금 받다.

03 다음 기말(12월 31일) 결산 정리 사항을 회계 처리하고 마감하시오. 〈20점/각 4점〉

(1) 소모품 사용액은 ₩850,000이다.

(2) 가수금 ₩1,000,000은 매출처 데이지백(주)의 상품 주문 계약금으로 밝혀지다.

(3) 매출채권 잔액에 대하여 1%의 대손충당금(보충법)을 설정하다.

(4) 모든 비유동자산에 대하여 감가상각비를 계상하다.

(5) 기말상품재고액을 입력하고 결산 처리하다. 단, 재고평가는 선입선출법으로 한다.

04 다음 사항을 조회하여 번호 순서대로 단답형 답안을 등록하시오. 〈28점/각 4점〉

(1) 1월 1일부터 5월 31일까지 외상매입금 지급액은 얼마인가?

(2) 4월 1일부터 6월 30일까지 발생한 판매비와관리비 총액은 얼마인가?

(3) 5월 31일 현재 토트백의 재고수량은 몇 개인가?

(4) 9월 30일 현재 한솔가방(주)의 외상매출금 잔액은 얼마인가?

(5) 11월 12일 현재 보통예금 잔액은 얼마인가?

(6) 1월 1일부터 12월 31일까지 한국채택국제회계기준(K-IFRS)에 의한 포괄손익계산서에 표시되는 금융
수익은 얼마인가?

(7) 12월 31일 현재 한국채택국제회계기준(K-IFRS)에 의한 재무상태표에 표시되는 현금및현금성자산의
금액은 얼마인가?

제14회 모의고사

- 회사명 : (주)감성캠핑 [회사코드 2014]
- 회계연도 : 2024.1.1. ~ 12.31.

01 다음 제시되는 기준정보를 입력하시오. 〈16점/각 4점〉

(1) 다음의 신규 거래처를 등록하시오. (각 2점)

거래처(상호)명	거래처분류(구분)	거래처코드	대표자	사업자번호	업태/종목
흥인기업(주)	매입처(일반)	02009	박흥인	502-81-43315	도소매업/캠핑용품
동해유통(주)	매출처(일반)	03009	김동해	113-81-34668	도소매업/캠핑용품

(2) 다음의 신규 상품(품목)을 등록하시오.

품목코드	품목(품명)	(상세)규격	품목구분(종류)	기준단위
600	코펠	SC-5	상 품	EA

(3) 다음 정기예금을 등록하시오.

거래처 (금융기관명)	거래처코드	금융기관 (개좌개설점)	예금종류	계좌번호	계약기간(가입일 ~ 만기일)
하나은행 (정기예금)	98006	하나은행	정기예금	113-54-1234	2024.12.23. ~ 2025.12.22.

(4) 다음의 신규 부서를 등록하시오. (각 2점)

부서코드	부서명	제조/판관	비 고
40	연구개발부	판 관	
50	글로벌마케팅부	판 관	

02 다음 거래를 입력하시오(단, 채권·채무 및 금융 거래는 거래처코드를 입력하고 각 문항별 한 개의
전표번호로 입력한다). 〈36점/각 4점〉

(1) 12월 2일　가수금(11월 28일)은 제일기업(주)에 대여한 단기대여금에 대한 이자가 입금된 것으로 밝혀
지다.

(2) 12월 3일　상품을 매입하고 전자세금계산서를 발급받다.

전자세금계산서			(공급받는자 보관용)				승인번호		20241203-XXXX0151		
공급자	등록번호	137-16-78612				공급받는자	등록번호		133-81-12348		
	상호	신성기업(주)	성명 (대표자)	진양수			상호	(주)감성캠핑	성명 (대표자)	박전숙	
	사업장 주소	대전광역시 중구 대전구로 24					사업장 주소	서울특별시 영등포구 국제금융로 10			
	업태	도매 및 상품중개업	종사업장번호				업태	도매 및 상품중개업	종사업장번호		
	종목	캠핑도구					종목	캠핑도구			
	E-Mail	wtpds@kcci.com					E-Mail	doeos@kcci.com			
작성일자		2024.12.3	공급가액		12,500,000		세 액		1,250,000		
비고											
월	일	품목명	규격	수량	단가	공급가액		세액		비고	
12	3	코펠	SC-5	250	50,000	12,500,000		1,250,000			
합계금액		현금	수표	어음		외상미수금	이 금액을	○ 영수 ● 청구		함	
13,750,000						13,750,000					

(3) 12월 4일　성일자동차(주)에서 영업용 자동차 1대를 ₩6,000,000에 구입하고 대금은 당좌수표(수
표번호 : 가라32141202, 지급은행 : 국민은행)를 발행하여 지급하다. 단, 유형자산을 등록
하시오.

자산코드	계정과목(자산계정)	자산명	내용연수	상각방법
06003	차량운반구	업무용승합차	5년	정액법

(4) 12월 5일　직원 송년회 회식을 하고 식사대금 ₩500,000을 법인신용카드(비씨카드)로 결제하다.

(5) 12월 9일　장기 투자 목적으로 (주)마포 주식 200주(액면금액 @₩6,000)를 1주당 ₩10,000에 구
입하고 대금은 보통예금(기업은행) 계좌에서 이체하여 지급하다. 단, 구입자산의 공정가
치 변동은 기타포괄손익으로 표시한다.

(6) 12월 12일 상품을 매출하고 전자세금계산서를 발급하다.

전자세금계산서				(공급자 보관용)		승인번호	2024 1212-XXXX0253	
공급자	등록번호	133-81-12348			공급받는자	등록번호	106-86-43373	
	상호	(주)감성캠핑	성명 (대표자)	박전숙		상호	용산기업(주)	성명 (대표자) 황소라
	사업장 주소	서울특별시 영등포구 국제금융로 10				사업장 주소	광주광역시 동구 마린 2114	
	업태	도매 및 상품중개업	종사업장번호			업태	도매 및 상품중개업	종사업장번호
	종목	캠핑도구				종목	잡화	
	E-Mail	doeos@kcci.com				E-Mail	grw21@kcci.com	
작성일자		2024.12.17	공급가액		17,400,000	세 액		1,740,000
비고								

월	일	품목명	규격	수량	단가	공급가액	세액	비고
12	12	버너	CS-1	30	180,000	5,400,000	540,000	
12	12	코펠	SC-5	100	120,000	12,000,000	1,200,000	

합계금액	현금	수표	어음	외상미수금	이 금액을	○ 영수	함
19,140,000				19,140,000		◉ 청구	

(7) 12월 17일 라면 50박스(1박스 당 ₩20,000)를 법인신용카드(비씨카드)로 구입하여 사회복지공동모
금회에 전달하다.

(8) 12월 23일 현금 ₩3,000,000을 하나은행에 정기예금(1년 만기)으로 예입하다.

(9) 12월 27일 사무실의 난방기 고장으로 인한 수리비 ₩100,000을 현금으로 지급하다. 단, 수익적지출
로 처리한다.

03 다음 기말(12월 31일) 결산 정리 사항을 회계 처리하고 마감하시오. 〈20점/각 4점〉

(1) 소모품 미사용액은 ₩500,000이다.

(2) 단기 시세차익 목적으로 보유 중인 당기손익-공정가치측정금융자산을 ₩7,500,000으로 평가하다.

(3) 매출채권 잔액에 대하여 1%의 대손충당금(보충법)을 설정하다.

(4) 모든 비유동자산에 대하여 감가상각비를 계상하다.

(5) 기말상품재고액을 입력하고 결산 처리하다. 단, 재고평가는 선입선출법으로 한다.

04 다음 사항을 조회하여 번호 순서대로 단답형 답안에 등록하시오. 〈28점/각 4점〉

(1) 4월부터 7월까지 판매비와관리비가 가장 많이 발생한 달은 몇 월인가?

(2) 10월 31일 현재 당좌예금 잔액은 얼마인가?

(3) 12월 31일 현재 접이식테이블의 재고수량은 몇 개인가?

(4) 4월 1일부터 9월 30일까지 현금의 지출 총액은 얼마인가?

(5) 10월 31일 현재 서울기업(주)의 외상매입금 잔액은 얼마인가?

(6) 1월 1일부터 12월 31일까지 한국채택국제회계기준(K-IFRS)에 의한 포괄손익계산서에 표시되는 영업이익은 얼마인가?

(7) 12월 31일 현재 한국채택국제회계기준(K-IFRS)에 의한 재무상태표에 표시되는 부채총계는 얼마인가?

제15회 모의고사

- 회사명 : 그린뷰티(주) [회사코드 2015]
- 회계연도 : 2024.1.1. ~ 12.31.

01 다음에 제시되는 기준정보를 입력하시오. 〈16점/각 4점〉

(1) 다음의 신규 거래처를 등록하시오. (각 2점)

거래처(명)	거래처분류(구분)	거래처코드	대표자(명)	사업자등록번호	업태/종목
(주)블랙화장품	매입처(일반)	02004	김검사	212-81-59777	제조/화장품
노랑화장품(주)	매출처(일반)	03004	정노랑	121-81-88239	도소매/화장품

(2) 다음의 신규 부서를 등록하시오. (각 2점)

(부서)코드	부서명	제조/판관	비 고
50	마케팅부	판 관	
60	인사관리부	판 관	

(3) 다음의 신규 상품(품목)을 등록하시오.

품목코드	품목(품명)	(상세)규격	품목종류(자산)	기본단위(단위명)
600	헤어젤	3호	상 품	EA

(4) 다음의 유형자산을 등록하시오.

계정과목(과목명)	자산(코드)	자산(명)	취득수량	취득일	취득금액	내용연수	상각방법
비 품	7005	사무용가구	1대	2024.12.20.	₩1,500,000	6년	정액법

02 다음 거래를 입력하시오(단, 채권·채무 및 금융 거래는 거래처코드를 입력하고 각 문항별 한 개의 전표번호로 입력한다). 〈36점/각 4점〉

(1) 12월 5일   (주)미래건설과 사무실 임차 계약(2024년 12월 5일 ~ 2026년 12월 4일)을 체결하고, 보증금 ₩5,000,000과 당월 분 월세 ₩200,000을 당좌예금(신한은행) 계좌에서 이체하여 지급하다. 단, 월세는 비용으로 처리한다.

(2) 12월 8일   (주)드림화장품의 외상매입금 중 ₩3,000,000에 대하여 약속어음(어음번호 : 나다 66558877, 만기일 : 2025년 3월 6일, 지급은행 : 신한은행)을 발행하여 지급하다.

(3) 12월 11일   다음 경비를 현금으로 지급하다.

• 영업부 직원 회식비 : ₩300,000
• 교통 위반 과태료 : ₩70,000

(4) 12월 13일   상품을 매입하고 전자세금계산서를 발급받다. 대금은 전액 보통예금(국민은행)에서 이체 지급하다.

전자세금계산서(공급받는자 보관용)					승인번호	20241213-XXXX0011		
공급자	등록번호	112-04-29725			공급받는자	등록번호	185-81-41581	
	상호	(주)강남화장품	성명(대표자)	김강남		상호	그린뷰티(주)	성명(대표자) 이츄잉
	사업장주소	서울특별시 강남구 테헤란로 105				사업장주소	서울특별시 중구 남대문로 52-13	
	업태	제조, 도매	종사업장번호			업태	도매 및 상품중개업	종사업장번호
	종목	화장품				종목	화장품	
	E-Mail	efgf@sanggong.com				E-Mail	abce@kcci.com	
작성일자	2024.12.13.		공급가액	6,500,000		세액	650,000	
비고								

월	일	품목명	규격	수량	단가	공급가액	세액	비고
12	13	로션	1호	130	50,000	6,500,000	650,000	

합계금액	현금	수표	어음	외상미수금	이 금액을	○ 영수 ⊙ 청구	함
7,150,000	7,150,000						

(5) 12월 15일 상품을 매출하고 전자세금계산서를 발급하다.

	전자세금계산서(공급자 보관용)						승인번호	20241215-XXXX0125		

공급자	등록번호	185-81-41581			공급받는자	등록번호	220-87-03785			
	상호	그린뷰티(주)	성명(대표자)	이츄잉		상호	상록화장품(주)	성명(대표자)	고미란	
	사업장주소	서울특별시 중구 남대문로 52-13				사업장주소	서울특별시 강서구 가로공원로 174			
	업태	도매 및 상품중개업	종사업장번호			업태	도소매	종사업장번호		
	종목	화장품				종목	화장품			
	E-Mail	abce@kcci.com				E-Mail	qwas@sanggong.com			

작성일자	2024.12.15.	공급가액	22,200,000	세 액	2,220,000
비고					

월	일	품목명	규격	수량	단가	공급가액	세액	비고
12	15	로션	1호	120	110,000	13,200,000	1,320,000	
12	15	향수	2호	100	90,000	9,000,000	900,000	

합계금액	현금	수표	어음	외상미수금	이 금액을	○ 영수 ◉ 청구	함
24,420,000	14,000,000			10,420,000			

(6) 12월 17일 종업원의 복지 증진을 위하여 용산전자(주)로부터 만보기 100개를 ₩500,000에 구입하고, 대금은 법인 신용카드(국민카드)로 결제하다. 단, 비용으로 처리하고, 카드등록을 하시오.

거래처명(카드(사)명)	거래처코드	신용카드(가맹점)번호	카드분류(구분)	결제계좌
국민카드	99604	1234-1234-1234-1234	매입카드(사업용)	국민은행(보통) 312-02-345678

(7) 12월 20일 기준정보에서 등록한 사무용가구를 (주)우일전자로부터 ₩1,500,000에 구입하고 대금은 보통예금(국민은행) 계좌에서 이체하다.

(8) 12월 24일 11월 23일 종업원급여 지급 시 원천징수한 소득세 ₩500,000을 현금으로 납부하다.

(9) 12월 30일 백두화장품(주)로부터 상품을 ₩100,000,000 주문받고, 계약금 ₩10,000,000을 동사 발행 당좌수표로 받다.

03 다음 기말(12월 31일) 결산 정리 사항을 회계 처리하고 마감하시오. 〈20점/각 4점〉

(1) 결산일 현재 현금의 실제 잔액이 장부 잔액을 ₩25,000 초과하나 그 원인은 알 수 없다.

(2) 소모품 미사용액 ₩400,000을 계상하다.

(3) 매출채권 잔액에 대하여 1%의 대손충당금(보충법)을 설정하다.

(4) 모든 비유동자산에 대하여 감가상각비를 계상하다.

(5) 기말상품재고액을 입력하고 결산 처리하다. 단, 재고평가는 선입선출법으로 한다.

04 다음 사항을 조회하여 번호 순서대로 단답형 답안에 등록하시오. 〈28점/각 4점〉

(1) 1월 1일부터 6월 30일까지 백두화장품(주)의 외상매출금 회수액은 얼마인가?

(2) 2월 1일부터 4월 30일까지 보통예금 인출 총액은 얼마인가?

(3) 3월 1일부터 4월 30일까지 현금 출금 총액은 얼마인가?

(4) 6월 1일부터 9월 30일까지 향수의 출고량은 몇 개인가?

(5) 9월부터 11월 중 판매비와관리비 발생액이 가장 많은 월은 몇 월인가?

(6) 1월 1일부터 12월 31일까지 한국채택국제회계기준(K-IFRS)에 의한 포괄손익계산서에 표시되는 매출원가는 얼마인가?

(7) 12월 31일 현재 한국채택국제회계기준(K-IFRS)에 의한 재무상태표에 표시되는 유동부채는 얼마인가?

PART 3
정답 및 해설

제1회~제15회 모의고사 정답 및 해설

많이 보고 많이 겪고 많이
공부하는 것은 배움의 세 기둥이다.

– 벤자민 디즈라엘리 –

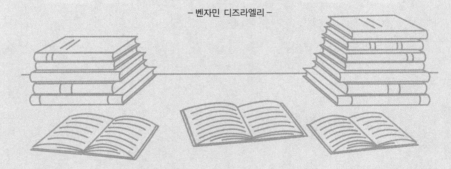

제1회 모의고사 정답 및 해설

▶ 서울스포츠(주) [회사코드 2001]

01 기준정보입력

(1)

02003	(주)바이크나라	0	502-81-43315	지석경	매입	○

1. 사업자등록번호 502-81-43315
2. 주민등록번호 _____-_____
3. 대 표 자 성 명 지석경
4. 업   태 제조업
5. 종   목 자전거

03003	(주)연합바이크	0	113-81-34668	정현수	매출	○

1. 사업자등록번호 113-81-34668
2. 주민등록번호 _____-_____
3. 대 표 자 성 명 정현수
4. 업   태 도소매업
5. 종   목 자전거

(2)

품목등록

	자산	품목코드	품명	규격
1	상품	1100	산악형	M-1
2	상품	1200	로드형	R-1
3	상품	1300	전기형	CRT
4	상품	1400	접이식형	POR
5	상품	1500	하이브리드	NCT

5. 입고(생산)단위 EA 1 EA
6. 판매(출고)단위 EA 1 EA
7. 자재투입단위 EA 1 EA
8. 재 고 단 위 EA

(3)

고정자산계정과목 208 차량운반구   자산구분 0.전체   상각방법구분 0.전체

	코드	자산	취득일	방법
1	003001	영업부차량	2024-12-10	정액법
2				

주요등록사항 / 추가등록사항 / 자산변동사항

1. 기 초 가 액
2. 전기말상각누계액 0
3. 전기말장부가액 0
4. 신규취득및증가 20,000,000
5. 부분매각및폐기 0
6. 성실기초가액
7. 성실상각누계액
8. 상각기초가액 20,000,000
9. 상 각 방 법 1 정액법
10. 내용연수(상각률) 5 0.200
11. 내용연수월수 미경과 1

15. 전기말부인누계
16. 전기말자본지출계
17. 자본지출즉시상각
18. 전기말의제누계
19. 당기상각범위액 333,333
20. 회사계상상각비 333,333
    사용자수정
21. 특 별 상 각 률
22. 특 별 상 각 비 0
23. 당기말상각누계액 333,333
24. 당기말장부가액 19,666,667

1. 취 득 수 량 1
2. 경 비 구 분 0 800 번대

4. 최저한세부인액 0
5. 당기의제상각액 0

(4)

40	배송부	부서	판관	여		
50	품질관리부	부서	판관	여		

02 전표입력

(1)

[일반전표입력] 12월 2일 (11월 25일 가지급금 400,000원 확인)

구분	코드	계정과목	코드	거래처	적요	차변	대변
차변	812	여비교통비				360,000	
차변	813	접대비				140,000	
대변	134	가지급금					400,000
대변	101	현금					100,000

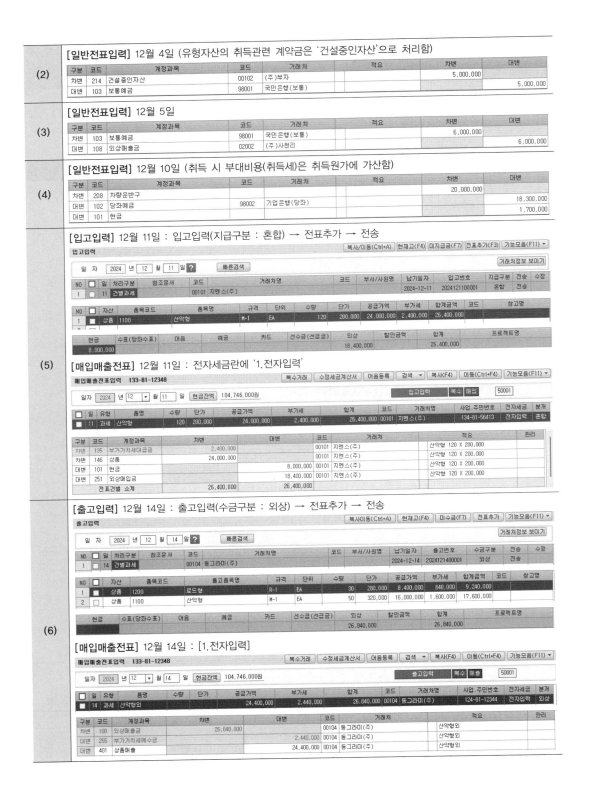

(7)	**[일반전표입력]** 12월 17일 : **[자금관리 F3]** 지급어음 관리내역 입력

☐	일	번호	구분	코드	계정과목	코드	거래처	적요	차변	대변
☐	17	00001	차변	251	외상매입금	00101	지멘스(주)		10,000,000	
☐	17	00001	대변	252	지급어음	00101	지멘스(주)	아자35126416-발행-만기일		10,000,000

● 지급어음 관리   삭제(F5)

어음상태	2 발행	어음번호	아자35126416		어음종류	1 어음	발 행 일	2024-12-17
만 기 일	2025-02-17	지급은행	98002	기업은행(당좌)	지 점			

(8)	**[일반전표입력]** 12월 23일 (세금과공과 : 협회비, 과태료, 자동차세, 재산세 등)

구분	코드	계정과목	코드	거래처	적요	차변	대변
차변	817	세금과공과				400,000	
대변	101	현금					400,000

(9)	**[일반전표입력]** 12월 28일

구분	코드	계정과목	코드	거래처	적요	차변	대변
차변	802	종업원급여				2,000,000	
대변	254	예수금					150,000
대변	103	보통예금	98001	국민은행(보통)			1,850,000

03 결산

(1)	**[합계잔액시산표]** 소모품비 1,500,000원 중 사용액 1,200,000원을 제외한 미사용액 300,000원을 자산(소모품)으로 대체 **[일반전표입력]** 12월 31일

구분	코드	계정과목	코드	거래처	적요	차변	대변
차변	172	소모품				300,000	
대변	830	소모품비					300,000

(2)	**[합계잔액시산표]** 당기손익-공정가치측정금융자산 6,000,000원을 6,400,000원으로 평가 **[일반전표입력]** 12월 31일

구분	코드	계정과목	코드	거래처	적요	차변	대변
차변	107	당기손익-공정가치측정금융자산				400,000	
대변	905	당기손익-공정가치측정금융자산평가이익					400,000

(3)	**[합계잔액시산표]** 매출채권과 대손충당금 잔액 확인하여 1% 보충설정액 계산 • 외상매출금의 대손충당금 보충설정액 : (429,640,000원 × 1%) − 1,800,000원 = 2,496,400원 • 받을어음의 대손충당금 보충설정액 : (61,000,000원 × 1%) − 0원 = 610,000원 **[결산자료입력]** 대손상각 매출채권의 보충설정액 입력

5). 대손상각		3,106,400	3,106,400
	외상매출금	2,496,400	
	받을어음	610,000	

(4)	**[원가경비별감가상각명세서]** 자산별 당기상각비 확인

유형자산   무형자산   **유형자산총괄**   무형자산총괄

경비구분 0.전체 ▼   자산구분 0.전체 ▼

	경비구분	계정	기초가액	당기증감	기말잔액	전기말상각누…	상각대상금액	당기상각비	당기말상각누…
1	800 번대	건물	30,000,000		30,000,000	1,800,000	30,000,000	1,500,000	3,300,000
2	800 번대	차량운반구		20,000,000	20,000,000		20,000,000	333,333	333,333
3	800 번대	비품	4,000,000		4,000,000	800,000	4,000,000	800,000	1,600,000

[결산자료입력] 감가상각비 자산별로 입력

4). 감가상각비		2,633,333	2,633,333
	건물	1,500,000	
	차량운반구	333,333	
	비품	800,000	
	건설중인자산		

PART 3

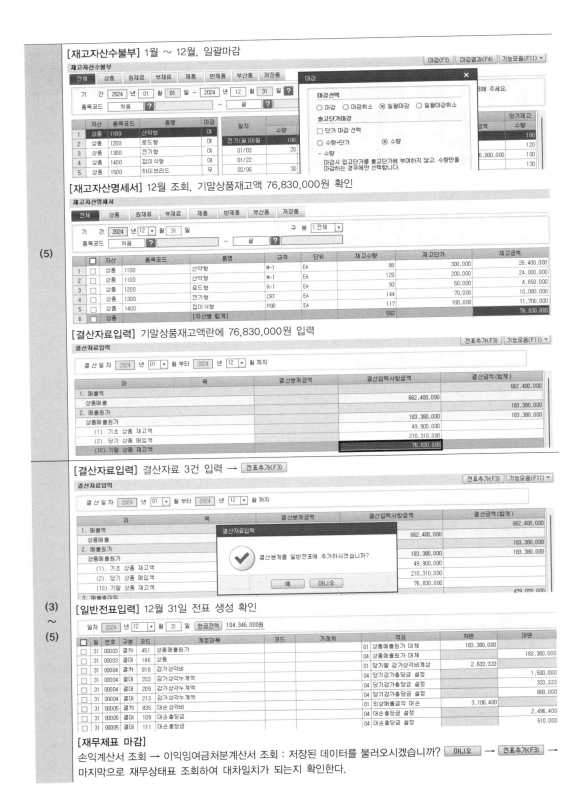

[재고자산수불부] 1월 ~ 12월, 일괄마감

[재고자산명세서] 12월 조회, 기말상품재고액 76,830,000원 확인

[결산자료입력] 기말상품재고액란에 76,830,000원 입력

[결산자료입력] 결산자료 3건 입력 → 전표추가(F3)

[일반전표입력] 12월 31일 전표 생성 확인

[재무제표 마감]
손익계산서 조회 → 이익잉여금처분계산서 조회 : 저장된 데이터를 불러오시겠습니까? 아니오 → 전표추가(F3) → 마지막으로 재무상태표 조회하여 대차일치가 되는지 확인한다.

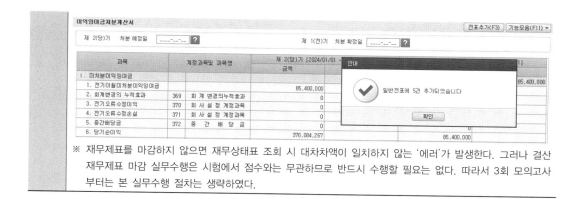

※ 재무제표를 마감하지 않으면 재무상태표 조회 시 대차차액이 일치하지 않는 '에러'가 발생한다. 그러나 결산 재무제표 마감 실무수행은 시험에서 점수와는 무관하므로 반드시 수행할 필요는 없다. 따라서 3회 모의고사 부터는 본 실무수행 절차는 생략하였다.

04 장부조회

(1)	1	(2)	78370000
(3)	145640000	(4)	80280000
(5)	103	(6)	5210000
(7)	418771000		

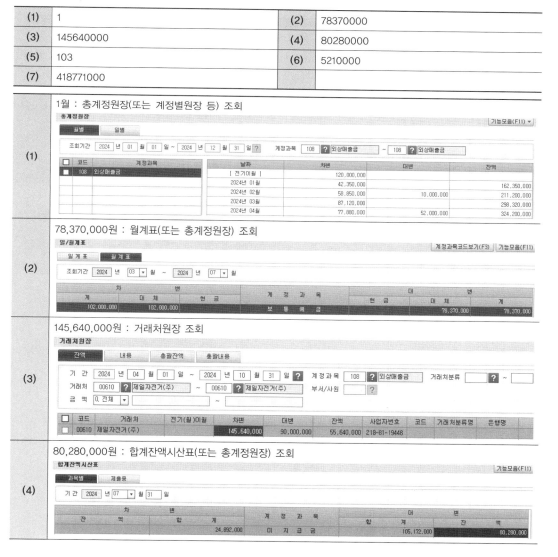

(5) **103개 : 재고자산수불부 조회**

(6) **5,210,000원 : K-IFRS 포괄손익계산서 조회**

(7) **418,771,000원 : K-IFRS 재무상태표 조회**

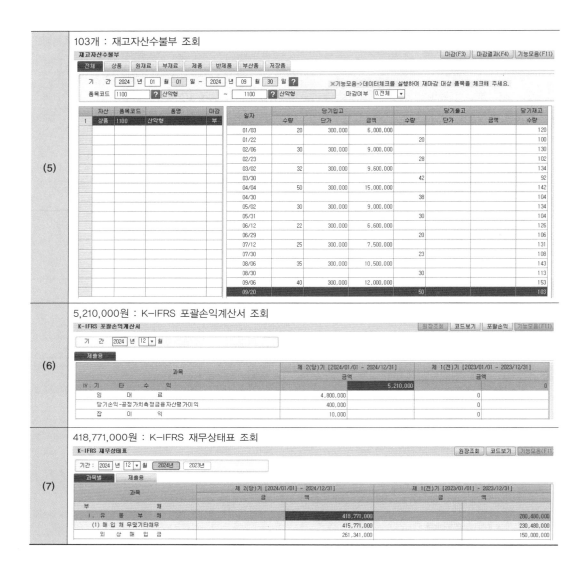

▶ 케이바이크(주) [회사코드 2002]

01 기준정보입력

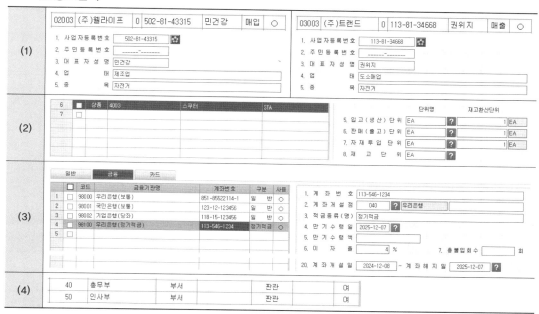

(1)	02003 (주)웰라이프 0 502-81-43315 민건강 매입 ○	03003 (주)트랜드 0 113-81-34668 권위지 매출 ○

(1)
(주)웰라이프	(주)트랜드
1. 사업자등록번호 502-81-43315	1. 사업자등록번호 113-81-34668
2. 주민등록번호 -------	2. 주민등록번호 -------
3. 대표자성명 민건강	3. 대표자성명 권위지
4. 업 태 제조업	4. 업 태 도소매업
5. 종 목 자전거	5. 종 목 자전거

(2)
6	상품 4003 스쿠터 STA
7	

단위명	재고환산단위
5. 입고(생산)단위 EA	1 EA
6. 판매(출고)단위 EA	1 EA
7. 자재투입단위 EA	1 EA
8. 재 고 단 위 EA	

(3) [일반] [금융] [카드]

	코드	금융기관명	계좌번호	구분	사용
1	98000	우리은행(보통)	851-85522114-1	일반	○
2	98001	국민은행(보통)	123-12-123456	일반	○
3	98002	기업은행(당좌)	118-15-123456	일반	○
4	98100	우리은행(정기적금)	113-546-1234	정기적금	○
5					

1. 계 좌 번 호 113-546-1234
2. 계 좌 개 설 점 040 우리은행
3. 적금종류(명) 정기적금
4. 만 기 수 령 일 2025-12-07
5. 만 기 수 령 액
6. 이 자 율 4 %   7. 총불입회수 회
20. 계 좌 개 설 일 2024-12-08 ~ 계 좌 해 지 일 2025-12-07

(4)
40	총무부	부서	판관	여
50	인사부	부서	판관	여

02 전표입력

(1)
[일반전표입력] 12월 2일 (11월 25일 가지급금 400,000원 확인)

구분	코드	계정과목	코드	거래처	적요	차변	대변
차변	812	여비교통비				300,000	
차변	101	현금				100,000	
대변	134	가지급금					400,000

(2)
[일반전표입력] 12월 5일 [자금관리 F3] 지급어음 관리내역 입력

	일	번호	구분	코드	계정과목	코드	거래처	적요	차변	대변
	05	00001	차변	252	지급어음	00400	(주)스마트	아자35126414-결제-[만기일자	10,000,000	
	05	00001	대변	102	당좌예금	98002	기업은행(당좌)			10,000,000

● 지급어음 관리   삭제(F5)

어음상태	3	결제	어음번호	아자35126414		어음종류	1 어음	발 행 일	2024-11-01
만 기 일	2024-12-05		지급은행	98002	기업은행(당좌)	지 점			

(3)
[일반전표입력] 12월 8일

구분	코드	계정과목	코드	거래처	적요	차변	대변
차변	105	정기적금	98100	우리은행(정기적금)		4,000,000	
대변	101	현금					4,000,000

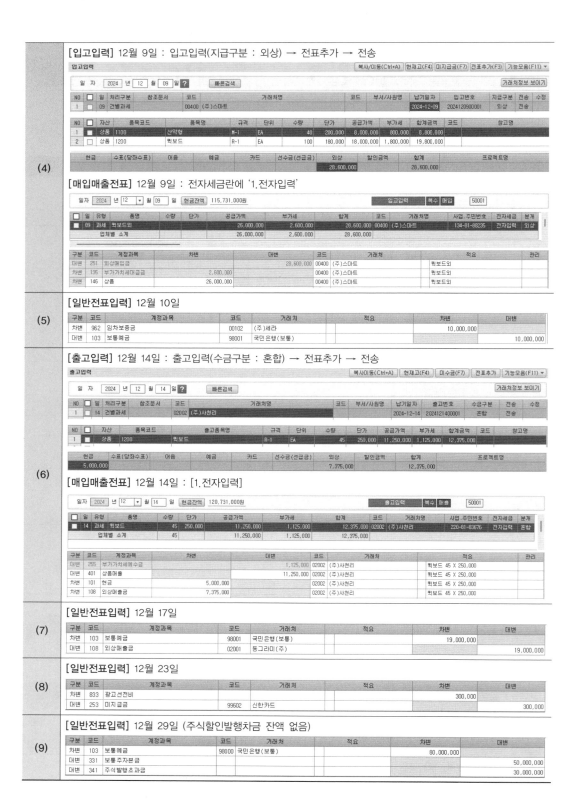

(4)

[입고입력] 12월 9일 : 입고입력(지급구분 : 외상) → 전표추가 → 전송

[매입매출전표] 12월 9일 : 전자세금란에 '1.전자입력'

(5)

[일반전표입력] 12월 10일

구분	코드	계정과목	코드	거래처	적요	차변	대변
차변	962	임차보증금	00102	(주)세라		10,000,000	
대변	103	보통예금	98001	국민은행(보통)			10,000,000

(6)

[출고입력] 12월 14일 : 출고입력(수금구분 : 혼합) → 전표추가 → 전송

[매입매출전표] 12월 14일 : [1.전자입력]

(7)

[일반전표입력] 12월 17일

구분	코드	계정과목	코드	거래처	적요	차변	대변
차변	103	보통예금	98001	국민은행(보통)		19,000,000	
대변	108	외상매출금	02001	동그라미(주)			19,000,000

(8)

[일반전표입력] 12월 23일

구분	코드	계정과목	코드	거래처	적요	차변	대변
차변	833	광고선전비				300,000	
대변	253	미지급금	99602	신한카드			300,000

(9)

[일반전표입력] 12월 29일 (주식할인발행차금 잔액 없음)

구분	코드	계정과목	코드	거래처	적요	차변	대변
차변	103	보통예금	98000	국민은행(보통)		80,000,000	
대변	331	보통주자본금					50,000,000
대변	341	주식발행초과금					30,000,000

03 결산

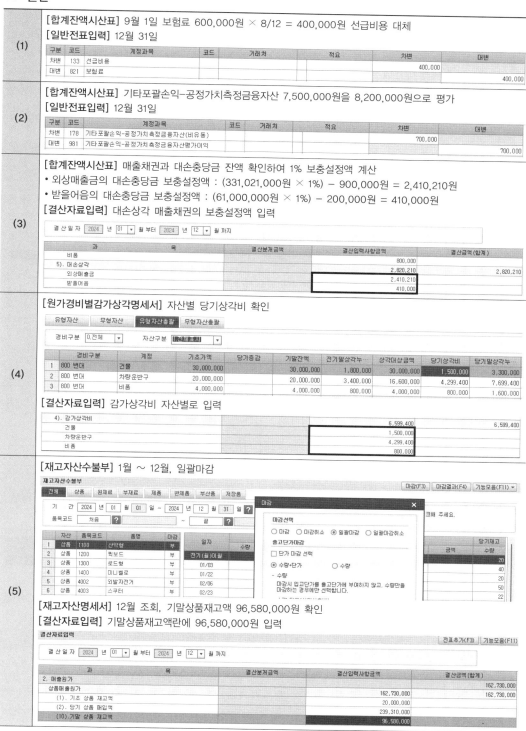

<table>
<tr><td rowspan="3">(1)</td><td colspan="8">[합계잔액시산표] 9월 1일 보험료 600,000원 × 8/12 = 400,000원 선급비용 대체</td></tr>
<tr><td colspan="8">[일반전표입력] 12월 31일</td></tr>
</table>

(1)

[합계잔액시산표] 9월 1일 보험료 600,000원 × 8/12 = 400,000원 선급비용 대체

[일반전표입력] 12월 31일

구분	코드	계정과목	코드	거래처	적요	차변	대변
차변	133	선급비용				400,000	
대변	821	보험료					400,000

(2)

[합계잔액시산표] 기타포괄손익-공정가치측정금융자산 7,500,000원을 8,200,000원으로 평가

[일반전표입력] 12월 31일

구분	코드	계정과목	코드	거래처	적요	차변	대변
차변	178	기타포괄손익-공정가치측정금융자산(비유동)				700,000	
대변	981	기타포괄손익-공정가치측정금융자산평가이익					700,000

(3)

[합계잔액시산표] 매출채권과 대손충당금 잔액 확인하여 1% 보충설정액 계산
- 외상매출금의 대손충당금 보충설정액 : (331,021,000원 × 1%) - 900,000원 = 2,410,210원
- 받을어음의 대손충당금 보충설정액 : (61,000,000원 × 1%) - 200,000원 = 410,000원

[결산자료입력] 대손상각 매출채권의 보충설정액 입력

결산일자 2024 년 01 ▼ 월 부터 2024 년 12 ▼ 월 까지

과 목	결산분개금액	결산입력사항금액	결산금액(합계)
비품		800,000	
5). 대손상각		2,820,210	2,820,210
외상매출금		2,410,210	
받을어음		410,000	

(4)

[원가경비별감가상각명세서] 자산별 당기상각비 확인

유형자산 무형자산 **유형자산총괄** 무형자산총괄

경비구분 0.전체 ▼   자산구분 [전체표시] ▼

	경비구분	계정	기초가액	당기증감	기말잔액	전기말상각누…	상각대상금액	당기상각비	당기말상각누
1	800 번대	건물	30,000,000		30,000,000	1,800,000	30,000,000	1,500,000	3,300,000
2	800 번대	차량운반구	20,000,000		20,000,000	3,400,000	16,600,000	4,299,400	7,699,400
3	800 번대	비품	4,000,000		4,000,000	800,000	4,000,000	800,000	1,600,000

[결산자료입력] 감가상각비 자산별로 입력

과 목	결산입력사항금액	결산금액(합계)
4). 감가상각비	6,599,400	6,599,400
건물	1,500,000	
차량운반구	4,299,400	
비품	800,000	

(5)

[재고자산수불부] 1월 ~ 12월, 일괄마감

재고자산수불부

마감(F3) 마감결과(F4) 기능모음(F11) ▼

전체 상품 원재료 부재료 제품 반제품 부산품 저장품

기 간 2024 년 01 월 01 일 ~ 2024 년 12 월 31 일 ?

품목코드 처음 ? ~ 끝 ?

	자산	품목코드	품명	마감		일자	수량		금액	수량
1	상품	1100	산악형	부						20
2	상품	1200	퀵보드	부		전기(월)이월				40
3	상품	1300	로드형	부		01/03				20
4	상품	1400	미니벨로	부		01/22				50
5	상품	4002	외발자전거	부		02/06				22
6	상품	4003	스쿠터	부		02/23				

마감 ✕

마감선택

○ 마감 ○ 마감취소 ● 일괄마감 ○ 일괄마감취소

출고단가마감

☐ 단가 마감 선택

● 수량·단가 ○ 수량

- 수량
마감시 입고단가를 출고단가에 부여하지 않고, 수량만을
마감하는 경우에만 선택합니다.

[재고자산명세서] 12월 조회, 기말상품재고액 96,580,000원 확인

[결산자료입력] 기말상품재고액란에 96,580,000원 입력

결산자료입력

전표추가(F3) 기능모음(F11)

결산일자 2024 년 01 ▼ 월 부터 2024 년 12 ▼ 월 까지

과 목	결산분개금액	결산입력사항금액	결산금액(합계)
2. 매출원가			162,730,000
상품매출원가			162,730,000
(1). 기초 상품 재고액		162,730,000	
(2). 당기 상품 매입액		20,000,000	
		239,310,000	
(10).기말 상품 재고액		96,580,000	

[결산자료입력] 결산자료 3건 입력 → [전표추가(F3)] → **[일반전표입력]** 12월 31일 전표 생성 확인

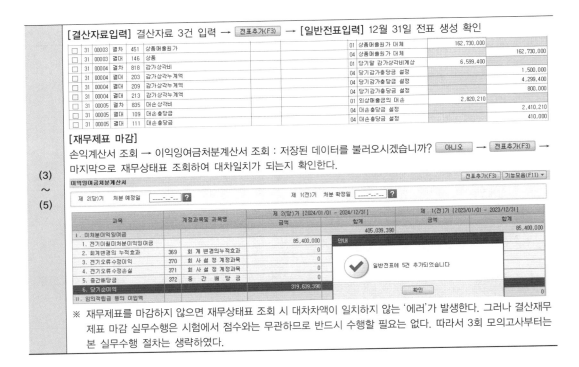

31	00003	결차	451	상품매출원가		01	상품매출원가 대체	162,730,000	
31	00003	결대	146	상품		04	상품매출원가 대체		162,730,000
31	00004	결차	818	감가상각비		01	당기말 감가상각비계상	6,599,400	
31	00004	결대	203	감가상각누계액		04	당기감가충당금 설정		1,500,000
31	00004	결대	209	감가상각누계액		04	당기감가충당금 설정		4,299,400
31	00004	결대	213	감가상각누계액		04	당기감가충당금 설정		800,000
31	00005	결차	835	대손상각비		01	외상매출금의 대손	2,820,210	
31	00005	결대	109	대손충당금		04	대손충당금 설정		2,410,210
31	00005	결대	111	대손충당금		04	대손충당금 설정		410,000

[재무제표 마감]

(3)
~
(5)

손익계산서 조회 → 이익잉여금처분계산서 조회 : 저장된 데이터를 불러오시겠습니까? [아니오] → [전표추가(F3)] → 마지막으로 재무상태표 조회하여 대차일치가 되는지 확인한다.

과목	계정과목및 과목명		제 2(당)기 [2024/01/01 ~ 2024/12/31] 금액	합계	제 1(전)기 [2023/01/01 ~ 2023/12/31] 금액	합계
I. 미처분이익잉여금				405,039,390		85,400,000
1. 전기이월미처분이익잉여금			85,400,000			
2. 회계변경의 누적효과	369	회 계 변 경 의 누 적 효 과	0			
3. 전기오류수정이익	370	회 사 설 정 계정과목	0			
4. 전기오류수정손실	371	회 사 설 정 계정과목	0			
5. 중간배당금	372	중 간 배 당 금	0			
6. 당기순이익			319,639,390			
II. 임의적립금 등의 이입액						

안내: 일반전표에 5건 추가되었습니다 [확인]

※ 재무제표를 마감하지 않으면 재무상태표 조회 시 대차차액이 일치하지 않는 '에러'가 발생한다. 그러나 결산재무제표 마감 실무수행은 시험에서 점수와는 무관하므로 반드시 수행할 필요는 없다. 따라서 3회 모의고사부터는 본 실무수행 절차는 생략하였다.

04 장부조회

(1)	688000	(2)	4
(3)	12000000	(4)	140
(5)	46427000	(6)	7600000
(7)	1238550790		

(1)	688,000원 : 월계표 조회 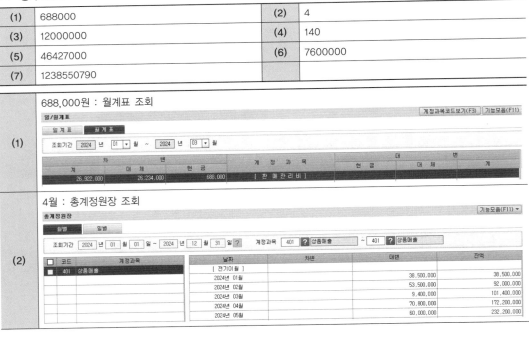

일/월계표 [일계표] [월계표]

조회기간 2024 년 01 ▼ 월 ~ 2024 년 03 ▼ 월

	차 변			계 정 과 목	대 변		
계	대 체	현 금			현 금	대 체	계
26,922,000	26,234,000	688,000	[판 매 관 리 비]				

(2)	4월 : 총계정원장 조회

총계정원장 [월별] [일별]

조회기간 2024 년 01 월 01 일 ~ 2024 년 12 월 31 일 계정과목 401 상품매출 ~ 401 상품매출

코드	계정과목		날짜	차변	대변	잔액
401	상품매출		[전기이월]			
			2024년 01월		38,500,000	38,500,000
			2024년 02월		53,500,000	92,000,000
			2024년 03월		9,400,000	101,400,000
			2024년 04월		70,800,000	172,200,000
			2024년 05월		60,000,000	232,200,000

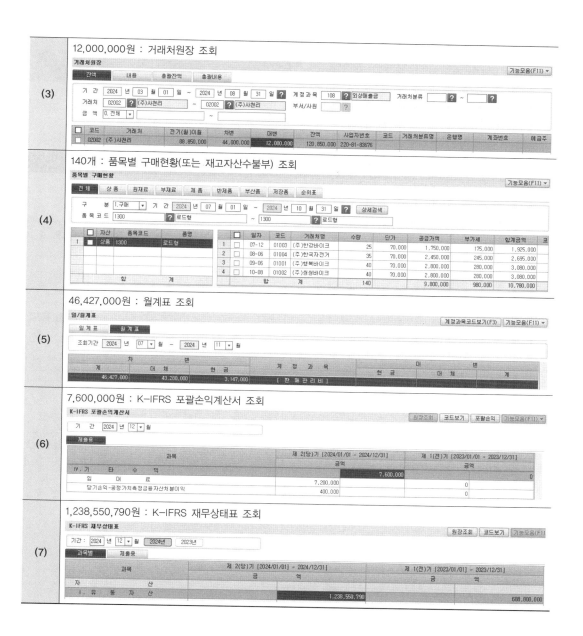

(3) 12,000,000원 : 거래처원장 조회

(4) 140개 : 품목별 구매현황(또는 재고자산수불부) 조회

(5) 46,427,000원 : 월계표 조회

(6) 7,600,000원 : K-IFRS 포괄손익계산서 조회

(7) 1,238,550,790원 : K-IFRS 재무상태표 조회

01 기준정보입력

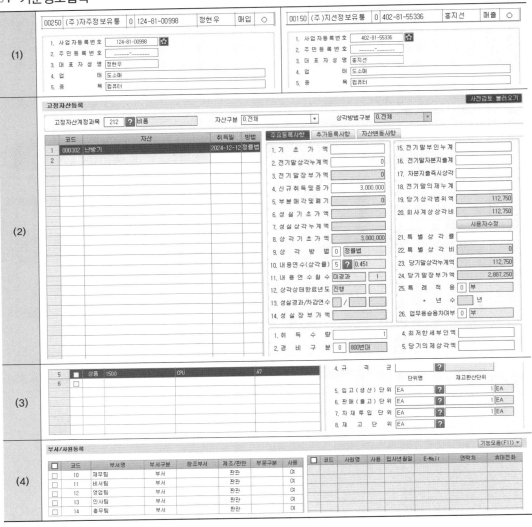

02 전표입력

(1)

[일반전표입력] 12월 3일

구분	코드	계정과목	코드	거래처	적요	차변	대변
차변	134	가지급금	00105	박하나		500,000	
대변	101	현금					500,000

(2)

[일반전표입력] 12월 5일

구분	코드	계정과목	코드	거래처	적요	차변	대변
차변	811	복리후생비				200,000	
대변	253	미지급금	99600	KB국민카드			200,000

(3)

[일반전표입력] 12월 12일

구분	코드	계정과목	코드	거래처	적요	차변	대변
차변	212	비품				3,000,000	
대변	253	미지급금	02001	대한전자유통(주)			3,000,000

(4)

[일반전표입력] 12월 13일

구분	코드	계정과목	코드	거래처	적요	차변	대변
차변	931	이자비용				250,000	
대변	101	현금					250,000

(5)

[일반전표입력] 12월 16일

구분	코드	계정과목	코드	거래처	적요	차변	대변
차변	103	보통예금	98003	신한은행(보통)		8,500,000	
대변	107	당기손익-공정가치측정금융자산					7,500,000
대변	906	당기손익-공정가치측정금융자산처분이익					1,000,000

(6)

[입고입력] 12월 19일 : 입고입력(지급구분 : 외상) → 전표추가 → 전송

[매입매출전표] 12월 19일 : 전자세금란에 '1.전자입력'

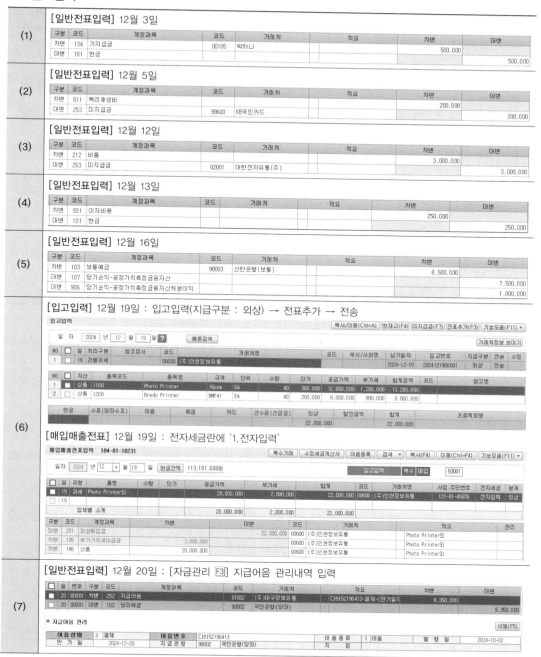

(7)

[일반전표입력] 12월 20일 : [자금관리 F3] 지급어음 관리내역 입력

	일	번호	구분	코드	계정과목	코드	거래처	적요	차변	대변
	20	00001	차변	252	지급어음	01002	(주)대구정보유통	다하52196413-결제-(만기일지	9,350,000	
	20	00001	대변	102	당좌예금	98002	국민은행(당좌)			9,350,000

● 지급어음 관리   삭제(F5)

어음상태	3 결제	어음번호	다하52196413		어음종류	1 어음	발행일	2024-10-02
만기일	2024-12-20	지급은행	98002 국민은행(당좌)		지점			

[출고입력] 12월 23일 : 출고입력(수금구분 : 외상) → 전표추가 → 전송

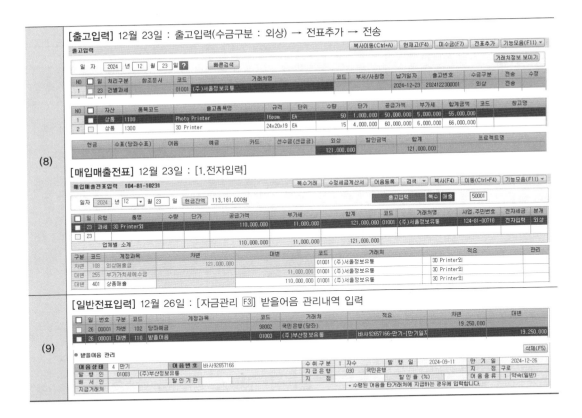

[매입매출전표] 12월 23일 : [1.전자입력]

[일반전표입력] 12월 26일 : [자금관리 F3] 받을어음 관리내역 입력

(8)

(9)

[합계잔액시산표] 보험료 미경과분 확인 (선급비용 : 2,400,000원 × 8/12 = 1,600,000원)

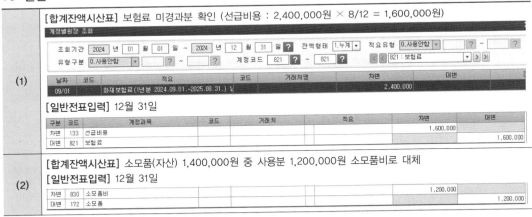

[일반전표입력] 12월 31일

구분	코드	계정과목	코드	거래처	적요	차변	대변
차변	133	선급비용				1,600,000	
대변	821	보험료					1,600,000

(1)

[합계잔액시산표] 소모품(자산) 1,400,000원 중 사용분 1,200,000원 소모품비로 대체

[일반전표입력] 12월 31일

| 차변 | 830 | 소모품비 | | | | 1,200,000 | |
| 대변 | 172 | 소모품 | | | | | 1,200,000 |

(2)

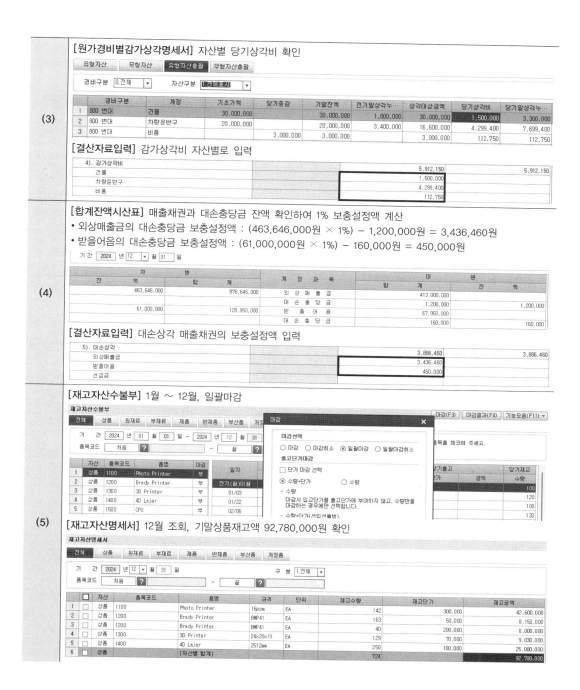

(3)

[원가경비별감가상각명세서] 자산별 당기상각비 확인

	경비구분	계정	기초가액	당기증감	기말잔액	전기말상각누…	상각대상금액	당기상각비	당기말상각누…
1	800 번대	건물	30,000,000		30,000,000	1,600,000	30,000,000	1,500,000	3,300,000
2	800 번대	차량운반구	20,000,000		20,000,000	3,400,000	16,600,000	4,299,400	7,699,400
3	800 번대	비품		3,000,000	3,000,000		3,000,000	112,750	112,750

[결산자료입력] 감가상각비 자산별로 입력

4). 감가상각비			5,912,150	5,912,150
건물			1,500,000	
차량운반구			4,299,400	
비품			112,750	

(4)

[합계잔액시산표] 매출채권과 대손충당금 잔액 확인하여 1% 보충설정액 계산
- 외상매출금의 대손충당금 보충설정액 : (463,646,000원 × 1%) − 1,200,000원 = 3,436,460원
- 받을어음의 대손충당금 보충설정액 : (61,000,000원 × 1%) − 160,000원 = 450,000원

기 간 2024 년 12 월 31 일

차	변		계 정 과 목	대	변
잔 액	합 계			합 계	잔 액
463,646,000	876,646,000		외 상 매 출 금	413,000,000	
			대 손 충 당 금	1,200,000	1,200,000
61,000,000	128,950,000		받 을 어 음	67,950,000	
			대 손 충 당 금	160,000	160,000

[결산자료입력] 대손상각 매출채권의 보충설정액 입력

5). 대손상각			3,886,460	3,886,460
외상매출금			3,436,460	
받을어음			450,000	
선급금				

(5)

[재고자산수불부] 1월 ~ 12월, 일괄마감

[재고자산명세서] 12월 조회, 기말상품재고액 92,780,000원 확인

재고자산명세서

	자산	품목코드	품명	규격	단위	재고수량	재고단가	재고금액
1	상품	1100	Photo Printer	16ppm	EA	142	300,000	42,600,000
2	상품	1200	Brady Printer	BMP41	EA	163	50,000	8,150,000
3	상품	1200	Brady Printer	BMP41	EA	40	200,000	8,000,000
4	상품	1300	3D Printer	24x20x19	EA	129	70,000	9,030,000
5	상품	1400	4D Lajer	2512mm	EA	250	100,000	25,000,000
6	상품		[자산별 합계]			724		92,780,000

[결산자료입력] 기말상품재고액란에 92,780,000원 입력

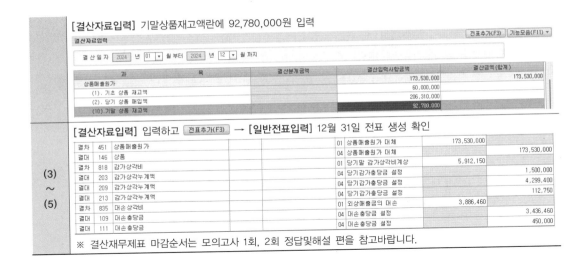

	결차	451	상품매출원가			01	상품매출원가 대체	173,530,000	
(3)	결대	146	상품			04	상품매출원가 대체		173,530,000
~	결차	818	감가상각비			01	당기말 감가상각비계상	5,912,150	
(5)	결대	203	감가상각누계액			04	당기감가충당금 설정		1,500,000
	결대	209	감가상각누계액			04	당기감가충당금 설정		4,299,400
	결대	213	감가상각누계액			04	당기감가충당금 설정		112,750
	결차	835	대손상각비			01	외상매출금의 대손	3,886,460	
	결대	109	대손충당금			04	대손충당금 설정		3,436,460
	결대	111	대손충당금			04	대손충당금 설정		450,000

[결산자료입력] 입력하고 [전표추가(F3)] → **[일반전표입력]** 12월 31일 전표 생성 확인

※ 결산재무제표 마감순서는 모의고사 1회, 2회 정답및해설 편을 참고바랍니다.

04 장부조회

(1)	10920000	(2)	88
(3)	18600000	(4)	8700000
(5)	7	(6)	8200000
(7)	90000000		

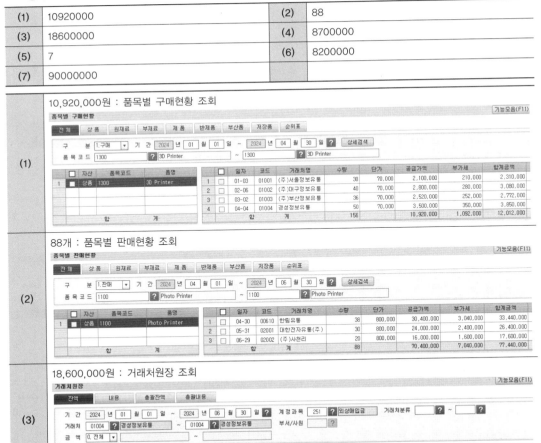

(1) 10,920,000원 : 품목별 구매현황 조회

(2) 88개 : 품목별 판매현황 조회

(3) 18,600,000원 : 거래처원장 조회

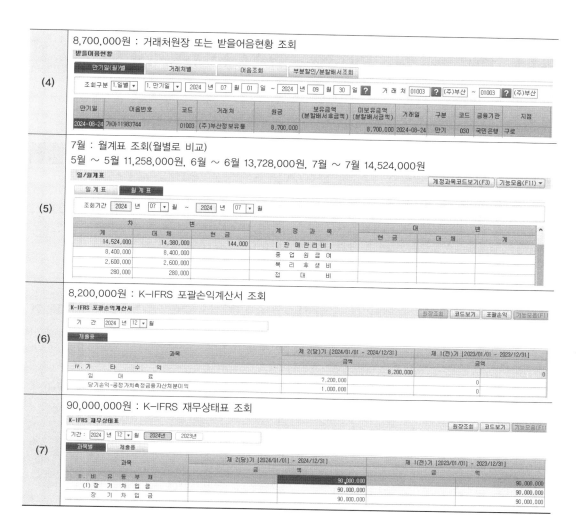

(4) 8,700,000원 : 거래처원장 또는 받을어음현황 조회

받을어음현황

| 만기일(월)별 | 거래처별 | 어음조회 | 부분할인/분할배서조회 |

조회구분 1.일별 ▼ 1.만기일 ▼ 2024 년 07 월 01 일 ~ 2024 년 09 월 30 일 ? 거 래 처 01003 ? (주)부산 ~ 01003 ? (주)부산

만기일	어음번호	코드	거래처	원금	보유금액 (분할배서후금액)	미보유금액 (분할배서금액)	거래일	구분	코드	금융기관	지점
2024-08-24	가아11983744	01003	(주)부산정보유통	8,700,000		8,700,000	2024-08-24	만기	030	국민은행	구로

(5) 7월 : 월계표 조회(월별로 비교)

5월 ~ 5월 11,258,000원, 6월 ~ 6월 13,728,000원, 7월 ~ 7월 14,524,000원

일/월계표

| 일계표 | 월계표 |

조회기간 2024 년 07 ▼ 월 ~ 2024 년 07 ▼ 월

차		변	계 정 과 목	대		변
계	대 체	현 금		현 금	대 체	계
14,524,000	14,380,000	144,000	[판 매 관 리 비]			
8,400,000	8,400,000		종 업 원 급 여			
2,600,000	2,600,000		복 리 후 생 비			
280,000	280,000		접 대 비			

(6) 8,200,000원 : K-IFRS 포괄손익계산서 조회

K-IFRS 포괄손익계산서

기 간 2024 년 12 ▼ 월

제출용

과목	제 2(당)기 [2024/01/01 ~ 2024/12/31] 금액	제 1(전)기 [2023/01/01 ~ 2023/12/31] 금액
Ⅳ. 기 타 수 익	8,200,000	0
임 대 료	7,200,000	0
당기손익-공정가치측정금융자산처분이익	1,000,000	0

(7) 90,000,000원 : K-IFRS 재무상태표 조회

K-IFRS 재무상태표

기간 : 2024 년 12 ▼ 월 | 2024년 | 2023년 |

| 과목별 | 제출용 |

과목	제 2(당)기 [2024/01/01 ~ 2024/12/31] 금 액	제 1(전)기 [2023/01/01 ~ 2023/12/31] 금 액
Ⅱ. 비 유 동 부 채	90,000,000	90,000,000
(1) 장 기 차 입 금	90,000,000	90,000,000
장 기 차 입 금	90,000,000	90,000,000

PART 3

▶ 현대몰(주) [회사코드 2004]

01 기준정보입력

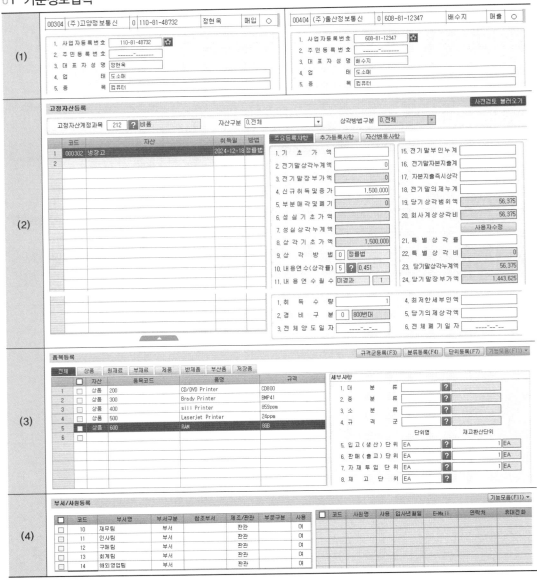

02 전표입력

(1)

[일반전표입력] 12월 2일

구분	코드	계정과목	코드	거래처	적요	차변	대변
차변	813	접대비				150,000	
대변	253	미지급금	99603	현대카드			150,000

(2)

[일반전표입력] 12월 5일

구분	코드	계정과목	코드	거래처	적요	차변	대변
차변	214	건설중인자산	00107	남산개발(주)		5,000,000	
대변	102	당좌예금	98002	국민은행(당좌)			5,000,000

(3)

[일반전표입력] 12월 8일

구분	코드	계정과목	코드	거래처	적요	차변	대변
차변	103	보통예금	98003	신한은행(보통)		3,000,000	
대변	257	가수금					3,000,000

(4)

[일반전표입력] 12월 10일

구분	코드	계정과목	코드	거래처	적요	차변	대변
차변	833	광고선전비				5,000,000	
대변	253	미지급금	99601	비씨카드			5,000,000

(5)

[입고입력] 12월 11일 : 입고입력(지급구분 : 혼합) → 전표추가 → 전송

[매입매출전표] 12월 11일 : [1.전자입력], [자금관리 F3] 지급어음 관리내역 입력

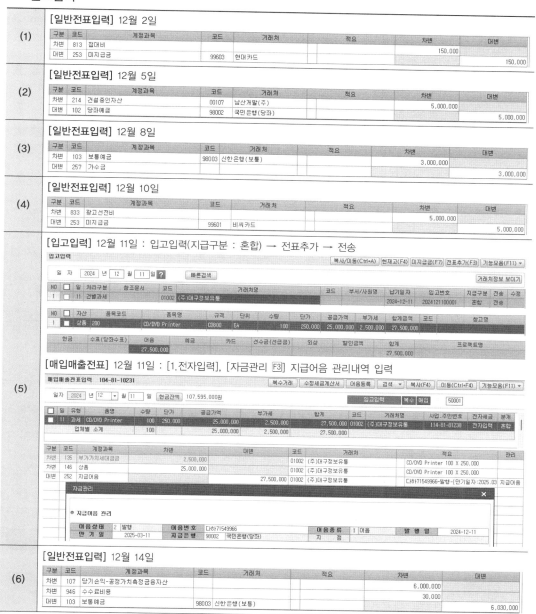

(6)

[일반전표입력] 12월 14일

구분	코드	계정과목	코드	거래처	적요	차변	대변
차변	107	당기손익-공정가치측정금융자산				6,000,000	
차변	946	수수료비용				30,000	
대변	103	보통예금	98003	신한은행(보통)			6,030,000

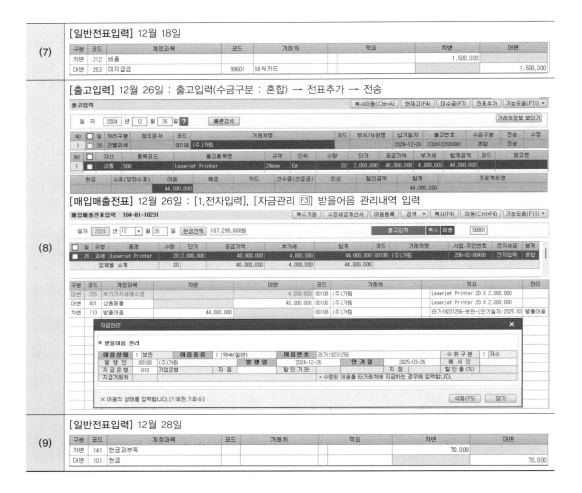

[일반전표입력] 12월 18일 (7)

구분	코드	계정과목	코드	거래처	적요	차변	대변
차변	212	비품				1,500,000	
대변	253	미지급금	99601	비씨카드			1,500,000

[출고입력] 12월 26일 : 출고입력(수금구분 : 혼합) → 전표추가 → 전송 (8)

[매입매출전표] 12월 26일 : [1.전자입력], [자금관리 F3] 받을어음 관리내역 입력

[일반전표입력] 12월 28일 (9)

구분	코드	계정과목	코드	거래처	적요	차변	대변
차변	141	현금과부족				70,000	
대변	101	현금					70,000

03 결산

[합계잔액시산표] 임대료 미경과 2개월분(500,000원) 선수수익으로 대체

날자	코드	적요	코드	거래처명	차변	대변	잔액
10/01		건물임대료 (1년분 2024.10.01.~2025.02.28)		국민은행 (보통)		1,250,000	

[일반전표입력] 12월 31일 (1)

구분	코드	계정과목	코드	거래처	적요	차변	대변
차변	904	임대료				500,000	
대변	263	선수수익					500,000

[일반전표입력] 12월 31일 (2)

구분	코드	계정과목	코드	거래처	적요	차변	대변
차변	257	가수금				3,000,000	
대변	108	외상매출금	00600	(주)인천정보유통			3,000,000

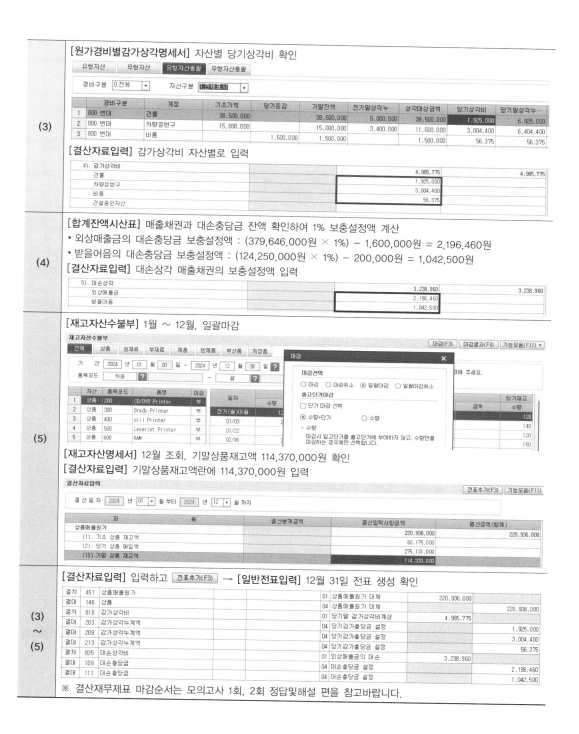

[원가경비별감가상각명세서] 자산별 당기상각비 확인

	경비구분	계정	기초가액	당기증감	기말잔액	전기말상각누…	상각대상금액	당기상각비	당기말상각누…
1	800 번대	건물	38,500,000		38,500,000	5,000,000	38,500,000	1,925,000	6,925,000
2	800 번대	차량운반구	15,000,000		15,000,000	3,400,000	11,600,000	3,004,400	6,404,400
3	800 번대	비품		1,500,000	1,500,000		1,500,000	56,375	56,375

[결산자료입력] 감가상각비 자산별로 입력

4). 감가상각비				4,985,775		4,985,775
건물				1,925,000		
차량운반구				3,004,400		
비품				56,375		
건설중인자산						

[합계잔액시산표] 매출채권과 대손충당금 잔액 확인하여 1% 보충설정액 계산
- 외상매출금의 대손충당금 보충설정액 : (379,646,000원 × 1%) − 1,600,000원 = 2,196,460원
- 받을어음의 대손충당금 보충설정액 : (124,250,000원 × 1%) − 200,000원 = 1,042,500원

[결산자료입력] 대손상각 매출채권의 보충설정액 입력

5). 대손상각				3,238,960		3,238,960
외상매출금				2,196,460		
받을어음				1,042,500		

[재고자산수불부] 1월 ~ 12월, 일괄마감

[재고자산명세서] 12월 조회, 기말상품재고액 114,370,000원 확인

[결산자료입력] 기말상품재고액란에 114,370,000원 입력

과	목	결산분개금액	결산입력사항금액	결산금액(합계)
상품매출원가				
(1). 기초 상품 재고액			220,936,000	220,936,000
(2). 당기 상품 매입액			60,175,000	
			275,131,000	
(10).기말 상품 재고액			114,370,000	

[결산자료입력] 입력하고 전표추가(F3) → **[일반전표입력]** 12월 31일 전표 생성 확인

결차	451	상품매출원가			01	상품매출원가 대체	220,936,000	
결대	146	상품			04	상품매출원가 대체		220,936,000
결차	818	감가상각비			01	당기말 감가상각비계상	4,985,775	
결대	203	감가상각누계액			04	당기감가충당금 설정		1,925,000
결대	209	감가상각누계액			04	당기감가충당금 설정		3,004,400
결대	213	감가상각누계액			04	당기감가충당금 설정		56,375
결차	835	대손상각비			01	외상매출금의 대손	3,238,960	
결대	109	대손충당금			04	대손충당금 설정		2,196,460
결대	111	대손충당금			04	대손충당금 설정		1,042,500

※ 결산재무제표 마감순서는 모의고사 1회, 2회 정답및해설 편을 참고바랍니다.

04 장부조회

(1)	73	(2)	25800000
(3)	88220000	(4)	8600000
(5)	11	(6)	130000
(7)	500000		

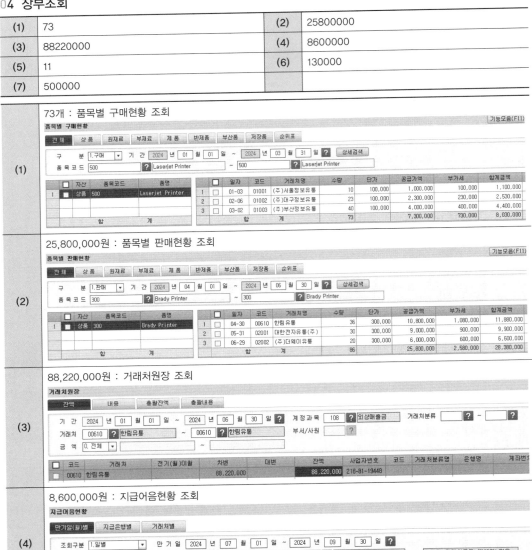

(1) 73개 : 품목별 구매현황 조회

(2) 25,800,000원 : 품목별 판매현황 조회

(3) 88,220,000원 : 거래처원장 조회

(4) 8,600,000원 : 지급어음현황 조회

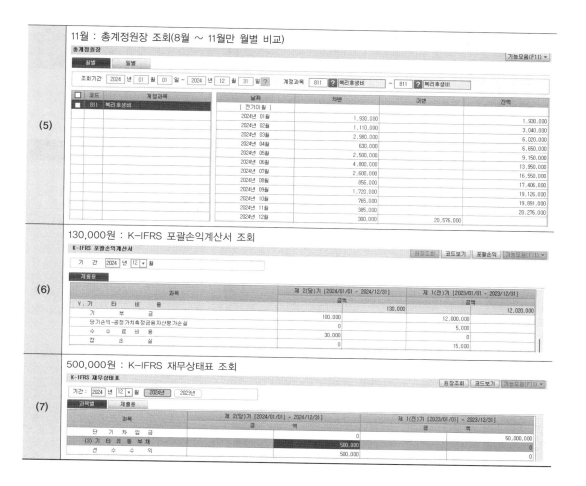

11월 : 총계정원장 조회(8월 ~ 11월만 월별 비교)

(5)

코드	계정과목	날짜	차변	대변	잔액
811	복리후생비	[전기이월]			
		2024년 01월	1,930,000		1,930,000
		2024년 02월	1,110,000		3,040,000
		2024년 03월	2,980,000		6,020,000
		2024년 04월	630,000		6,650,000
		2024년 05월	2,500,000		9,150,000
		2024년 06월	4,800,000		13,950,000
		2024년 07월	2,600,000		16,550,000
		2024년 08월	856,000		17,406,000
		2024년 09월	1,720,000		19,126,000
		2024년 10월	765,000		19,891,000
		2024년 11월	385,000		20,276,000
		2024년 12월	300,000	20,576,000	

130,000원 : K-IFRS 포괄손익계산서 조회

(6)

과목	제 2(당)기 [2024/01/01 ~ 2024/12/31] 금액	제 1(전)기 [2023/01/01 ~ 2023/12/31] 금액
Ⅴ. 기 타 비 용		130,000		12,020,000
기 부 금	100,000		12,000,000
당기손익-공정가치측정금융자산평가손실	0		5,000
수 수 료 비 용	30,000		0
잡 손 실	0		15,000

500,000원 : K-IFRS 재무상태표 조회

(7)

과목	제 2(당)기 [2024/01/01 ~ 2024/12/31] 금액	제 1(전)기 [2023/01/01 ~ 2023/12/31] 금액
단 기 차 입 금	0	50,000,000
(3) 기 타 유 동 부 채	500,000	0
선 수 수 익	500,000	0

▶ 기린화장품(주) [회사코드 2005]

01 기준정보입력

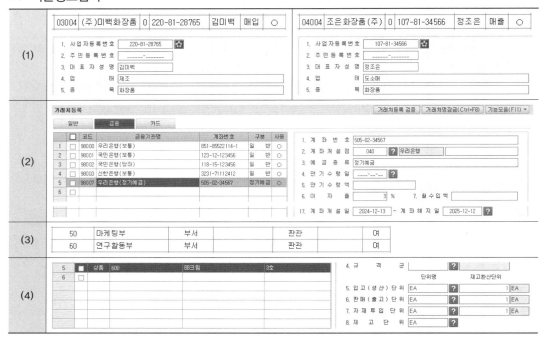

(1)	
(2)	
(3)	
(4)	

02 전표입력

(1)

[일반전표입력] 12월 3일

구분	코드	계정과목	코드	거래처	적요	차변	대변
차변	107	당기손익-공정가치측정금융자산				10,000,000	
대변	101	현금					10,000,000

(2)

[일반전표입력] 12월 4일

구분	코드	계정과목	코드	거래처	적요	차변	대변
차변	103	보통예금	98001	국민은행(보통)		150,000	
대변	901	이자수익					150,000

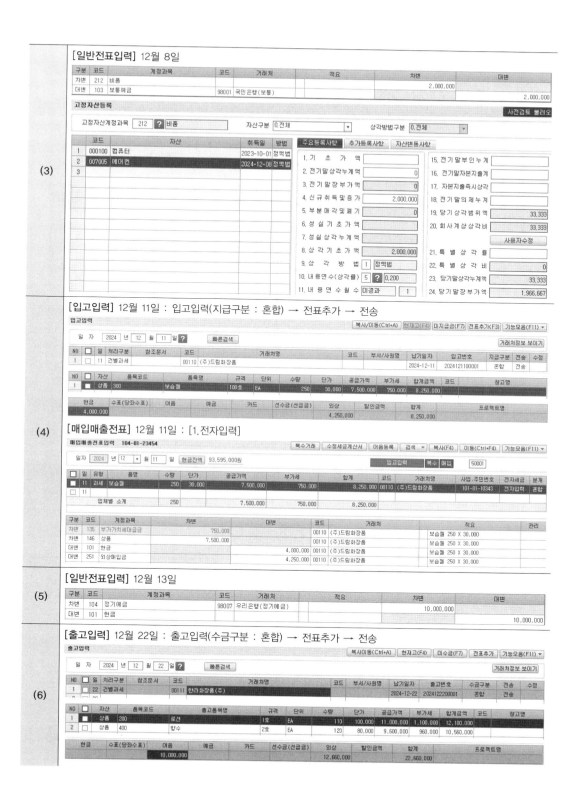

[일반전표입력] 12월 8일

구분	코드	계정과목	코드	거래처	적요	차변	대변
차변	212	비품				2,000,000	
대변	103	보통예금	98001	국민은행(보통)			2,000,000

고정자산등록

사전검토 불러오

고정자산계정과목 212 ? 비품   자산구분 0.전체 ▼   상각방법구분 0.전체 ▼

	코드	자산	취득일	방법
1	000100	컴퓨터	2023-10-01	정액법
2	007005	에어컨	2024-12-08	정액법
3				

주요등록사항 추가등록사항 자산변동사항

1. 기 초 가 액	
2. 전기말상각누계액	0
3. 전기말장부가액	0
4. 신규취득및증가	2,000,000
5. 부분매각및폐기	0
6. 성실기초가액	
7. 성실상각누계액	
8. 상 각 기 초 가 액	2,000,000
9. 상 각 방 법	1 정액법
10. 내용연수(상각률)	5 ? 0.200
11. 내 용 연 수 월 수 미경과	1

15. 전기말부인누계	
16. 전기말자본지출계	
17. 자본지출즉시상각	
18. 전기말의제누계	
19. 당기상각범위액	33,333
20. 회사계상상각비	33,333
	사용자수정
21. 특 별 상 각 률	
22. 특 별 상 각 비	0
23. 당기말상각누계액	33,333
24. 당기말장부가액	1,966,667

[입고입력] 12월 11일 : 입고입력(지급구분 : 혼합) → 전표추가 → 전송

입고입력

복사/이동(Ctrl+A) 현재고(F4) 미지급금(F7) 전표추가(F3) 기능모음(F11)▼

일 자 2024 년 12 월 11 일 ?   빠른검색   거래처정보 보이기

NO	□	일	처리구분	참조문서	코드	거래처명	코드	부서/사원명	납기일자	입고번호	지급구분	전송	수정
1	□	11	건별과세		00110	(주)드림화장품			2024-12-11	2024121100001	혼합	전송	

NO	□	자산	품목코드	품목명	규격	단위	수량	단가	공급가액	부가세	합계금액	코드	창고명
1	■	상품	300	보습젤	100호	EA	250	30,000	7,500,000	750,000	8,250,000		

현금	수표(당좌수표)	어음	예금	카드	선수금(선급금)	외상	할인금액	합계	프로젝트명
4,000,000						4,250,000		8,250,000	

[매입매출전표] 12월 11일 : [1.전자입력]

매입매출전표입력 104-81-23454

복수거래 수정세금계산서 어음등록 검색 ▼ 복사(F4) 이동(Ctrl+F4) 기능모음(F11)▼

일자 2024 년 12 ▼ 월 11 일   현금잔액 93,595,000원   입고입력 복수 매입 50001

□	일	유형	품명	수량	단가	공급가액	부가세	합계	코드	거래처명	사업·주민번호	전자세금	분개
■	11	과세	보습젤	250	30,000	7,500,000	750,000	8,250,000	00110	(주)드림화장품	101-81-10343	전자입력	혼합
□	11												
			업체별 소계	250		7,500,000	750,000	8,250,000					

구분	코드	계정과목	차변	대변	코드	거래처	적요	관리
차변	135	부가가치세대급금	750,000		00110	(주)드림화장품	보습젤 250 X 30,000	
차변	146	상품	7,500,000		00110	(주)드림화장품	보습젤 250 X 30,000	
대변	101	현금		4,000,000	00110	(주)드림화장품	보습젤 250 X 30,000	
대변	251	외상매입금		4,250,000	00110	(주)드림화장품	보습젤 250 X 30,000	

[일반전표입력] 12월 13일

구분	코드	계정과목	코드	거래처	적요	차변	대변
차변	104	정기예금	98007	우리은행(정기예금)		10,000,000	
대변	101	현금					10,000,000

[출고입력] 12월 22일 : 출고입력(수금구분 : 혼합) → 전표추가 → 전송

출고입력

복사이동(Ctrl+A) 현재고(F4) 미수금(F7) 전표추가 기능모음(F11)▼

일 자 2024 년 12 월 22 일 ?   빠른검색   거래처정보 보이기

NO	□	일	처리구분	참조문서	코드	거래처명	코드	부서/사원명	납기일자	출고번호	수금구분	전송	수정
1	□	22	건별과세		00111	한라화장품(주)			2024-12-22	2024122200001	혼합	전송	

NO	□	자산	품목코드	출고품목명	규격	단위	수량	단가	공급가액	부가세	합계금액	코드	창고명
1	□	상품	200	로션	1호	EA	110	100,000	11,000,000	1,100,000	12,100,000		
2	□	상품	400	향수	2호	EA	120	80,000	9,600,000	960,000	10,560,000		

현금	수표(당좌수표)	어음	예금	카드	선수금(선급금)	외상	할인금액	합계	프로젝트명
		10,000,000				12,660,000		22,660,000	

(3)

(4)

(5)

(6)

PART 3

[매입매출전표] 12월 22일 : [1.전자입력], [자금관리 F3] 받을어음 관리내역 입력

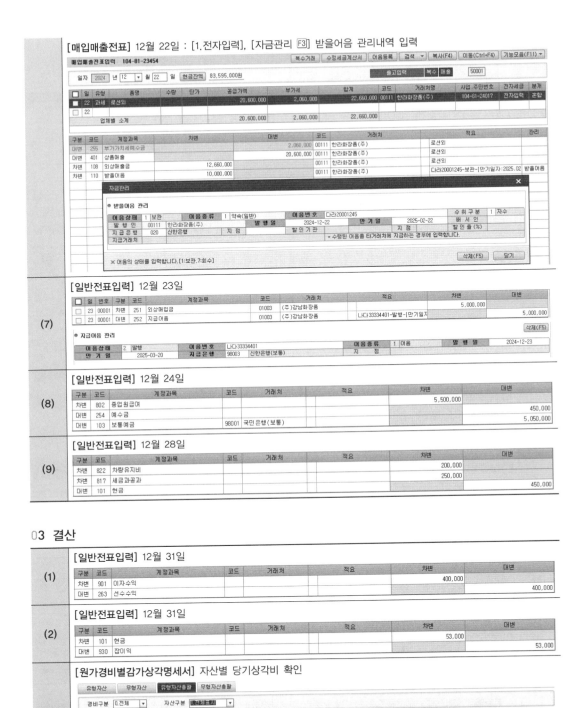

[일반전표입력] 12월 23일

(7)

	일	번호	구분	코드	계정과목	코드	거래처	적요	차변	대변
	23	00001	차변	251	외상매입금	01003	(주)강남화장품		5,000,000	
	23	00001	대변	252	지급어음	01003	(주)강남화장품	나다33334401-발행-[만기일자		5,000,000

삭제(F5)

● 지급어음 관리

어음상태	2	발행	어음번호	나다33334401			어음종류	1	어음	발행일	2024-12-23
만기일		2025-03-20	지급은행	98003	신한은행(보통)		지점				

[일반전표입력] 12월 24일

(8)

구분	코드	계정과목	코드	거래처	적요	차변	대변
차변	802	종업원급여				5,500,000	
대변	254	예수금					450,000
대변	103	보통예금	98001	국민은행(보통)			5,050,000

[일반전표입력] 12월 28일

(9)

구분	코드	계정과목	코드	거래처	적요	차변	대변
차변	822	차량유지비				200,000	
차변	817	세금과공과				250,000	
대변	101	현금					450,000

03 결산

[일반전표입력] 12월 31일

(1)

구분	코드	계정과목	코드	거래처	적요	차변	대변
차변	901	이자수익				400,000	
대변	263	선수수익					400,000

[일반전표입력] 12월 31일

(2)

구분	코드	계정과목	코드	거래처	적요	차변	대변
차변	101	현금				53,000	
대변	930	잡이익					53,000

[원가경비별감가상각명세서] 자산별 당기상각비 확인

(3)

	경비구분	계정	기초가액	당기증감	기말잔액	전기말상각누	상각대상금액	당기상각비	당기말상각누	미상각잔액	
1	800 번대	건물	52,000,000		52,000,000	5,000,000	52,000,000	2,600,000	7,600,000	44,400,000	
2	800 번대	차량운반구	12,000,000		12,000,000	3,400,000	8,600,000	2,227,400	5,627,400	6,372,600	
3	800 번대	비품	2,000,000	2,000,000	4,000,000	400,000	4,000,000	365,333	765,333	3,234,667	

[결산자료입력] 감가상각비 자산별로 입력

4). 감가상각비			5,192,733	5,192,733
건물			2,600,000	
차량운반구			2,227,400	
비품			365,333	

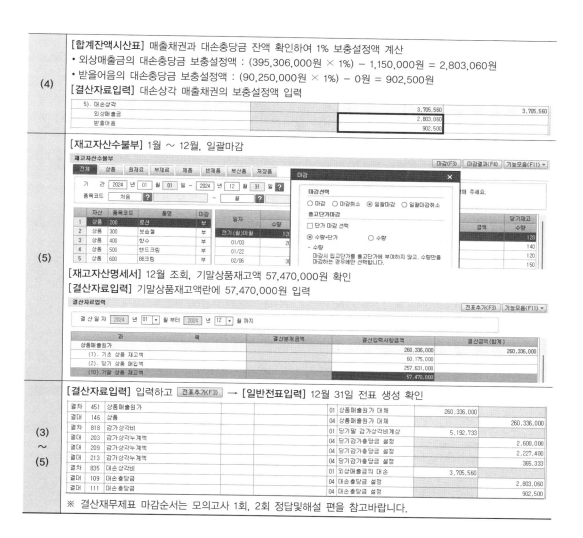

(4)	[합계잔액시산표] 매출채권과 대손충당금 잔액 확인하여 1% 보충설정액 계산 • 외상매출금의 대손충당금 보충설정액 : (395,306,000원 × 1%) − 1,150,000원 = 2,803,060원 • 받을어음의 대손충당금 보충설정액 : (90,250,000원 × 1%) − 0원 = 902,500원 [결산자료입력] 대손상각 매출채권의 보충설정액 입력

5). 대손상각			3,705,560	3,705,560
외상매출금			2,803,060	
받을어음			902,500	

(5)	[재고자산수불부] 1월 ~ 12월, 일괄마감

[재고자산명세서] 12월 조회, 기말상품재고액 57,470,000원 확인
[결산자료입력] 기말상품재고액란에 57,470,000원 입력

과목	결산분개금액	결산입력사항금액	결산금액(합계)
상품매출원가			260,336,000
(1). 기초 상품 재고액		260,336,000	
(2). 당기 상품 매입액		60,175,000	
(10).기말 상품 재고액		257,631,000	
		57,470,000	

(3) ~ (5)	[결산자료입력] 입력하고 전표추가(F3) → [일반전표입력] 12월 31일 전표 생성 확인

결차	451	상품매출원가		01	상품매출원가 대체	260,336,000	
결대	146	상품		04	상품매출원가 대체		260,336,000
결차	818	감가상각비		01	당기말 감가상각비계상	5,192,733	
결대	203	감가상각누계액		04	당기감가충당금 설정		2,600,000
결대	209	감가상각누계액		04	당기감가충당금 설정		2,227,400
결대	213	감가상각누계액		04	당기감가충당금 설정		365,333
결차	835	대손상각비		01	외상매출금의 대손	3,705,560	
결대	109	대손충당금		04	대손충당금 설정		2,803,060
결대	111	대손충당금		04	대손충당금 설정		902,500

※ 결산재무제표 마감순서는 모의고사 1회, 2회 정답및해설 편을 참고바랍니다.

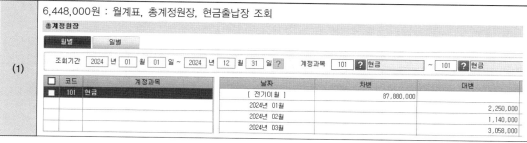

04 장부조회

(1)	6448000	(2)	120
(3)	98350000	(4)	5176000
(5)	74250000	(6)	1234595440
(7)	5053000		

(1)	6,448,000원 : 월계표, 총계정원장, 현금출납장 조회

총계정원장

코드	계정과목	날짜	차변	대변
101	현금	[전기이월]	87,880,000	
		2024년 01월		2,250,000
		2024년 02월		1,140,000
		2024년 03월		3,058,000

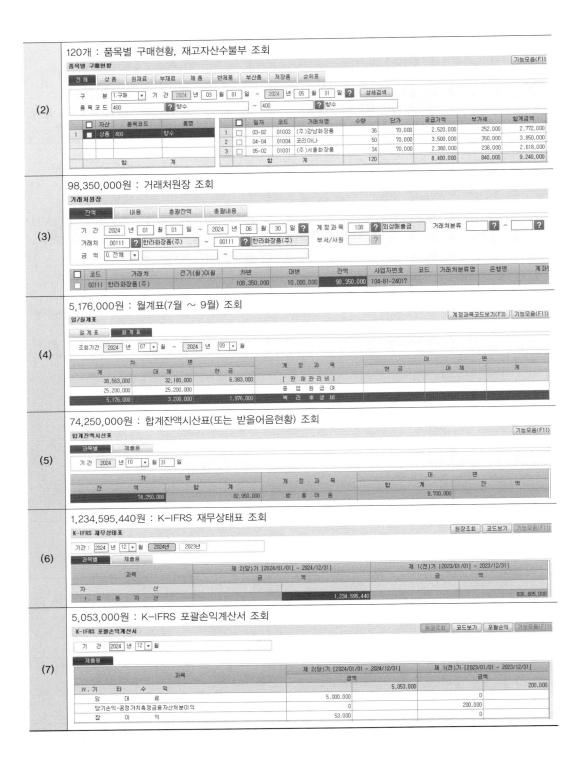

(2) 120개 : 품목별 구매현황, 재고자산수불부 조회

(3) 98,350,000원 : 거래처원장 조회

(4) 5,176,000원 : 월계표(7월 ~ 9월) 조회

(5) 74,250,000원 : 합계잔액시산표(또는 받을어음현황) 조회

(6) 1,234,595,440원 : K-IFRS 재무상태표 조회

(7) 5,053,000원 : K-IFRS 포괄손익계산서 조회

▶ 영우악기(주) [회사코드 2006]

01 기준정보입력

(1)

[일반전표입력] 12월 2일 (10월 3일 전표 확인 : 가지급금 300,000원)

구분	코드	계정과목	코드	거래처	적요	차변	대변
차변	812	여비교통비				330,000	
대변	134	가지급금					300,000
대변	101	현금					30,000

(2)

[일반전표입력] 12월 5일

구분	코드	계정과목	코드	거래처	적요	차변	대변
차변	105	정기적금	98004	외환은행(정기)		3,000,000	
대변	101	현금		외환은행(정기)			3,000,000

(3)

[입고입력] 12월 8일 : 입고입력(지급구분 : 외상) → 전표추가 → 전송

[매입매출전표] 12월 8일 : [1.전자입력]

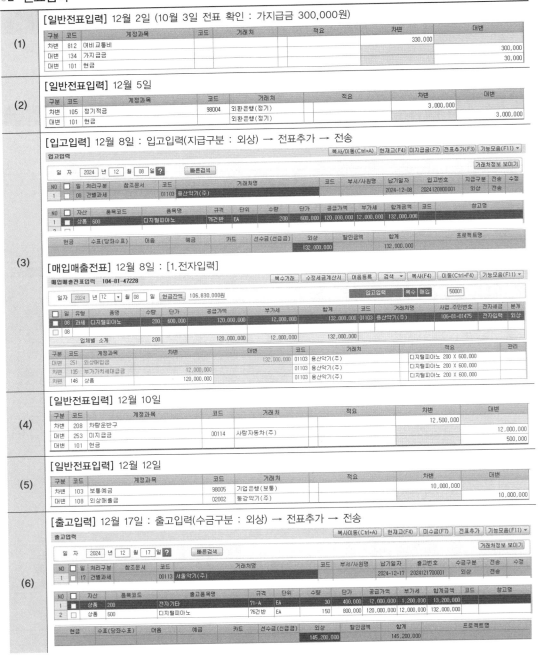

(4)

[일반전표입력] 12월 10일

구분	코드	계정과목	코드	거래처	적요	차변	대변
차변	208	차량운반구				12,500,000	
대변	253	미지급금	00114	사랑자동차(주)			12,000,000
대변	101	현금					500,000

(5)

[일반전표입력] 12월 12일

구분	코드	계정과목	코드	거래처	적요	차변	대변
차변	103	보통예금	98005	기업은행(보통)		10,000,000	
대변	108	외상매출금	02002	동강악기(주)			10,000,000

(6)

[출고입력] 12월 17일 : 출고입력(수금구분 : 외상) → 전표추가 → 전송

[매입매출전표] 12월 17일 : [1.전자입력]

매입매출전표입력	104-81-47228						복수거래	수정세금계산서	어음등록	검색 ▼	복사(F4)	이동(Ctrl+F4)	기능모음(F11) ▼

일자 2024 년 12 ▼ 월 17 일 현금잔액 106,330,000원 　　　　출고입력 | 복수 매출 | 50001

□	일	유형	품명	수량	단가	공급가액	부가세	합계	코드	거래처명	사업.주민번호	전자세금	분개
□	17	과세	디지털피아노외			132,000,000	13,200,000	145,200,000	00113	서울악기(주)	658-05-00444	전자입력	외상
□	17		업체별 소계			132,000,000	13,200,000	145,200,000					

구분	코드	계정과목	차변	대변	코드	거래처	적요	관리
차변	108	외상매출금	145,200,000		00113	서울악기(주)	디지털피아노외	
대변	255	부가가치세예수금		13,200,000	00113	서울악기(주)	디지털피아노외	
대변	401	상품매출		132,000,000	00113	서울악기(주)	디지털피아노외	

---

(7)

[일반전표입력] 12월 19일

코드	계정과목	코드	거래처	적요	차변	대변
253	미지급금	99604	대한카드		1,200,000	
103	보통예금	98005	기업은행(보통)			1,200,000

---

(8)

[일반전표입력] 12월 22일 : [자금관리 F3] 지급어음 관리내역 입력

□	일	번호	구분	코드	계정과목	코드	거래처	적요	차변	대변
□	22	00001	차변	252	지급어음	00113	서울악기(주)	가나20140004-결제-[만기일지	20,000,000	
□	22	00001	대변	102	당좌예금	98003	신한은행(당좌)			20,000,000

● 지급어음 관리　　　　　　　　　　　　　　　　　　　　　　　　　　　　　　　　　삭제(F5)

어음상태	3	결제	어음번호	가나20140004			어음종류	1	어음	발행일	2024-09-20
만기일		2024-12-22	지급은행	98003	신한은행(당좌)		지점				

---

(9)

[일반전표입력] 12월 30일

구분	코드	계정과목	코드	거래처	적요	차변	대변
차변	931	이자비용				1,350,000	
대변	101	현금					1,350,000

---

03 결산

(1)

[일반전표입력] 12월 31일

구분	코드	계정과목	코드	거래처	적요	차변	대변
차변	133	선급비용				60,000	
대변	821	보험료					60,000

---

(2)

[일반전표입력] 12월 31일

구분	코드	계정과목	코드	거래처	적요	차변	대변
차변	107	당기손익-공정가치측정금융자산				500,000	
대변	905	당기손익-공정가치측정금융자산평가이익					500,000

---

(3)

[합계잔액시산표] 매출채권과 대손충당금 잔액 확인하여 1% 보충설정액 계산
- 외상매출금의 대손충당금 보충설정액 : (557,846,000원 × 1%) − 2,000,000원 = 3,578,460원
- 받을어음의 대손충당금 보충설정액 : (40,250,000원 × 1%) − 60,000원 = 342,500원

[결산자료입력] 대손상각 매출채권의 보충설정액 입력

5). 대손상각			3,920,960	3,920,960
외상매출금			3,578,460	
받을어음			342,500	

PART 3

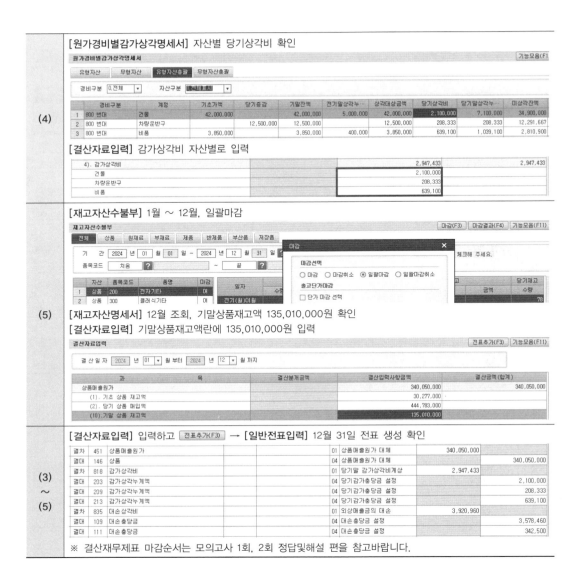

04 장부조회

(1)	18024000	(2)	289
(3)	5000000	(4)	350054000
(5)	9581000	(6)	2000000
(7)	8500000		

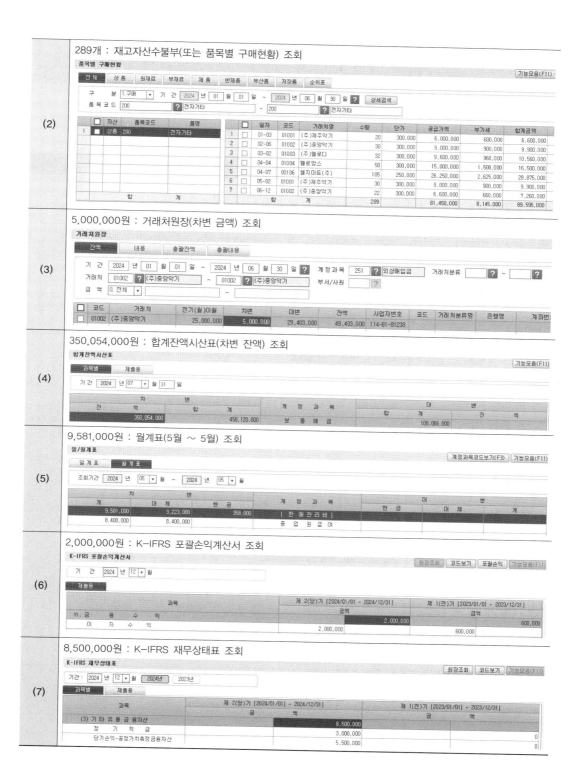

(2) 289개 : 재고자산수불부(또는 품목별 구매현황) 조회

품목별 구매현황

	자산	품목코드	품명
1	상품	200	전자기타

	일자	코드	거래처명	수량	단가	공급가액	부가세	합계금액
1	01-03	01001	(주)제주악기	20	300,000	6,000,000	600,000	6,600,000
2	02-06	01002	(주)중앙악기	30	300,000	9,000,000	900,000	9,900,000
3	03-02	01003	(주)멜로디	32	300,000	9,600,000	960,000	10,560,000
4	04-04	01004	멜로망스	50	300,000	15,000,000	1,500,000	16,500,000
5	04-07	00106	엘지마트(주)	105	250,000	26,250,000	2,625,000	28,875,000
6	05-02	01001	(주)제주악기	30	300,000	9,000,000	900,000	9,900,000
7	06-12	01002	(주)중앙악기	22	300,000	6,600,000	660,000	7,260,000
	합	계		289		81,450,000	8,145,000	89,595,000

(3) 5,000,000원 : 거래처원장(차변 금액) 조회

거래처원장

기 간 2024 년 01 월 01 일 ~ 2024 년 06 월 30 일   계정과목 251 외상매입금   거래처분류
거래처 01002 (주)중앙악기 ~ 01002 (주)중앙악기   부서/사원
금 액 0.전체

	코드	거래처	전기(월)이월	차변	대변	잔액	사업자번호	코드	거래처분류명	은행명	계좌번
	01002	(주)중앙악기	25,000,000	5,000,000	29,403,000	49,403,000	114-81-81238				

(4) 350,054,000원 : 합계잔액시산표(차변 잔액) 조회

합계잔액시산표

과목별 / 제출용

기 간 2024 년 07 월 31 일

차변 잔액	차변 합계	계정과목	대변 합계	대변 잔액
350,054,000	458,120,000	보 통 예 금	108,066,000	

(5) 9,581,000원 : 월계표(5월 ~ 5월) 조회

일/월계표

일계표 / 월계표

조회기간 2024 년 05 월 ~ 2024 년 05 월

차변 계	차변 대체	차변 현금	계정과목	대변 현금	대변 대체	대변 계
9,581,000	9,223,000	358,000	[판 매 관 리 비]			
8,400,000	8,400,000		종 업 원 급 여			

(6) 2,000,000원 : K-IFRS 포괄손익계산서 조회

K-IFRS 포괄손익계산서

기 간 2024 년 12 월

제출용

과목	제 2(당)기 [2024/01/01 ~ 2024/12/31] 금액	제 1(전)기 [2023/01/01 ~ 2023/12/31] 금액
VI. 금 융 수 익	2,000,000	600,000
이 자 수 익	2,000,000	600,000

(7) 8,500,000원 : K-IFRS 재무상태표 조회

K-IFRS 재무상태표

기간 : 2024 년 12 월 2024년 2023년

과목별 / 제출용

과목	제 2(당)기 [2024/01/01 ~ 2024/12/31] 금액	제 1(전)기 [2023/01/01 ~ 2023/12/31] 금액
(3) 기 타 유 동 금 융 자 산	8,500,000	
정 기 적 금	3,000,000	0
당기손익-공정가치측정금융자산	5,500,000	0

▶ **파랑문구(주) [회사코드 2007]**

01 기준정보입력

02 전표입력

[일반전표입력] 12월 5일 : [자금관리 F3] 지급어음 관리내역 입력

(1)

구분	코드	계정과목	코드	거래처	적요	차변	대변
차변	252	지급어음	00115	사랑문구(주)	가라55551114-결제-[만기일지	34,100,000	
대변	102	당좌예금	98005	기업은행(당좌)			34,100,000

● 지급어음 관리 · 삭제(F5)

어음상태	3	결제	어음번호	가라55551114			어음종류	1 어음	발행일	2024-10-06
만기일		2024-12-05	지급은행	98005	기업은행(당좌)		지점			

: 어음번호는 조회하여 선택한다.

[일반전표입력] 12월 8일

(2)

구분	코드	계정과목	코드	거래처	적요	차변	대변
차변	208	차량운반구				12,000,000	
대변	103	보통예금	98001	국민은행(보통)			12,000,000

[입고입력] 12월 11일 : 입고입력(지급구분 : 혼합) 어음란에 입력 → 전표추가 → 전송

(3)

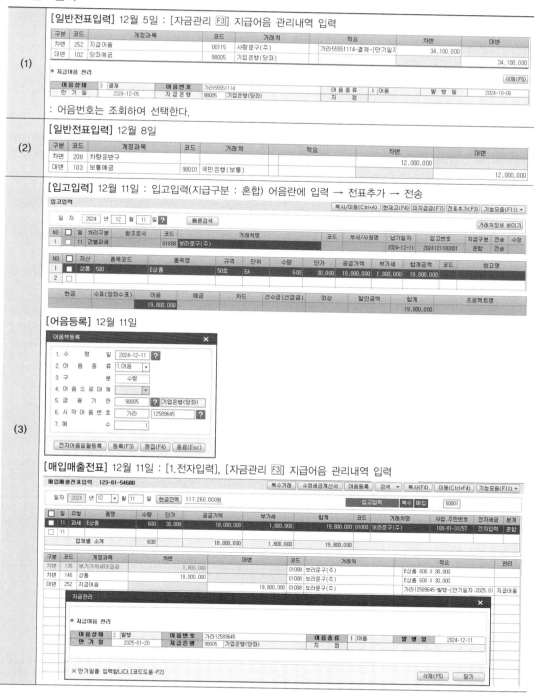

[어음등록] 12월 11일

[매입매출전표] 12월 11일 : [1.전자입력], [자금관리 F3] 지급어음 관리내역 입력

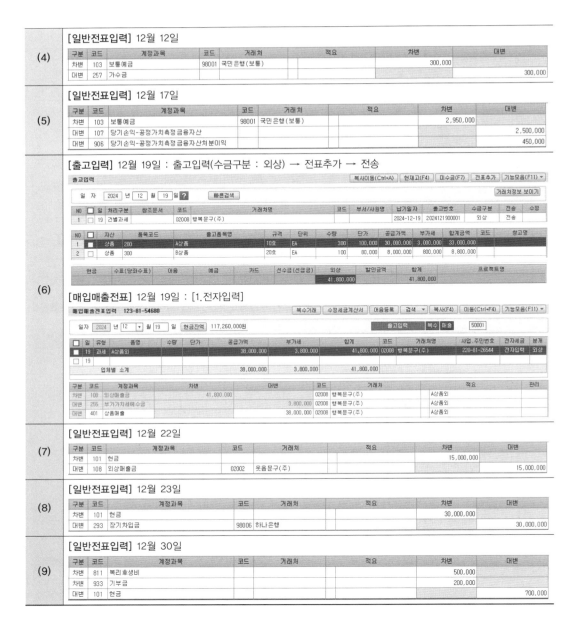

[일반전표입력] 12월 12일

(4)

구분	코드	계정과목	코드	거래처	적요	차변	대변
차변	103	보통예금	98001	국민은행(보통)		300,000	
대변	257	가수금					300,000

[일반전표입력] 12월 17일

(5)

구분	코드	계정과목	코드	거래처	적요	차변	대변
차변	103	보통예금	98001	국민은행(보통)		2,950,000	
대변	107	당기손익-공정가치측정금융자산					2,500,000
대변	906	당기손익-공정가치측정금융자산처분이익					450,000

[출고입력] 12월 19일 : 출고입력(수금구분 : 외상) → 전표추가 → 전송

(6)

[매입매출전표] 12월 19일 : [1.전자입력]

[일반전표입력] 12월 22일

(7)

구분	코드	계정과목	코드	거래처	적요	차변	대변
차변	101	현금				15,000,000	
대변	108	외상매출금	02002	웃음문구(주)			15,000,000

[일반전표입력] 12월 23일

(8)

구분	코드	계정과목	코드	거래처	적요	차변	대변
차변	101	현금				30,000,000	
대변	293	장기차입금	98006	하나은행			30,000,000

[일반전표입력] 12월 30일

(9)

구분	코드	계정과목	코드	거래처	적요	차변	대변
차변	811	복리후생비				500,000	
차변	933	기부금				200,000	
대변	101	현금					700,000

03 결산

(1)

[일반전표입력] 12월 31일 (임차료 1,200,000원 중 미경과분 300,000원)

구분	코드	계정과목	코드	거래처	적요	차변	대변
차변	133	선급비용				300,000	
대변	819	임차료					300,000

(2)

[일반전표입력] 12월 31일

구분	코드	계정과목	코드	거래처	적요	차변	대변
차변	116	미수수익				1,200,000	
대변	901	이자수익					1,200,000

(3)

[합계잔액시산표] 매출채권과 대손충당금 잔액 확인하여 1% 보충설정액 계산
- 외상매출금의 대손충당금 보충설정액 : (449,446,000원 × 1%) − 1,000,000원 = 3,494,460원
- 받을어음의 대손충당금 보충설정액 : (47,250,000원 × 1%) − 0원 = 472,500원

[결산자료입력] 대손상각 매출채권의 보충설정액 입력

5). 대손상각		3,966,960	3,966,960
외상매출금		3,494,460	
받을어음		472,500	

(4)

[원가경비별감가상각명세서] 자산별 당기상각비 확인

원가경비별감가상각명세서

| 유형자산 | 무형자산 | 유형자산총괄 | 무형자산총괄 |

경비구분 [0.전체 ▼] 자산구분 [1.전체표시 ▼]

	경비구분	계정	기초가액	당기증감	기말잔액	전기말상각누..	상각대상금액	당기상각비	당기말상각누..
1	800 번대	건물	44,500,000		44,500,000	5,000,000	44,500,000	2,225,000	7,225,000
2	800 번대	차량운반구		12,000,000	12,000,000		12,000,000	200,000	200,000
3	800 번대	비품	4,150,000		4,150,000	800,000	3,350,000	1,319,900	2,119,900

[결산자료입력] 감가상각비 자산별로 입력

4). 감가상각비		3,744,900	3,744,900
건물		2,225,000	
차량운반구		200,000	
비품		1,319,900	

(5)

[재고자산수불부] 1월 ～ 12월, 일괄마감

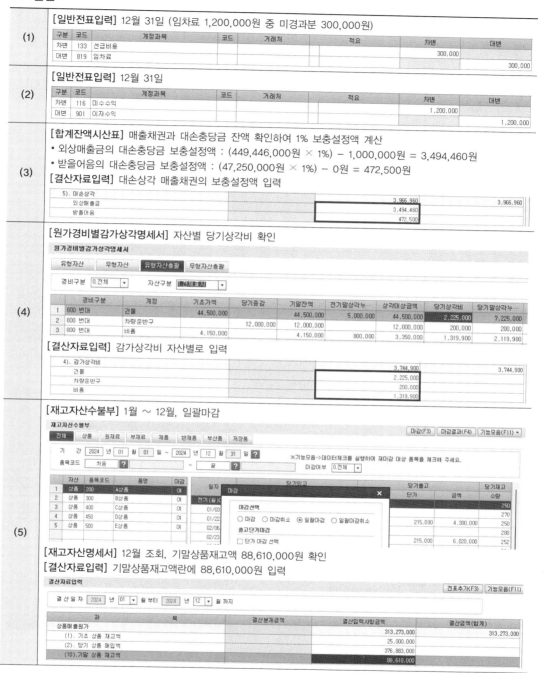

재고자산수불부

| 전체 | 상품 | 원재료 | 부재료 | 제품 | 반제품 | 부산품 | 저장품 | 마감(F3) 마감결과(F4) 기능모음(F11) ▼ |

기 간 [2024] 년 [01] 월 [01] 일 ～ [2024] 년 [12] 월 [31] 일 [?]   ※기능모음->데이터체크를 실행하여 재마감 대상 품목을 체크해 주세요.
품목코드 [처음] [?] ~ [끝] [?]   마감여부 [0.전체 ▼]

	자산	품목코드	품명	마감		일자		당기입고			당기출고			당기재고
1	상품	200	A상품	여					마감	✕		단가	금액	수량
2	상품	300	B상품	여		전기(월)..			마감선택					250
3	상품	400	C상품	여		01/03			○마감 ○마감취소 ●일괄마감 ○일괄마감취소					270
4	상품	450	D상품	여		01/22			출고단가마감			215,000	4,300,000	250
5	상품	500	E상품	여		02/06			□단가 마감 선택					280
						02/23						215,000	6,020,000	252

[재고자산명세서] 12월 조회, 기말상품재고액 88,610,000원 확인

[결산자료입력] 기말상품재고액란에 88,610,000원 입력

결산자료입력

결산일자 [2024] 년 [01 ▼] 월 부터 [2024] 년 [12 ▼] 월 까지

과	목	결산분개금액	결산입력사항금액	결산금액(합계)
상품매출원가			313,273,000	313,273,000
(1). 기초 상품 재고액			25,000,000	
(2). 당기 상품 매입액			376,883,000	
(10).기말 상품 재고액			88,610,000	

[결산자료입력] 입력하고 <u>전표추가(F3)</u> → **[일반전표입력]** 12월 31일 전표 생성 확인

구분	코드	계정과목	코드	거래처	적요	차변	대변
결차	451	상품매출원가			01 상품매출원가 대체	313,273,000	
결대	146	상품			04 상품매출원가 대체		313,273,000
결차	818	감가상각비			01 당기말 감가상각비계상	3,744,900	
결대	203	감가상각누계액			04 당기감가충당금 설정		2,225,000
결대	209	감가상각누계액			04 당기감가충당금 설정		200,000
결대	213	감가상각누계액			04 당기감가충당금 설정		1,319,900
결차	835	대손상각비			01 외상매출금의 대손	3,966,960	
결대	109	대손충당금			04 대손충당금 설정		3,494,460
결대	111	대손충당금			04 대손충당금 설정		472,500

(3) ~ (5)

※ 결산재무제표 마감순서는 모의고사 1회, 2회 정답및해설 편을 참고바랍니다.

04 장부조회

(1)	8866000	(2)	120
(3)	14928000	(4)	20000000
(5)	306234000	(6)	450202500
(7)	160000000		

(1) 8,866,000원 : 월계표(또는 총계정원장, 현금출납장) 조회

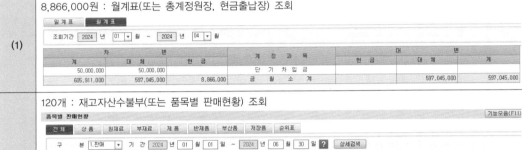

(2) 120개 : 재고자산수불부(또는 품목별 판매현황) 조회

(3) 14,928,000원 : 월계표(1월부터 6월까지 월별로 비교) 조회

1월 ~ 1월 : 10,550,000원, 2월 ~ 2월 : 10,124,000원, 3월 ~ 3월 : 11,908,000원
4월 ~ 4월 : 10,818,000원, 5월 ~ 5월 : 9,581,000원, 6월 ~ 6월 : 14,928,000원

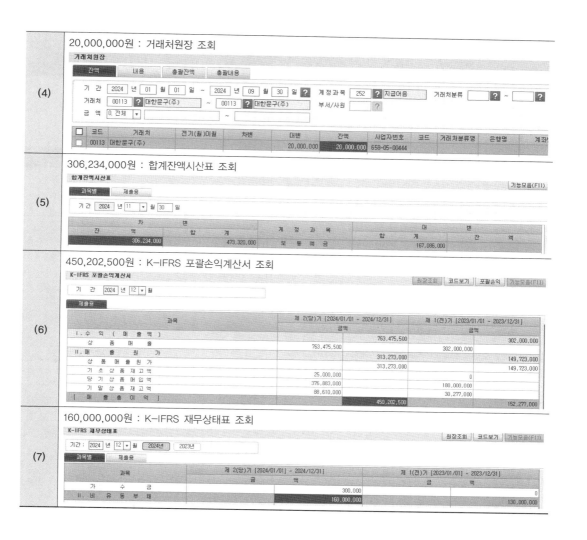

(4) 20,000,000원 : 거래처원장 조회

코드	거래처	전기(월)이월	차변	대변	잔액	사업자번호	코드	거래처분류명	은행명	계좌
00113	대한문구(주)			20,000,000	20,000,000	658-05-00444				

(5) 306,234,000원 : 합계잔액시산표 조회

차변		계 정 과 목	대변	
잔 액	합 계		합 계	잔 액
306,234,000	473,320,000	보 통 예 금	167,086,000	

(6) 450,202,500원 : K-IFRS 포괄손익계산서 조회

과목	제 2(당)기 [2024/01/01 ~ 2024/12/31] 금액		제 1(전)기 [2023/01/01 ~ 2023/12/31] 금액	
I . 수 익 (매 출 액)		763,475,500		302,000,000
상 품 매 출	763,475,500		302,000,000	
II . 매 출 원 가		313,273,000		149,723,000
상 품 매 출 원 가		313,273,000		149,723,000
기 초 상 품 재 고 액	25,000,000		0	
당 기 상 품 매 입 액	376,883,000		180,000,000	
기 말 상 품 재 고 액	88,610,000		30,277,000	
[매 출 총 이 익]		450,202,500		152,277,000

(7) 160,000,000원 : K-IFRS 재무상태표 조회

과목	제 2(당)기 [2024/01/01] 금액		제 1(전)기 [2023/01/01 ~ 2023/12/31] 금액	
가 수 금		300,000		0
II . 비 유 동 부 채		160,000,000		130,000,000

▶ 우리컴(주) [회사코드 2008]

01 기준정보입력

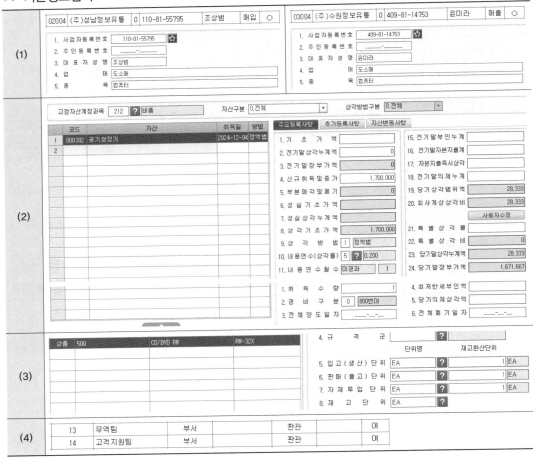

02 전표입력

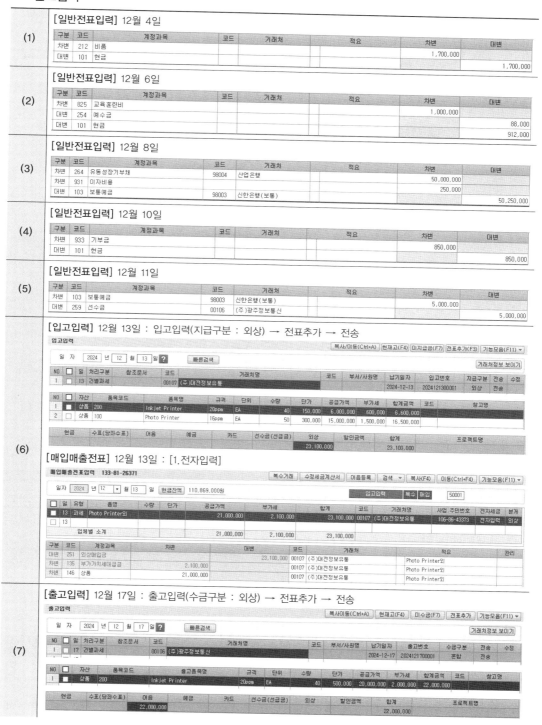

(1)

[일반전표입력] 12월 4일

구분	코드	계정과목	코드	거래처	적요	차변	대변
차변	212	비품				1,700,000	
대변	101	현금					1,700,000

(2)

[일반전표입력] 12월 6일

구분	코드	계정과목	코드	거래처	적요	차변	대변
차변	825	교육훈련비				1,000,000	
대변	254	예수금					88,000
대변	101	현금					912,000

(3)

[일반전표입력] 12월 8일

구분	코드	계정과목	코드	거래처	적요	차변	대변
차변	264	유동성장기부채	98004	산업은행		50,000,000	
차변	931	이자비용				250,000	
대변	103	보통예금	98003	신한은행(보통)			50,250,000

(4)

[일반전표입력] 12월 10일

구분	코드	계정과목	코드	거래처	적요	차변	대변
차변	933	기부금				850,000	
대변	101	현금					850,000

(5)

[일반전표입력] 12월 11일

구분	코드	계정과목	코드	거래처	적요	차변	대변
차변	103	보통예금	98003	신한은행(보통)		5,000,000	
대변	259	선수금	00106	(주)광주정보통신			5,000,000

(6)

[입고입력] 12월 13일 : 입고입력(지급구분 : 외상) → 전표추가 → 전송

[매입매출전표] 12월 13일 : [1.전자입력]

(7)

[출고입력] 12월 17일 : 출고입력(수금구분 : 외상) → 전표추가 → 전송

PART 3

[매입매출전표] 12월 17일 : [1.전자입력], [자금관리 F3] 받을어음 관리내역 입력

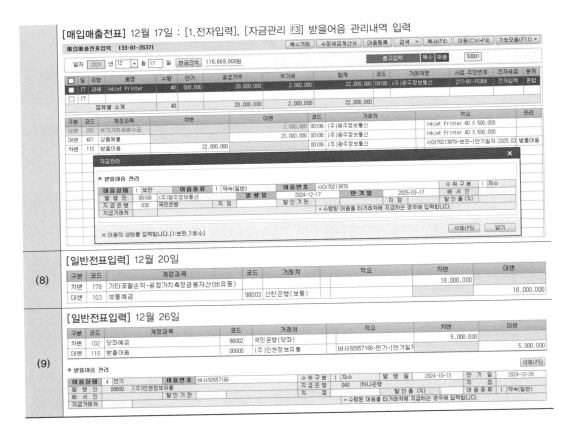

[일반전표입력] 12월 20일

구분	코드	계정과목	코드	거래처	적요	차변	대변
차변	178	기타포괄손익-공정가치측정금융자산(비유동)				18,000,000	
대변	103	보통예금	98003	신한은행(보통)			18,000,000

[일반전표입력] 12월 26일

구분	코드	계정과목	코드	거래처	적요	차변	대변
차변	102	당좌예금	98002	국민은행(당좌)		5,000,000	
대변	110	받을어음	00600	(주)인천정보유통	바사92657166-만기-[만기일자		5,000,000

03 결산

[일반전표입력] 12월 31일

구분	코드	계정과목	코드	거래처	적요	차변	대변
차변	931	이자비용				1,600,000	
대변	262	미지급비용					1,600,000

[합계잔액시산표] 당기손익-공정가치측정금융자산 11,250,000원을 12,000,000원으로 평가
[일반전표입력] 12월 31일

구분	코드	계정과목	코드	거래처	적요	차변	대변
차변	107	당기손익-공정가치측정금융자산				750,000	
대변	905	당기손익-공정가치측정금융자산평가이익					750,000

[원가경비별감가상각명세서] 자산별 당기상각비 확인

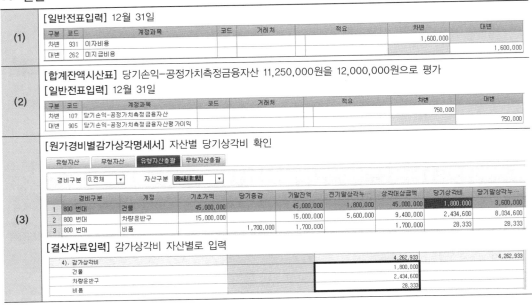

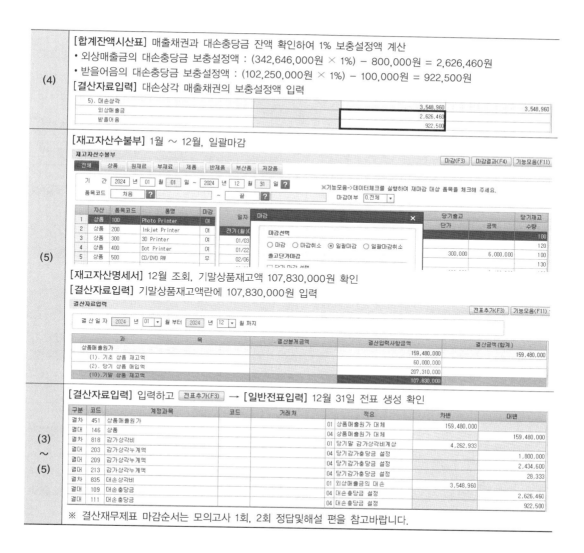

(4)	[합계잔액시산표] 매출채권과 대손충당금 잔액 확인하여 1% 보충설정액 계산
	• 외상매출금의 대손충당금 보충설정액 : (342,646,000원 × 1%) − 800,000원 = 2,626,460원
	• 받을어음의 대손충당금 보충설정액 : (102,250,000원 × 1%) − 100,000원 = 922,500원
	[결산자료입력] 대손상각 매출채권의 보충설정액 입력

5). 대손상각		3,548,960	3,548,960
외상매출금		2,626,460	
받을어음		922,500	

(5) [재고자산수불부] 1월 ~ 12월, 일괄마감

[재고자산명세서] 12월 조회, 기말상품재고액 107,830,000원 확인

[결산자료입력] 기말상품재고액란에 107,830,000원 입력

과 목	결산분개금액	결산입력사항금액	결산금액(합계)
상품매출원가			
(1). 기초 상품 재고액		159,480,000	159,480,000
(2). 당기 상품 매입액		60,000,000	
(10).기말 상품 재고액		207,310,000	
		107,830,000	

(3)
~
(5)

[결산자료입력] 입력하고 전표추가(F3) → [일반전표입력] 12월 31일 전표 생성 확인

구분	코드	계정과목	코드	거래처	적요	차변	대변
결차	451	상품매출원가			01 상품매출원가 대체	159,480,000	
결대	146	상품			04 상품매출원가 대체		159,480,000
결차	818	감가상각비			01 당기말 감가상각비계상	4,262,933	
결대	203	감가상각누계액			04 당기감가충당금 설정		1,800,000
결대	209	감가상각누계액			04 당기감가충당금 설정		2,434,600
결대	213	감가상각누계액			04 당기감가충당금 설정		28,333
결차	835	대손상각비			01 외상매출금의 대손	3,548,960	
결대	109	대손충당금			04 대손충당금 설정		2,626,460
결대	111	대손충당금			04 대손충당금 설정		922,500

※ 결산재무제표 마감순서는 모의고사 1회, 2회 정답및해설 편을 참고바랍니다.

PART 3

04 장부조회

(1)	5950000	(2)	50
(3)	14050000	(4)	9
(5)	243591000	(6)	1850000
(7)	1160772040		

(1)	5,950,000원 : 거래처별 구매현황 조회

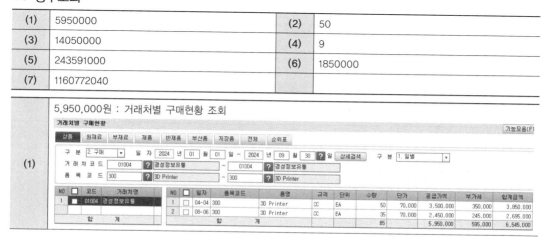

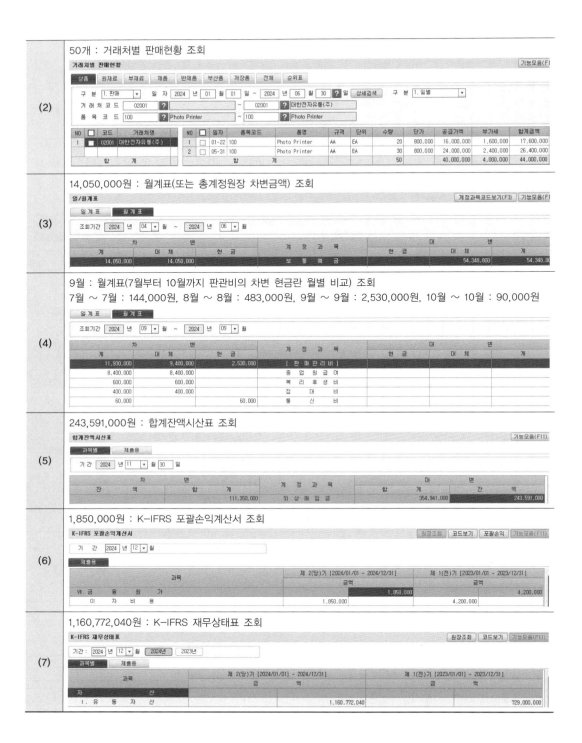

(2) 50개 : 거래처별 판매현황 조회

(3) 14,050,000원 : 월계표(또는 총계정원장 차변금액) 조회

(4) 9월 : 월계표(7월부터 10월까지 판관비의 차변 현금란 월별 비교) 조회
7월 ~ 7월 : 144,000원, 8월 ~ 8월 : 483,000원, 9월 ~ 9월 : 2,530,000원, 10월 ~ 10월 : 90,000원

(5) 243,591,000원 : 합계잔액시산표 조회

(6) 1,850,000원 : K-IFRS 포괄손익계산서 조회

(7) 1,160,772,040원 : K-IFRS 재무상태표 조회

▶ (주)을지유통 [회사코드 2009]

01 기준정보입력

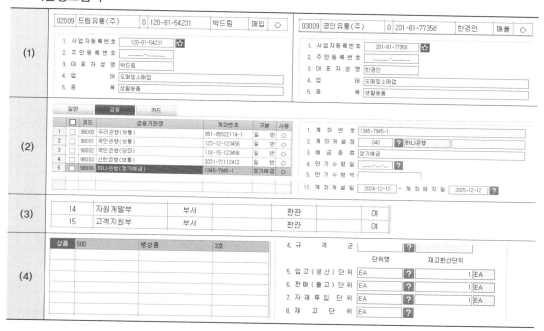

02 전표입력

	[일반전표입력] 12월 3일							
(1)	구분	코드	계정과목	코드	거래처	적요	차변	대변
	차변	257	가수금				1,500,000	
	대변	108	외상매출금	00610	가온유통(주)			1,500,000

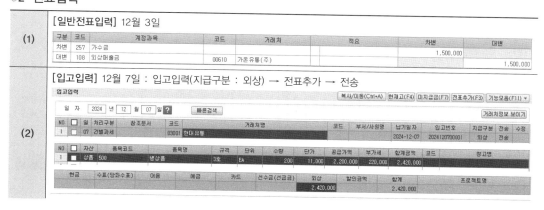

[매입매출전표] 12월 7일 : [1.전자입력]

[일반전표입력] 12월 10일

(3)

[일반전표입력] 12월 12일

(4)

[일반전표입력] 12월 17일 [자금관리 F3] 받을어음 관리내역 입력

(5)

[일반전표입력] 12월 19일

(6)

[출고입력] 12월 20일 : 출고입력(수금구분 : 외상) → 전표추가 → 전송

(7)

[매입매출전표] 12월 20일 : [1.전자입력]

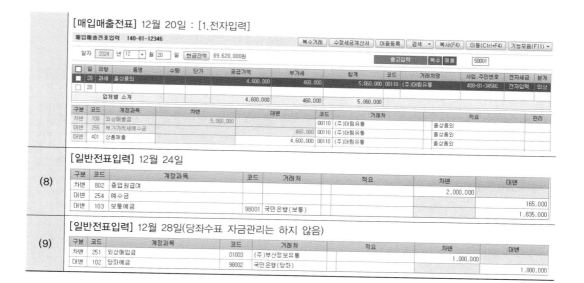

[일반전표입력] 12월 24일

구분	코드	계정과목	코드	거래처	적요	차변	대변
차변	802	종업원급여				2,000,000	
대변	254	예수금					165,000
대변	103	보통예금	98001	국민은행(보통)			1,835,000

(8)

[일반전표입력] 12월 28일(당좌수표 자금관리는 하지 않음)

구분	코드	계정과목	코드	거래처	적요	차변	대변
차변	251	외상매입금	01003	(주)부산정보유통		1,000,000	
대변	102	당좌예금	98002	국민은행(당좌)			1,000,000

(9)

03 결산

[일반전표입력] 12월 31일

날짜	코드	적요	코드	거래처명	차변	대변
10/01		화재보험료 5개월분 납부 (월 35,000원)			175,000	

구분	코드	계정과목	코드	거래처	적요	차변	대변
차변	133	선급비용				70,000	
대변	821	보험료					70,000

(1)

[일반전표입력] 12월 31일

구분	코드	계정과목	코드	거래처	적요	차변	대변
차변	813	접대비				200,000	
대변	141	현금과부족					200,000

(2)

[합계잔액시산표] 매출채권과 대손충당금 잔액 확인하여 1% 보충설정액 계산
• 외상매출금의 대손충당금 보충설정액 : (363,206,000원 × 1%) − 1,500,000원 = 2,132,060원
• 받을어음의 대손충당금 보충설정액 : (103,250,000원 × 1%) − 300,000원 = 732,500원
[결산자료입력] 대손상각 매출채권의 보충설정액 입력

(3)

5). 대손상각			
외상매출금		2,864,560	2,864,560
	2,132,060		
받을어음			
	732,500		

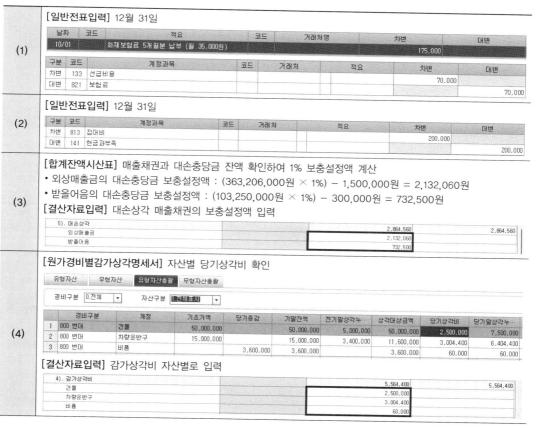

[원가경비별감가상각명세서] 자산별 당기상각비 확인

(4)

(5)	[재고자산수불부] 1월 ~ 12월, 일괄마감 [재고자산명세서] 12월 조회, 기말상품재고액 72,290,000원 확인 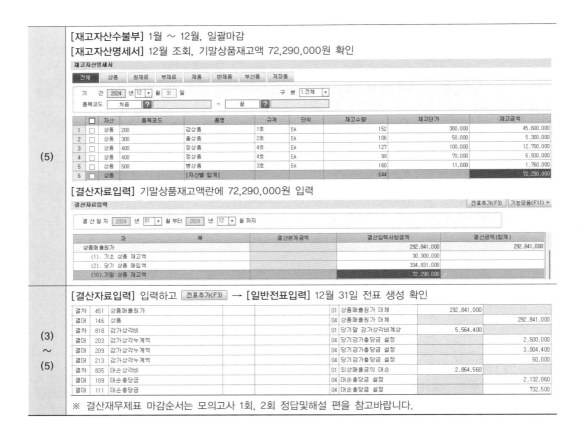 [결산자료입력] 기말상품재고액란에 72,290,000원 입력
(3) ~ (5)	[결산자료입력] 입력하고 [전표추가(F3)] → [일반전표입력] 12월 31일 전표 생성 확인 | 결차	451	상품매출원가	01 상품매출원가 대체	292,841,000	
결대	146	상품	04 상품매출원가 대체		292,841,000
결차	818	감가상각비	01 당기말 감가상각비계상	5,564,400	
결대	203	감가상각누계액	04 당기감가충당금 설정		2,500,000
결대	209	감가상각누계액	04 당기감가충당금 설정		3,004,400
결대	213	감가상각누계액	04 당기감가충당금 설정		60,000
결차	835	대손상각비	01 외상매출금의 대손	2,864,560	
결대	109	대손충당금	04 대손충당금 설정		2,132,060
결대	111	대손충당금	04 대손충당금 설정		732,500	 ※ 결산재무제표 마감순서는 모의고사 1회, 2회 정답및해설 편을 참고바랍니다.

04 장부조회

(1)	22000000	(2)	6500000
(3)	137	(4)	120630000
(5)	82500000	(6)	241935600
(7)	181418040		

(1)	22,000,000원 : 거래처원장 차변금액 조회 
(2)	6,500,000원 : 품목별 구매현황(또는 재고자산수불부) 조회

(3) 137개 : 재고자산수불부 조회

(4) 120,630,000원 : 거래처원장 조회

(5) 82,500,000원 : 거래처원장 조회

(6) 241,935,600원 : K-IFRS 재무상태표 조회

(7) 181,418,040원 : K-IFRS 포괄손익계산서 조회

▶ **구리자전거(주) [회사코드 2010]**

01 기준정보입력

02 전표입력

	[일반전표입력] 12월 4일						
(1)	구분	코드	계정과목	코드	거래처	적요	차변	대변
	차변	212	비품				1,200,000	
	대변	103	보통예금	98003	기업은행(보통)			1,200,000

	[일반전표입력] 12월 6일						
(2)	구분	코드	계정과목	코드	거래처	적요	차변	대변
	차변	825	교육훈련비				1,000,000	
	대변	254	예수금					44,000
	대변	101	현금					956,000

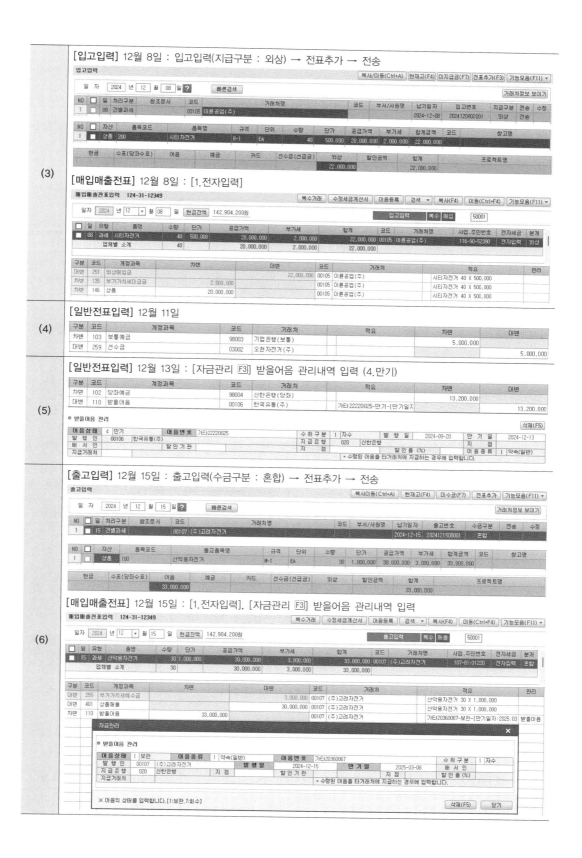

[입고입력] 12월 8일 : 입고입력(지급구분 : 외상) → 전표추가 → 전송

[매입매출전표] 12월 8일 : [1.전자입력]

(3)

[일반전표입력] 12월 11일

구분	코드	계정과목	코드	거래처	적요	차변	대변
차변	103	보통예금	98003	기업은행(보통)		5,000,000	
대변	259	선수금	03002	오천자전거(주)			5,000,000

(4)

[일반전표입력] 12월 13일 : [자금관리 F3] 받을어음 관리내역 입력 (4.만기)

(5)

[출고입력] 12월 15일 : 출고입력(수금구분 : 혼합) → 전표추가 → 전송

[매입매출전표] 12월 15일 : [1.전자입력], [자금관리 F3] 받을어음 관리내역 입력

(6)

(7) **[일반전표입력]** 12월 18일

구분	코드	계정과목	코드	거래처	적요	차변	대변
차변	178	기타포괄손익-공정가치측정금융자산(비유동				18,000,000	
대변	103	보통예금	98003	기업은행(보통)			18,000,000

(8) **[일반전표입력]** 12월 22일

구분	코드	계정과목	코드	거래처	적요	차변	대변
차변	264	유동성장기부채	00102	신한캐피탈(주)		30,000,000	
차변	931	이자비용				150,000	
대변	293	장기차입금	00102	신한캐피탈(주)			30,000,000
대변	101	현금					150,000

(9) **[일반전표입력]** 12월 26일

구분	코드	계정과목	코드	거래처	적요	차변	대변
차변	813	접대비				850,000	
대변	253	미지급금	99600	KB카드			850,000

03 결산

(1) **[일반전표입력]** 12월 31일

구분	코드	계정과목	코드	거래처	적요	차변	대변
차변	931	이자비용				480,000	
대변	262	미지급비용					480,000

(2) **[일반전표입력]** 12월 31일

구분	코드	계정과목	코드	거래처	적요	차변	대변
차변	107	당기손익-공정가치측정금융자산				7,500,000	
대변	905	당기손익-공정가치측정금융자산평가이익					7,500,000

(3) **[합계잔액시산표]** 매출채권과 대손충당금 잔액 확인하여 1% 보충설정액 계산
- 외상매출금의 대손충당금 보충설정액 : (246,646,000원 × 1%) − 900,000원 = 1,566,460원
- 받을어음의 대손충당금 보충설정액 : (164,000,000원 × 1%) − 200,000원 = 1,440,000원

[결산자료입력] 대손상각 매출채권의 보충설정액 입력

5). 대손상각		1,000,000	3,006,460	4,006,460
외상매출금			1,566,460	
받을어음			1,440,000	

(4) **[원가경비별감가상각명세서]** 자산별 당기상각비 확인

유형자산	무형자산	유형자산총괄	무형자산총괄

경비구분 0.전체 ▼   자산구분 [유형자산전체] ▼

	경비구분	계정	기초가액	당기증감	기말잔액	전기말상각누	상각대상금액	당기상각비	당기말상각누
1	800 번대	건물	30,000,000		30,000,000	1,800,000	30,000,000	1,500,000	3,300,000
2	800 번대	차량운반구	15,000,000		15,000,000	3,400,000	11,600,000	3,004,400	6,404,400
3	800 번대	비품	2,500,000	1,200,000	3,700,000	800,000	3,700,000	520,000	1,320,000

[결산자료입력] 감가상각비 자산별로 입력

4). 감가상각비		5,024,400	5,024,400
건물		1,500,000	
차량운반구		3,004,400	
비품		520,000	

(5) **[재고자산수불부]** 1월 ~ 12월, 일괄마감
[재고자산명세서] 12월 조회, 기말상품재고액 83,830,000원 확인
[결산자료입력] 기말상품재고액란에 83,830,000원 입력

결산자료입력   전표추가(F3) 기능모음(F11)

결산일자 2024 년 01 ▼ 월 부터 2024 년 12 ▼ 월 까지

과	목	결산분개금액	결산입력사항금액	결산금액(합계)
2. 매출원가				169,480,000
상품매출원가			169,480,000	169,480,000
(1). 기초 상품 재고액			20,000,000	
(2). 당기 상품 매입액			233,310,000	
(10).기말 상품 재고액			83,830,000	

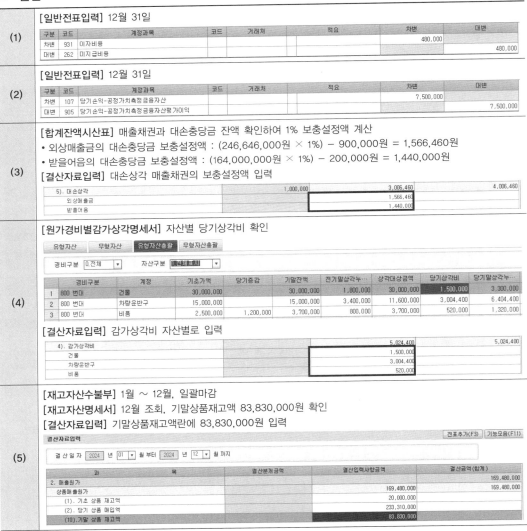

[결산자료입력] 입력하고 전표추가(F3) → [일반전표입력] 12월 31일 전표 생성 확인

	결차	451	상품매출원가	01	상품매출원가 대체	169,480,000	
(3)	결대	146	상품	04	상품매출원가 대체		169,480,000
~	결차	818	감가상각비	01	당기말 감가상각비계상	5,024,400	
	결대	203	감가상각누계액	04	당기감가충당금 설정		1,500,000
(5)	결대	209	감가상각누계액	04	당기감가충당금 설정		3,004,400
	결대	213	감가상각누계액	04	당기감가충당금 설정		520,000
	결차	835	대손상각비	01	외상매출금의 대손	3,006,460	
	결대	109	대손충당금	04	대손충당금 설정		1,566,460
	결대	111	대손충당금	04	대손충당금 설정		1,440,000

※ 결산재무제표 마감순서는 모의고사 1회, 2회 정답및해설 편을 참고바랍니다.

04 장부조회

(1)	26717100	(2)	4
(3)	15000000	(4)	214
(5)	88953000	(6)	14705000
(7)	747918540		

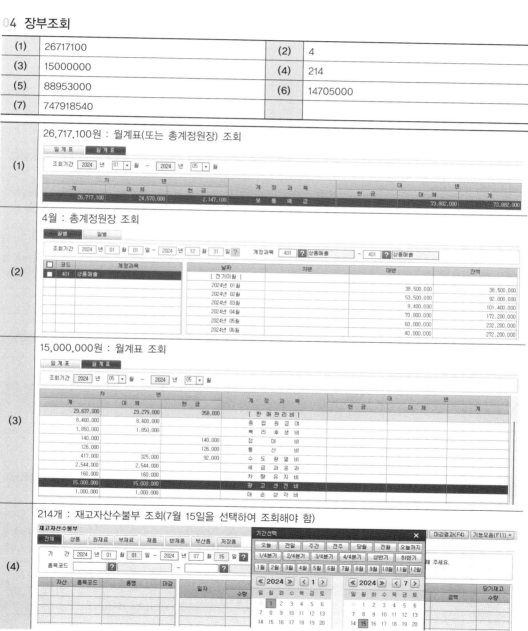

(1) 26,717,100원 : 월계표(또는 총계정원장) 조회

(2) 4월 : 총계정원장 조회

(3) 15,000,000원 : 월계표 조회

(4) 214개 : 재고자산수불부 조회(7월 15일을 선택하여 조회해야 함)

도로형자전거 139개 + 산악용자전거 75개 = 214개

(5) 88,953,000원 : 거래처원장 조회

(6) 14,705,000원 : K-IFRS 포괄손익계산서 조회

(7) 747,918,540원 : K-IFRS 재무상태표 조회
유동자산 1,221,038,540원 − 유동부채 473,120,000원 = 747,918,540원

제11회 모의고사 정답 및 해설

▶ 소망화장품(주) [회사코드 2011]

01 기준정보입력

(1)

02006	(주)창조화장품	0	129-81-54320	정창조	매입	○

1. 사업자등록번호 129-81-54320
2. 주민등록번호 ------ -------
3. 대표자성명 정창조
4. 업　태 제조
5. 종　목 화장품

03006	그린화장품(주)	0	314-81-44885	김그린	매출	○

1. 사업자등록번호 314-81-44885
2. 주민등록번호 ------ -------
3. 대표자성명 김그린
4. 업　태 도소매
5. 종　목 화장품

(2)

98006	농협(보통)	111-02-56789-1	일　반	○

1. 계좌번호 111-02-56789-1
2. 계좌개설점 040 ? 농협
3. 예금종류 보통예금　0 보통

(3)

50	인사관리부	부서	판관	여
60	고객상담부	부서	판관	여

(4)

상품	600	미백크림	3호

	단위명	재고환산단위
5. 입고(생산)단위	EA ?	1 EA
6. 판매(출고)단위	EA ?	1 EA
7. 자재투입단위	EA ?	1 EA
8. 재고단위	EA ?	

02 전표입력

(1)

[일반전표입력] 12월 3일

구분	코드	계정과목	코드	거래처	적요	차변	대변
차변	102	당좌예금	98003	신한은행(당좌)		3,000,000	
대변	108	외상매출금	00600	상록화장품(주)			3,000,000

(2)

[일반전표입력] 12월 4일 (합계잔액시산표 조회하여 10월 9일 취득한 주식수 500주 확인하여 처리)

구분	코드	계정과목	코드	거래처	적요	차변	대변
차변	103	보통예금	98001	국민은행(보통)		5,985,000	
대변	107	당기손익-공정가치측정금융자산					3,000,000
대변	906	당기손익-공정가치측정금융자산처분이익					2,985,000

(3)

[일반전표입력] 12월 5일

구분	코드	계정과목	코드	거래처	적요	차변	대변
차변	212	비품				3,000,000	
대변	103	보통예금	98001	국민은행(보통)			3,000,000

PART 3

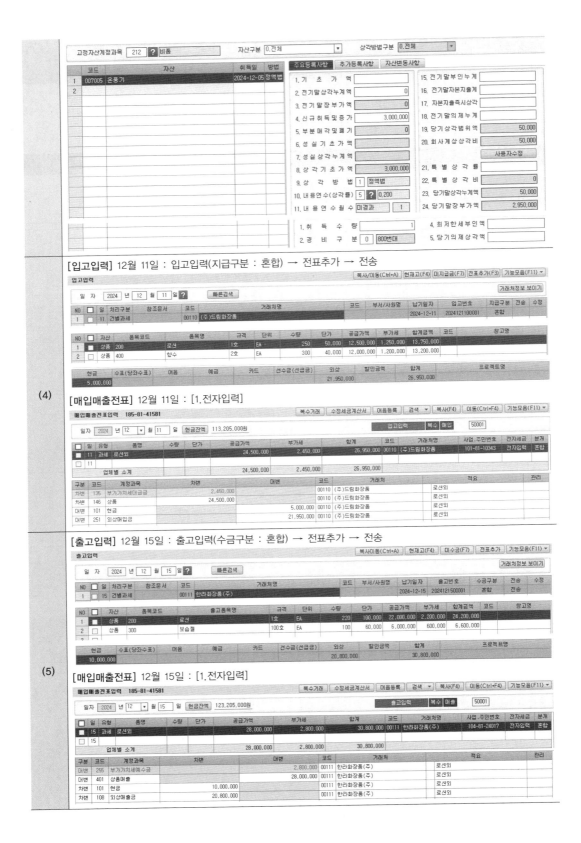

고정자산계정과목 212 ? 비품　　자산구분 0.전체　　상각방법구분 0.전체

	코드	자산	취득일	방법
1	007005	온풍기	2024-12-05	정액법
2				

주요등록사항　추가등록사항　자산변동사항

1. 기 초 가 액	
2. 전기말상각누계액	0
3. 전기말장부가액	0
4. 신규취득및증가	3,000,000
5. 부분매각및폐기	0
6. 성 실 기 초 가 액	
7. 성실상각누계액	
8. 상 각 기 초 가 액	3,000,000
9. 상 각 방 법	1 정액법
10. 내용연수(상각률)	5 ? 0.200
11. 내용연수월수 미경과	1

15. 전기말부인누계	
16. 전기말자본지출계	
17. 자본지출즉시상각	
18. 전기말의제누계	
19. 당기상각범위액	50,000
20. 회사계상상각비	50,000
사용자수정	
21. 특 별 상 각 률	
22. 특 별 상 각 비	0
23. 당기말상각누계액	50,000
24. 당기말장부가액	2,950,000

1. 취 득 수 량	1
2. 경 비 구 분	0 800번대

4. 최저한세부인액	
5. 당기의제상각액	

[입고입력] 12월 11일 : 입고입력(지급구분 : 혼합) → 전표추가 → 전송

입고입력　　복사/이동(Ctrl+A)　현재고(F4)　미지급금(F7)　전표추가(F3)　기능모음(F11) ▼

일 자 2024 년 12 월 11 일 ? 빠른검색　　거래처정보 보이기

NO		일	처리구분	참조문서	코드	거래처명	코드	부서/사원명	납기일자	입고번호	지급구분	전송	수정
1		11	건별과세		00110	(주)드림화장품			2024-12-11	2024121100001	혼합		

NO		자산	품목코드	품목명	규격	단위	수량	단가	공급가액	부가세	합계금액	코드	창고명
1		상품	200	로션	1호	EA	250	50,000	12,500,000	1,250,000	13,750,000		
2		상품	400	향수	2호	EA	300	40,000	12,000,000	1,200,000	13,200,000		

현금	수표(당좌수표)	어음	예금	카드	선수금(선급금)	외상	할인금액	합계	프로젝트명
5,000,000						21,950,000		26,950,000	

[매입매출전표] 12월 11일 : [1.전자입력]

매입매출전표입력 185-81-41581　　복수거래　수정세금계산서　어음등록　검색 ▼　복사(F4)　이동(Ctrl+F4)　기능모음(F11) ▼

일자 2024 년 12 월 11 일 현금잔액 113,205,000원　　입고입력　복수 매입　50001

	일	유형	품명	수량	단가	공급가액	부가세	합계	코드	거래처명	사업.주민번호	전자세금	분개
	11	과세	로션외			24,500,000	2,450,000	26,950,000	00110	(주)드림화장품	101-81-10343	전자입력	혼합
	11												
		업체별 소계				24,500,000	2,450,000	26,950,000					

구분	코드	계정과목	차변	대변	코드	거래처	적요	관리
차변	135	부가가치세대급금	2,450,000		00110	(주)드림화장품	로션외	
차변	146	상품	24,500,000		00110	(주)드림화장품	로션외	
대변	101	현금		5,000,000	00110	(주)드림화장품	로션외	
대변	251	외상매입금		21,950,000	00110	(주)드림화장품	로션외	

[출고입력] 12월 15일 : 출고입력(수금구분 : 혼합) → 전표추가 → 전송

출고입력　　복사이동(Ctrl+A)　현재고(F4)　미수금(F7)　전표추가　기능모음(F11) ▼

일 자 2024 년 12 월 15 일 ? 빠른검색　　거래처정보 보이기

NO		일	처리구분	참조문서	코드	거래처명	코드	부서/사원명	납기일자	출고번호	수금구분	전송	수정
1		15	건별과세		00111	한라화장품(주)			2024-12-15	2024121500001	혼합	전송	

NO		자산	품목코드	출고품목명	규격	단위	수량	단가	공급가액	부가세	합계금액	코드	창고명
1		상품	200	로션	1호	EA	220	100,000	22,000,000	2,200,000	24,200,000		
2		상품	300	보습젤	100호	EA	100	60,000	6,000,000	600,000	6,600,000		

현금	수표(당좌수표)	어음	예금	카드	선수금(선급금)	외상	할인금액	합계	프로젝트명
10,000,000						20,800,000		30,800,000	

[매입매출전표] 12월 15일 : [1.전자입력]

매입매출전표입력 185-81-41581　　복수거래　수정세금계산서　어음등록　검색 ▼　복사(F4)　이동(Ctrl+F4)　기능모음(F11) ▼

일자 2024 년 12 월 15 일 현금잔액 123,205,000원　　출고입력　복수 매출　50001

	일	유형	품명	수량	단가	공급가액	부가세	합계	코드	거래처명	사업.주민번호	전자세금	분개
	15	과세	로션외			28,000,000	2,800,000	30,800,000	00111	한라화장품(주)	104-81-24017	전자입력	혼합
	15												
		업체별 소계				28,000,000	2,800,000	30,800,000					

구분	코드	계정과목	차변	대변	코드	거래처	적요	관리
대변	255	부가가치세예수금		2,800,000	00111	한라화장품(주)	로션외	
대변	401	상품매출		28,000,000	00111	한라화장품(주)	로션외	
차변	101	현금	10,000,000		00111	한라화장품(주)	로션외	
차변	108	외상매출금	20,800,000		00111	한라화장품(주)	로션외	

(4)

(5)

[일반전표입력] 12월 17일, [자금관리 F3] 지급어음 관리내역 입력

(6)

구분	코드	계정과목	코드	거래처	적요	차변	대변
차변	252	지급어음	00112	(주)알파화장품	다라30004444-결제-[만기일지	20,000,000	
대변	102	당좌예금	98003	신한은행(당좌)			20,000,000

● 지급어음 관리

										삭제(F5)
어음상태	3	결제		어음번호	다라30004444			어음종류	1	어음	발행일	2024-09-20
만기일		2024-12-17		지급은행	98003	신한은행(당좌)		지점		

[일반전표입력] 12월 21일

(7)

구분	코드	계정과목	코드	거래처	적요	차변	대변
차변	201	토지				20,500,000	
대변	103	보통예금	98001	국민은행(보통)			20,500,000

[일반전표입력] 12월 24일 : [자금관리 F3] 지급어음 관리내역 입력

(8)

구분	코드	계정과목	코드	거래처	적요	차변	대변
차변	251	외상매입금	00110	(주)드림화장품		1,000,000	
대변	252	지급어음	00110	(주)드림화장품	나다33334499-발행-[만기일지		1,000,000

● 지급어음 관리

										삭제(F5)
어음상태	2	발행		어음번호	나다33334499			어음종류	1	어음	발행일	2024-12-24
만기일		2025-03-20		지급은행	98003	신한은행(당좌)		지점		

[일반전표입력] 12월 30일

(9)

구분	코드	계정과목	코드	거래처	적요	차변	대변
차변	811	복리후생비				300,000	
차변	813	접대비				200,000	
대변	101	현금					500,000

03 결산

[일반전표입력] 12월 31일 (결산일 현재 현금 부족액은 현금과부족으로 처리하지 않음)

(1)

구분	코드	계정과목	코드	거래처	적요	차변	대변
차변	812	여비교통비				40,000	
차변	960	잡손실				20,000	
대변	101	현금					60,000

[일반전표입력] 12월 31일 (3월 1일 보험료 1,440,000원 확인)

(2)

날짜	코드	적요	코드	거래처명	차변
03/01		화재 보험료(1년분 2024.03.01.~2025.02.28.) 납부			1,440,000

구분	코드	계정과목	코드	거래처	적요	차변	대변
차변	133	선급비용				240,000	
대변	821	보험료					240,000

[원가경비별감가상각명세서] 자산별 당기상각비 확인

유형자산	무형자산	**유형자산총괄**	무형자산총괄

경비구분 0.전체 ▼   자산구분 [내용전체] ▼

(3)

	경비구분	계정	기초가액	당기증감	기말잔액	전기말상각누...	상각대상금액	당기상각비	당기말상각누...
1	800 번대	건물	52,000,000		52,000,000	5,000,000	52,000,000	2,600,000	7,600,000
2	800 번대	차량운반구	12,000,000		12,000,000	3,400,000	8,600,000	2,227,400	5,627,400
3	800 번대	비품		3,000,000	3,000,000		3,000,000	50,000	50,000

[결산자료입력] 감가상각비 자산별로 입력

4). 감가상각비			4,877,400	4,877,400
건물			2,600,000	
차량운반구			2,227,400	
비품			50,000	

(4)	[합계잔액시산표] 매출채권과 대손충당금 잔액 확인하여 1% 보충설정액 계산 • 외상매출금의 대손충당금 보충설정액 : (386,746,000원 × 1%) − 1,150,000원 = 2,717,460원 • 받을어음의 대손충당금 보충설정액 : (40,250,000원 × 1%) − 0원 = 402,500원 [결산자료입력] 대손상각 매출채권의 보충설정액 입력

					3,119,960		3,119,960
5). 대손상각							
외상매출금					2,717,460		
받을어음					402,500		

(5)	[재고자산수불부] 1월 ~ 12월, 일괄마감 [재고자산명세서] 12월 조회, 기말상품재고액 71,300,000원 확인 [결산자료입력] 기말상품재고액란에 71,300,000원 입력

			311,346,000		311,346,000
2. 매출원가					
상품매출원가		311,346,000		311,346,000	
(1). 기초 상품 재고액		88,015,000			
(2). 당기 상품 매입액		294,631,000			
(10).기말 상품 재고액		?1,300,000			

(3) ~ (5) [결산자료입력] 입력하고 [전표추가(F3)] → [일반전표입력] 12월 31일 전표 생성 확인

결차	451	상품매출원가		01 상품매출원가 대체	311,346,000	
결대	146	상품		04 상품매출원가 대체		311,346,000
결차	818	감가상각비		01 당기말 감가상각비계상	4,877,400	
결대	203	감가상각누계액		04 당기감가충당금 설정		2,600,000
결대	209	감가상각누계액		04 당기감가충당금 설정		2,227,400
결대	213	감가상각누계액		04 당기감가충당금 설정		50,000
결차	835	대손상각비		01 외상매출금의 대손	3,119,960	
결대	109	대손충당금		04 대손충당금 설정		2,717,460
결대	111	대손충당금		04 대손충당금 설정		402,500

※ 결산재무제표 마감순서는 모의고사 1회, 2회 정답및해설 편을 참고바랍니다.

04 장부조회

(1)	5500000	(2)	35700000
(3)	81	(4)	38620000
(5)	2	(6)	155637000
(7)	280000		

(1)	5,500,000원 : 거래처원장 조회 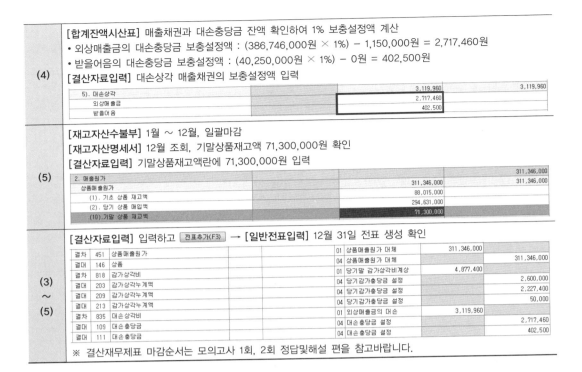
(2)	35,700,000원 : 월계표(또는 총계정원장) 대변금액 조회 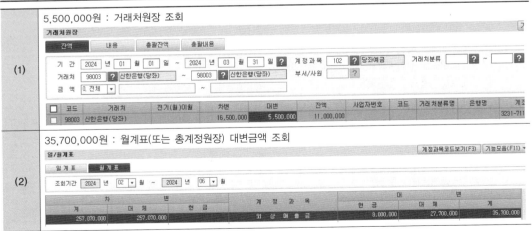

(3) 81개 : 재고자산수불부 조회

재고자산수불부 [마감(F3)] [마감결과(F4)] [기능모음(F11) ▼]

전체 | 상품 | 원재료 | 부재료 | 제품 | 반제품 | 부산품 | 저장품

기 간 2024 년 01 월 01 일 ~ 2024 년 07 월 31 일 [?]
품목코드 500 [?] 핸드크림 ~ 500 [?] 핸드크림 마감여부 0.전체 ▼

※기능모음→데이터체크를 실행하여 재마감 대상 품목을 체크해 주세요.

자산	품목코드	품명	마감
1	상품	500	핸드크림	부

일자	당기입고 수량	당기입고 단가	당기입고 금액	당기출고 수량	당기출고 단가	당기출고 금액	당기재고 수량
전기(월)이월	35	89,000	3,115,000				35
01/03	10	100,000	1,000,000				45
01/22				15			30
02/06	23	100,000	2,300,000				53
02/23				19			34
03/02	40	100,000	4,000,000				74
03/11				20			54
04/04	50	100,000	5,000,000				104
04/30				32			72
05/02	36	100,000	3,600,000				108
05/31				30			78
06/12	21	100,000	2,100,000				99
06/29				20			79
07/12	25	100,000	2,500,000				104
07/30				23			81

(4) 38,620,000원 : 거래처원장 조회

거래처원장 [기능모음(F11)]

잔액 | 내용 | 총괄잔액 | 총괄내용

기 간 2024 년 01 월 01 일 ~ 2024 년 09 월 30 일 [?] 계정과목 251 [?] 외상매입금 거래처분류 [?] ~ [?]
거래처 01004 [?] (주)지안화장품 ~ 01004 [?] (주)지안화장품 부서/사원 [?]
금 액 0. 전체 ▼ ~

	코드	거래처	전기(월)이월	차변	대변	잔액	사업자번호	코드	거래처분류명	은행명	계좌번호
☐	01004	(주)지안화장품		10,000,000	48,620,000	38,620,000	212-81-01479				

(5) 2월 : 총계정원장 조회

총계정원장 [기능모음(F11) ▼]

월별 | 일별

조회기간 2024 년 01 월 01 일 ~ 2024 년 12 월 31 일 [?] 계정과목 811 [?] 복리후생비 ~ 811 [?] 복리후생비

	코드	계정과목
☐	811	복리후생비

날짜	차변	대변	잔액
[전기이월]			
2024년 01월	1,930,000		1,930,000
2024년 02월	4,960,000		6,890,000
2024년 03월	2,980,000		9,870,000
2024년 04월	630,000		10,500,000
2024년 05월	2,500,000		13,000,000
2024년 06월	4,800,000		17,800,000
2024년 07월	2,600,000		20,400,000
2024년 08월	856,000		21,256,000
2024년 09월	1,720,000		22,976,000

(6) 155,637,000원 : K-IFRS 재무상태표 조회

K-IFRS 재무상태표 [원장조회] [코드보기] [기능모음(F11)]

기간: 2024 년 12 월 ▼ 2024년 2023년

과목별 | 제출용

과목	제 2(당)기 [2024/01/01 ~ 2024/12/31] 금 액	제 1(전)기 [2023/01/01 ~ 2023/12/31] 금 액
Ⅱ. 비 유 동 자 산	155,637,000	129,514,400

(7) 280,000원 : K-IFRS 포괄손익계산서 조회

K-IFRS 포괄손익계산서 [원장조회] [코드보기] [포괄손익] [기능모음(F11)]

기 간 2024 년 12 월 ▼

제출용

과목	제 2(당)기 [2024/01/01 ~ 2024/12/31] 금액	제 1(전)기 [2023/01/01 ~ 2023/12/31] 금액
Ⅴ. 기 타 비 용	280,000	1,015,000
기 부 금	100,000	500,000
기 타 의 대 손 상 각 비	0	500,000
매 출 채 권 처 분 손 실	150,000	0
수 수 료 비 용	10,000	0
잡 손 실	20,000	15,000

▶ (주)대한가전 [회사코드 2012]

01 기준정보입력

02 전표입력

(1) [일반전표입력] 12월 1일

구분	코드	계정과목	코드	거래처	적요	차변	대변
차변	212	비품				4,000,000	
대변	103	보통예금	98003	신한은행(보통)			1,000,000
대변	253	미지급금	99604	농협카드			3,000,000

(2) [일반전표입력] 12월 4일

구분	코드	계정과목	코드	거래처	적요	차변	대변
차변	825	교육훈련비				100,000	
차변	826	도서인쇄비				20,000	
대변	141	현금과부족					120,000

(3) [입고입력] 12월 5일 : 입고입력(지급구분 : 혼합) → 전표추가 → 전송

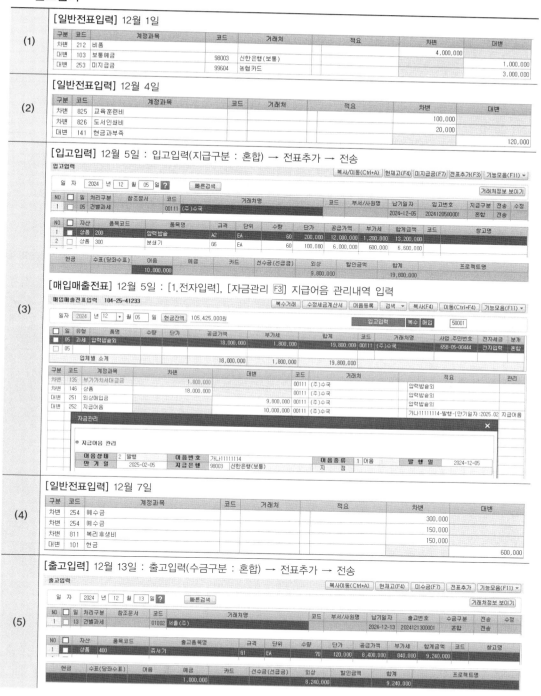

[매입매출전표] 12월 5일 : [1.전자입력], [자금관리 F3] 지급어음 관리내역 입력

(4) [일반전표입력] 12월 7일

구분	코드	계정과목	코드	거래처	적요	차변	대변
차변	254	예수금				300,000	
차변	254	예수금				150,000	
차변	811	복리후생비				150,000	
대변	101	현금					600,000

(5) [출고입력] 12월 13일 : 출고입력(수금구분 : 혼합) → 전표추가 → 전송

[매입매출전표] 12월 13일 : [1.전자입력], 보통예금 거래처 신한은행(보통)으로 수정

매입매출전표입력 104-25-41233							복수거래	수정세금계산서	어음등록	검색 ▼	복사(F4)	이동(Ctrl+F4)	기능모음(F11) ▼

일자 2024 년 12 ▼ 월 13 일 현금잔액 105,825,000원 　　　　　　　출고입력 복수 매출 50001

□	일	유형	품명	수량	단가	공급가액	부가세	합계	코드	거래처명	사업·주민번호	전자세금	분개
■	13	과세	쥬서기	70	120,000	8,400,000	840,000	9,240,000	01002	서울(주)	114-61-81238	전자입력	혼합
□	13												
		업체별 소계		70		8,400,000	840,000	9,240,000					

구분	코드	계정과목	차변	대변	코드	거래처	적요	관리
대변	255	부가가치세예수금		840,000	01002	서울(주)	쥬서기 70 X 120,000	
대변	401	상품매출		8,400,000	01002	서울(주)	쥬서기 70 X 120,000	
차변	103	보통예금	1,000,000		98003	신한은행(보통)	쥬서기 70 X 120,000	
차변	108	외상매출금	8,240,000		01002	서울(주)	쥬서기 70 X 120,000	

(6) **[일반전표입력]** 12월 15일

코드	계정과목	코드	거래처	적요	차변	대변
107	당기손익-공정가치측정금융자산				1,600,000	
946	수수료비용				20,000	
102	당좌예금	98002	국민은행(당좌)			1,620,000

(7) **[일반전표입력]** 12월 20일

번호	구분	코드	계정과목	코드	거래처	적요	차변	대변
00001	차변	822	차량유지비				200,000	
00001	대변	101	현금					200,000

(8) **[일반전표입력]** 12월 22일 : [자금관리 F3] 지급어음 관리내역 입력

구분	코드	계정과목	코드	거래처	적요	차변	대변
차변	252	지급어음	00112	(주)장미	가나11111112-결제-[만기일지	12,000,000	
대변	103	보통예금	98003	신한은행(보통)			12,000,000

● 지급어음 관리　　　　　　　　　　　　　　　　　　　　　　　　　　　　삭제(F5)

어음상태	3	결제	어음번호	가나11111112		어음종류	1 어음	발 행 일	2024-10-20
만 기 일		2024-12-22	지 급 은 행	98003	신한은행(보통)	지 점			

(9) **[일반전표입력]** 12월 26일

구분	코드	계정과목	코드	거래처	적요	차변	대변
차변	811	복리후생비				500,000	
차변	813	접대비				300,000	
대변	253	미지급금	99604	농협카드			800,000

03 결산

(1) **[일반전표입력]** 12월 31일 (7월 1일 보험료 600,000원 지급)

날짜	코드	적요	코드	거래처명	차변
07/01		화재보험료 (1년) 2024.7-2025.6			600,000

구분	코드	계정과목	코드	거래처	적요	차변	대변
차변	133	선급비용				300,000	
대변	821	보험료					300,000

(2) **[합계잔액시산표]** 소모품비 2,000,000원 중 미사용액 70,000원을 자산(소모품)으로 대체
[일반전표입력] 12월 31일

구분	코드	계정과목	코드	거래처	적요	차변	대변
차변	172	소모품				70,000	
대변	830	소모품비					70,000

(3) **[합계잔액시산표]** 매출채권과 대손충당금 잔액 확인하여 1% 보충설정액 계산
• 외상매출금의 대손충당금 보충설정액 : (489,886,000원 × 1%) − 1,500,000원 = 3,398,860원
• 받을어음의 대손충당금 보충설정액 : (65,250,000원 × 1%) − 300,000원 = 352,500원
[결산자료입력] 대손상각 매출채권의 보충설정액 입력

5). 대손상각				3,751,360	3,751,360
외상매출금				3,398,860	
받을어음				352,500	

[원가경비별감가상각명세서] 자산별 당기상각비 확인

(4)

	경비구분	계정	기초가액	당기증감	기말잔액	전기말상각누…	상각대상금액	당기상각비	당기말상각누…
1	800 번대	건물	50,000,000		50,000,000	5,000,000	50,000,000		
2	800 번대	차량운반구	13,500,000		13,500,000	6,250,000	7,250,000	2,500,000	7,500,000
3	800 번대	비품		4,000,000	4,000,000		4,000,000	1,877,750	8,127,750
								66,666	66,666

[결산자료입력] 감가상각비 자산별로 입력

4). 감가상각비			
건물		4,444,416	4,444,416
차량운반구		2,500,000	
비품		1,877,750	
		66,666	

(5)

[재고자산수불부] 1월 ~ 12월, 일괄마감
[재고자산명세서] 12월 조회, 기말상품재고액 100,630,000원 확인
[결산자료입력] 기말상품재고액란에 100,630,000원 입력

2. 매출원가			
상품매출원가			292,301,000
(1). 기초 상품 재고액		292,301,000	292,301,000
(2). 당기 상품 매입액		30,300,000	
(10).기말 상품 재고액		362,631,000	
		100,630,000	

(3)
~
(5)

[결산자료입력] 입력하고 [전표추가(F3)] → **[일반전표입력]** 12월 31일 전표 생성 확인

결차	451	상품매출원가		01 상품매출원가 대체	292,301,000	
결대	146	상품		04 상품매출원가 대체		292,301,000
결차	818	감가상각비		01 당기말 감가상각비계상		
결대	203	감가상각누계액		04 당기감가충당금 설정	4,444,416	
결대	209	감가상각누계액		04 당기감가충당금 설정		2,500,000
결대	213	감가상각누계액		04 당기감가충당금 설정		1,877,750
결차	835	대손상각비		01 외상매출금의 대손		66,666
결대	109	대손충당금		04 대손충당금 설정	3,751,360	
결대	111	대손충당금		04 대손충당금 설정		3,398,860
						352,500

※ 결산재무제표 마감순서는 모의고사 1회, 2회 정답및해설 편을 참고바랍니다.

04 장부조회

(1)	10676000	(2)	73882000
(3)	120	(4)	25600000
(5)	452662000	(6)	136894776
(7)	630089000		

(1)

10,676,000원 : 월계표(또는 총계정원장, 현금출납장) 조회

[일계표] [월계표]
조회기간 [2024] 년 [01 ▼] 월 ~ [2024] 년 [04 ▼] 월

차	변		계 정 과 목	대	변	
계	대 체	현 금		현 금	대 체	계
100,000		100,000	[영 업 외 비 용]			
100,000		100,000	기 부 금			
644,103,800	633,427,800	10,676,000	금 월 소 계		633,427,800	633,427,800

(2)

73,882,000원 : 월계표(또는 총계정원장) 조회

[일계표] [월계표]
조회기간 [2024] 년 [01 ▼] 월 ~ [2024] 년 [05 ▼] 월

차	변		계 정 과 목	대	변	
계	대 체	현 금		현 금	대 체	계
25,250,000	22,000,000	3,250,000	보 통 예 금		73,882,000	73,882,000

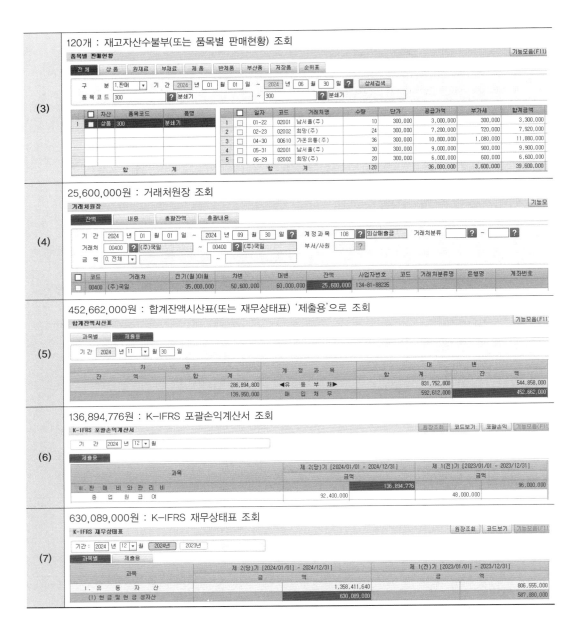

(3) 120개 : 재고자산수불부(또는 품목별 판매현황) 조회

(4) 25,600,000원 : 거래처원장 조회

(5) 452,662,000원 : 합계잔액시산표(또는 재무상태표) '제출용'으로 조회

(6) 136,894,776원 : K-IFRS 포괄손익계산서 조회

(7) 630,089,000원 : K-IFRS 재무상태표 조회

▶ 구씨명품(주) [회사코드 2013]

01 기준정보입력

(1)

| 02004 중고가방(주) | 0 | 137-81-99783 | 이중고 | 매입 | ○ |

1. 사업자등록번호　137-81-99783
2. 주민등록번호　------―-------
3. 대표자성명　이중고
4. 업　　태　제조
5. 종　　목　피혁제품

| 03004 보세가방(주) | 0 | 211-81-36785 | 김보세 | 매출 | ○ |

1. 사업자등록번호　211-81-36785
2. 주민등록번호　------―-------
3. 대표자성명　김보세
4. 업　　태　도소매업
5. 종　　목　가방

(2)

고정자산계정과목　204　? 구축물　　자산구분 0.전체　　상각방법구분 0.전체

	코드	자산	취득일	방법
1	008004	주차시설	2024-12-03	정액법
2				

주요등록사항　추가등록사항　자산변동사항

1. 기초가액
2. 전기말상각누계액　0
3. 전기말장부가액　0
4. 신규취득및증가　20,000,000
5. 부분매각및폐기
6. 성실기초가액
7. 성실상각누계액
8. 상각기초가액　20,000,000
9. 상각방법　1 정액법
10. 내용연수(상각률)　10 ? 0.100
11. 내용연수월수 미경과　1

15. 전기말부인누계
16. 전기말자본지출계
17. 자본지출즉시상각
18. 전기말의제누계
19. 당기상각범위액　166,666
20. 회사계상상각비　166,666
　　사용자수정
21. 특별상각률
22. 특별상각비　0
23. 당기말상각누계액　166,666
24. 당기말장부가액　19,833,334

1. 취득수량　1
2. 경비구분　0 800번대

4. 최저한세부인액
5. 당기의제상각액

(3)

| 5 | ☐ 상품 | 600 | 등산백 | PP |
| 6 | ☐ | | | |

4. 규격군　?

| | 단위명 | 재고환산단위 |
5. 입고(생산)단위　EA ? | 1 | EA
6. 판매(출고)단위　EA ? | 1 | EA
7. 자재투입단위　EA ? | 1 | EA
8. 재고단위　EA ?

(4)

| 50 | 인사관리부 | 부서 | | 판관 | | 여 |
| 60 | 판매마케팅부 | 부서 | | 판관 | | 여 |

02 전표입력

(1)

[일반전표입력] 12월 3일

구분	코드	계정과목	코드	거래처	적요	차변	대변
차변	204	구축물				20,000,000	
대변	253	미지급금	00106	대한전자(주)			20,000,000

(2)

[일반전표입력] 12월 4일

구분	코드	계정과목	코드	거래처	적요	차변	대변
차변	107	당기손익-공정가치측정금융자산				3,600,000	
차변	946	수수료비용				7,000	
대변	101	현금					3,607,000

(3)

[입고입력] 12월 6일 : 입고입력(지급구분 : 외상) → 전표추가 → 전송

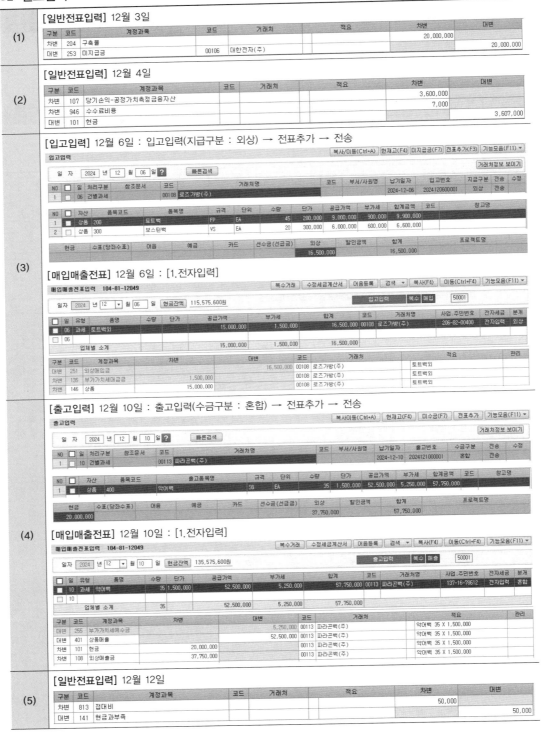

[매입매출전표] 12월 6일 : [1.전자입력]

(4)

[출고입력] 12월 10일 : 출고입력(수금구분 : 혼합) → 전표추가 → 전송

[매입매출전표] 12월 10일 : [1.전자입력]

(5)

[일반전표입력] 12월 12일

구분	코드	계정과목	코드	거래처	적요	차변	대변
차변	813	접대비				50,000	
대변	141	현금과부족					50,000

(6)	**[일반전표입력]** 12월 17일						

구분	코드	계정과목	코드	거래처	적요	차변	대변
차변	802	종업원급여				3,000,000	
대변	254	예수금					300,000
대변	103	보통예금	98004	기업은행(보통)			2,700,000

(7)	**[일반전표입력]** 12월 20일, **[자금관리 F3]** 받을어음 관리내역 입력						

구분	코드	계정과목	코드	거래처	적요	차변	대변
차변	102	당좌예금	98002	국민은행(당좌)		20,000,000	
대변	110	받을어음	00113	파라곤벽(주)	가라22364455-만기-[만기일자		20,000,000

● 받을어음 관리   삭제(F5)

어음상태	4 만기	어음번호	가라22364455		수취구분	1 자수	발행일	2024-08-20	만기일	2024-12-20
발행인	00113	파라곤벽(주)			지급은행	030	국민은행		지점	
배서인		할인기관			지점		할인율(%)		어음종류	1 약속(일반)
지급거래처										※수령된 어음을 타거래처에 지급하는 경우에 입력합니다.

(8)	**[일반전표입력]** 12월 26일						

구분	코드	계정과목	코드	거래처	적요	차변	대변
차변	811	복리후생비				1,000,000	
대변	253	미지급금	99601	비씨카드			1,000,000

(9)	**[일반전표입력]** 12월 28일						

구분	코드	계정과목	코드	거래처	적요	차변	대변
차변	103	보통예금	98004	기업은행(보통)		40,000	
대변	901	이자수익					40,000

03 결산

(1)	**[합계잔액시산표]** 소모품(자산) 1,500,000원 중 사용액 850,000원을 소모품비(비용)로 대체 **[일반전표입력]** 12월 31일						

구분	코드	계정과목	코드	거래처	적요	차변	대변
차변	830	소모품비				850,000	
대변	172	소모품					850,000

(2)	**[일반전표입력]** 12월 31일						

구분	코드	계정과목	코드	거래처	적요	차변	대변
차변	257	가수금				1,000,000	
대변	259	선수금	01003	데이지벽(주)			1,000,000

(3)	**[합계잔액시산표]** 매출채권과 대손충당금 잔액 확인하여 1% 보충설정액 계산 • 외상매출금의 대손충당금 보충설정액 : (466,696,000원 × 1%) − 2,000,000원 = 2,666,960원 • 받을어음의 대손충당금 보충설정액 : (40,250,000원 × 1%) − 150,000원 = 252,500원 **[결산자료입력]** 대손상각 매출채권의 보충설정액 입력

5). 대손상각				2,919,460	2,919,460
외상매출금				2,666,960	
받을어음				252,500	

[원가경비별감가상각명세서] 자산별 당기상각비 확인

유형자산   무형자산   **유형자산총괄**   무형자산총괄

경비구분 0.전체 ▼   자산구분 1.전체표시 ▼

	경비구분	계정	기초가액	당기증감	기말잔액	전기말상각누…	상각대상금액	당기상각비	당기말상각누…
1	800 번대	건물	52,000,000		52,000,000	5,000,000	52,000,000	2,600,000	7,600,000
2	800 번대	구축물		20,000,000	20,000,000		20,000,000	166,666	166,666
3	800 번대	차량운반구	12,000,000		12,000,000	3,400,000	8,600,000	2,227,400	5,627,400
4	800 번대	비품	3,500,000		3,500,000	1,200,000	2,300,000	1,037,300	2,237,300

[결산자료입력] 감가상각비 자산별로 입력

4). 감가상각비				6,031,366	6,031,366
건물				2,600,000	
구축물				166,666	
차량운반구				2,227,400	
비품				1,037,300	

| (5) | [재고자산수불부] 1월 ~ 12월, 일괄마감 [재고자산명세서] 12월 조회, 기말상품재고액 130,350,000원 확인 [결산자료입력] 기말상품재고액란에 130,350,000원 입력 |

				224,781,000
2. 매출원가			224,781,000	224,781,000
상품매출원가			224,781,000	224,781,000
(1). 기초 상품 재고액			70,000,000	
(2). 당기 상품 매입액			285,131,000	
(10).기말 상품 재고액			130,350,000	

[결산자료입력] 입력하고 [전표추가(F3)] → **[일반전표입력]** 12월 31일 전표 생성 확인

						차변	대변
결차	451	상품매출원가		01	상품매출원가 대체	224,781,000	
결대	146	상품		04	상품매출원가 대체		224,781,000
결차	818	감가상각비		01	당기말 감가상각비계상	6,031,366	
결대	203	감가상각누계액		04	당기 감가충당금 설정		2,600,000
결대	205	감가상각누계액		04	당기 감가충당금 설정		166,666
결대	209	감가상각누계액		04	당기감가충당금 설정		2,227,400
결대	213	감가상각누계액		04	당기감가충당금 설정		1,037,300
결차	835	대손상각비		01	외상매출금의 대손	2,919,460	
결대	109	대손충당금		04	대손충당금 설정		2,666,960
결대	111	대손충당금		04	대손충당금 설정		252,500

※ 결산재무제표 마감순서는 모의고사 1회, 2회 정답및해설 편을 참고바랍니다.

04 장부조회

(1)	48000000	(2)	39104000
(3)	278	(4)	25600000
(5)	407234000	(6)	2040000
(7)	759779600		

(1)	48,000,000원 : 월계표(총계정원장) 조회

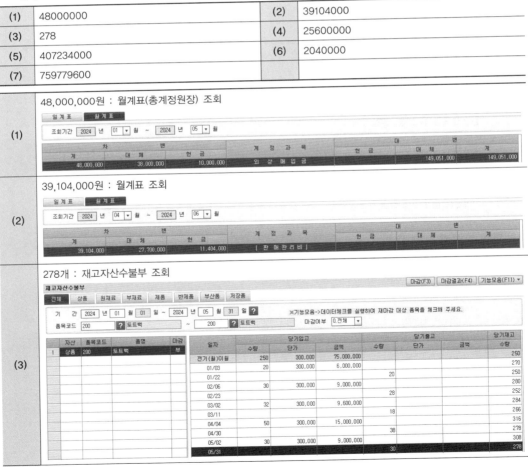

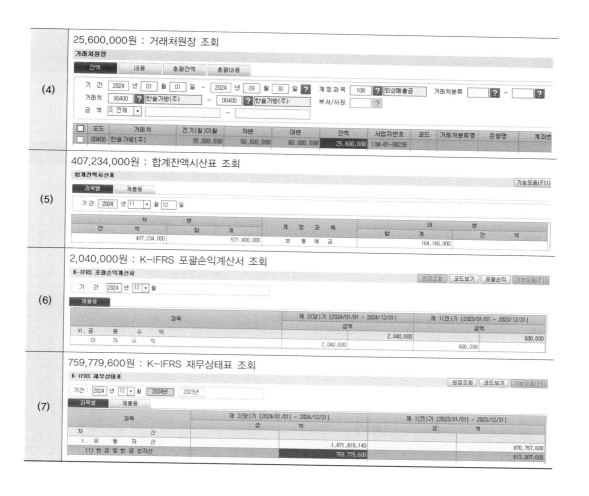

(4) 25,600,000원 : 거래처원장 조회

거래처원장

| 잔액 | 내용 | 총괄잔액 | 총괄내용 |

기 간 2024 년 01 월 01 일 ~ 2024 년 09 월 30 일 ? 계정과목 108 ? 외상매출금 거래처분류 ? ~ ?
거래처 00400 ? 한솔가방(주) ~ 00400 ? 한솔가방(주) 부서/사원 ?
금 액 0. 전체 ▼ ~

☐	코드	거래처	전기(월)이월	차변	대변	잔액	사업자번호	코드	거래처분류명	은행명	계좌번
☐	00400	한솔가방(주)	35,000,000	50,600,000	60,000,000	25,600,000	134-81-68235				

(5) 407,234,000원 : 합계잔액시산표 조회

합계잔액시산표　　　　　　　　　　　　　　　　　　　　　　　　　　　　　　　　　　　　　　기능모음(F11)

| 과목별 | 제출용 |

기간 2024 년 11 ▼ 월 12 일

차 변		계 정 과 목	대 변	
잔 액	합 계		합 계	잔 액
407,234,000	571,400,000	보 통 예 금	164,166,000	

(6) 2,040,000원 : K-IFRS 포괄손익계산서 조회

K-IFRS 포괄손익계산서　　　　　　　　　　　　　　　　　　　원장조회 코드보기 포괄손익 기능모음(F11)

기 간 2024 년 12 ▼ 월

| 제출용 |

과목	제 2(당)기 [2024/01/01 ~ 2024/12/31]	제 1(전)기 [2023/01/01 ~ 2023/12/31]
	금액	금액
VI. 금 융 수 익		2,040,000		600,000
이 자 수 익	2,040,000		600,000	

(7) 759,779,600원 : K-IFRS 재무상태표 조회

K-IFRS 재무상태표　　　　　　　　　　　　　　　　　　　　원장조회 코드보기 기능모음(F11)

기간 2024 년 12 ▼ 월 2024년 2023년

| 과목별 | 제출용 |

과목	제 2(당)기 [2024/01/01 ~ 2024/12/31]	제 1(전)기 [2023/01/01 ~ 2023/12/31]
	금액	금액
자 산		
I. 유 동 자 산		1,471,819,140		870,757,600
(1) 현 금 및 현 금 성 자 산	759,779,600		613,007,600	

제14회 모의고사 정답 및 해설

▶ (주)감성캠핑 [회사코드 2014]

01 기준정보입력

(1)	02009 홍인기업(주) 0 502-81-43315 박홍인 매입 ○ / 03009 동해유통(주) 0 113-81-34668 김동해 매출 ○ 1. 사업자등록번호 502-81-43315 / 1. 사업자등록번호 113-81-34668 2. 주민등록번호 ------- / 2. 주민등록번호 ------- 3. 대표자성명 박홍인 / 3. 대표자성명 김동해 4. 업태 도소매업 / 4. 업태 도소매업 5. 종목 캠핑용품 / 5. 종목 캠핑용품
(2)	상품 600 코펠 SC-5 단위명 / 재고환산단위 5. 입고(생산)단위 EA ? 1 EA 6. 판매(출고)단위 EA ? 1 EA
(3)	98006 하나은행(정기예금) 113-54-1234 정기예금 ○ 1. 계좌번호 113-54-1234 2. 계좌개설점 040 ? 하나은행 3. 예금종류 정기예금 17. 계좌개설일 2024-12-23 ~ 계좌해지일 2025-12-22 ?
(4)	40 연구개발부 부서 판관 여 50 글로벌마케팅부 부서 판관 여

02 전표입력

[일반전표입력] 12월 2일

(1)

구분	코드	계정과목	코드	거래처	적요	차변	대변
차변	257	가수금				200,000	
대변	901	이자수익					200,000

[입고입력] 12월 3일 : 입고입력(지급구분 : 외상) → 전표추가 → 전송

(2)

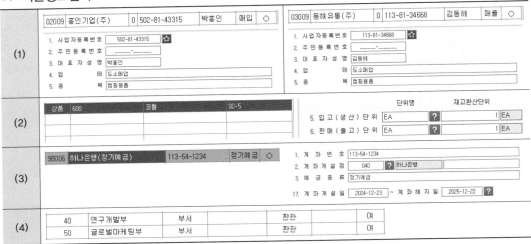

[매입매출전표] 12월 3일 : [1.전자입력]

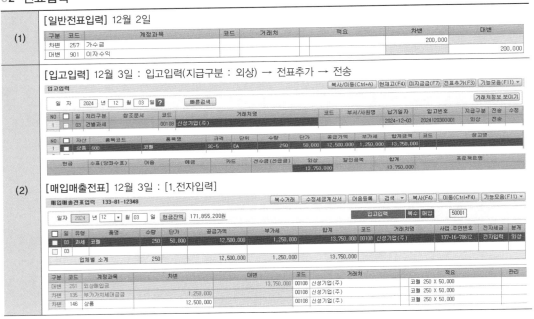

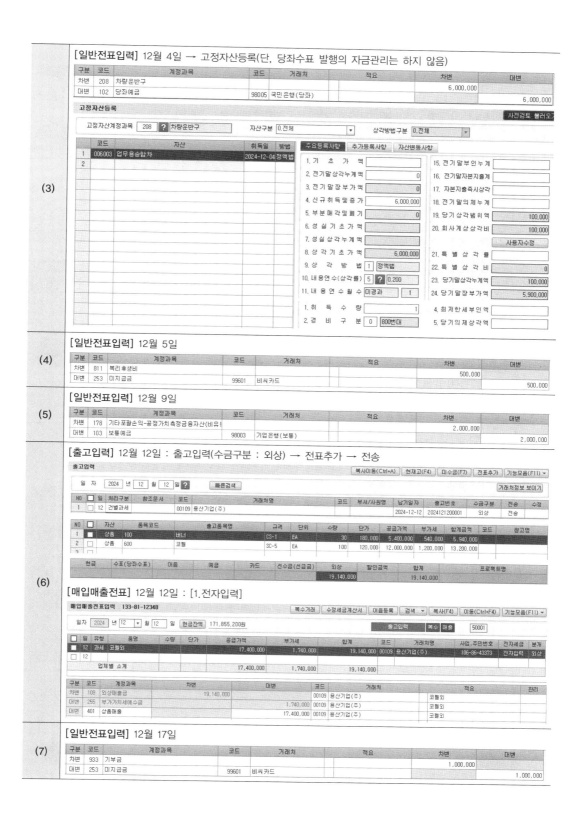

[일반전표입력] 12월 4일 → 고정자산등록(단, 당좌수표 발행의 자금관리는 하지 않음)

구분	코드	계정과목	코드	거래처	적요	차변	대변
차변	208	차량운반구				6,000,000	
대변	102	당좌예금	98005	국민은행(당좌)			6,000,000

고정자산등록

고정자산계정과목 208 ? 차량운반구   자산구분 0.전체   상각방법구분 0.전체   사전검토 불러오기

	코드	자산	취득일	방법
1	006003	업무용승합차	2024-12-04	정액법
2				

주요등록사항 | 추가등록사항 | 자산변동사항

1. 기 초 가 액
2. 전기말상각누계액 0
3. 전기말장부가액 0
4. 신규취득및증가 6,000,000
5. 부분매각및폐기 0
6. 성 실 기 초 가 액
7. 성실상각누계액
8. 상 각 기 초 가 액 6,000,000
9. 상 각 방 법 1 정액법
10. 내용연수(상각률) 5 ? 0.200
11. 내 용 연 수 월 수 미경과 1

1. 취 득 수 량 1
2. 경 비 구 분 0 800번대

15. 전 기 말 부 인 누 계
16. 전기말자본지출계
17. 자본지출즉시상각
18. 전 기 말 의 제 누 계
19. 당기상각범위액 100,000
20. 회사계상상각비 100,000
사용자수정
21. 특 별 상 각 률
22. 특 별 상 각 비 0
23. 당기말상각누계액 100,000
24. 당기말장부가액 5,900,000

4. 최 저 한 세 부 인 액
5. 당 기 의 제 상 각 액

(3)

[일반전표입력] 12월 5일

구분	코드	계정과목	코드	거래처	적요	차변	대변
차변	811	복리후생비				500,000	
대변	253	미지급금	99601	비씨카드			500,000

(4)

[일반전표입력] 12월 9일

구분	코드	계정과목	코드	거래처	적요	차변	대변
차변	178	기타포괄손익-공정가치측정금융자산(비유				2,000,000	
대변	103	보통예금	98003	기업은행(보통)			2,000,000

(5)

[출고입력] 12월 12일 : 출고입력(수금구분 : 외상) → 전표추가 → 전송

출고입력

복사이동(Ctrl+A) | 현재고(F4) | 미수금(F7) | 전표추가 | 기능모음(F11)▼

일자 2024 년 12 월 12 일 ? 빠른검색   거래처정보 보이기

NO	□	일	처리구분	참조문서	코드	거래처명	코드	부서/사원명	납기일자	출고번호	수금구분	전송	수정
1	□	12	건별과세		00109	용산기업(주)			2024-12-12	2024121200001	외상	전송	

NO	□	자산	품목코드	출고품목명	규격	단위	수량	단가	공급가액	부가세	합계금액	코드	창고명
1	■	상품	100	버너	CS-1	EA	30	180,000	5,400,000	540,000	5,940,000		
2	□	상품	600	코펠	SC-5	EA	100	120,000	12,000,000	1,200,000	13,200,000		
3	□												

현금	수표(당좌수표)	어음	예금	카드	선수금(선급금)	외상	할인금액	합계	프로젝트명
						19,140,000		19,140,000	

(6)

[매입매출전표] 12월 12일 : [1.전자입력]

매입매출전표입력 133-81-12348

복수거래 | 수정세금계산서 | 어음등록 | 검색▼ | 복사(F4) | 이동(Ctrl+F4) | 기능모음(F11)▼

일자 2024 년 12 ▼ 월 12 일 현금잔액 171,855,200원   출고입력 | 복수 매출 50001

□	일	유형	품명	수량	단가	공급가액	부가세	합계	코드	거래처명	사업.주민번호	전자세금	분개
□	12	과세	코펠외			17,400,000	1,740,000	19,140,000	00109	용산기업(주)	106-86-43373	전자입력	외상
□	12												
			업체별 소계			17,400,000	1,740,000	19,140,000					

구분	코드	계정과목	차변	대변	코드	거래처	적요	관리
차변	108	외상매출금	19,140,000		00109	용산기업(주)	코펠외	
대변	255	부가가치세예수금		1,740,000	00109	용산기업(주)	코펠외	
대변	401	상품매출		17,400,000	00109	용산기업(주)	코펠외	

[일반전표입력] 12월 17일

구분	코드	계정과목	코드	거래처	적요	차변	대변
차변	933	기부금				1,000,000	
대변	253	미지급금	99601	비씨카드			1,000,000

(7)

[일반전표입력] 12월 23일

구분	코드	계정과목	코드	거래처	적요	차변	대변
차변	104	정기예금	98006	하나은행(정기예금)		3,000,000	
대변	101	현금					3,000,000

[일반전표입력] 12월 27일 (수익적지출에 해당하므로 비용(수선비)으로 처리함)

구분	코드	계정과목	코드	거래처	적요	차변	대변
차변	820	수선비				100,000	
대변	101	현금					100,000

03 결산

[합계잔액시산표] 소모품 1,200,000원 중 미사용액 500,000원을 제외한 사용액 700,000원을 소모품비(비용)로 대체
[일반전표입력] 12월 31일

구분	코드	계정과목	코드	거래처	적요	차변	대변
차변	830	소모품비				700,000	
대변	172	소모품					700,000

[합계잔액시산표] 12월 31일 당기손익-공정가치측정금융자산 잔액 조회

기 간 2024 년 12 월 31 일			

차 변		계 정 과 목	대 변	
잔 액	합 계		합 계	잔 액
8,000,000	30,000,000	당기손익-공정가치측정금융자산	22,000,000	

[일반전표입력] 12월 31일

구분	코드	계정과목	코드	거래처	적요	차변	대변
차변	937	당기손익-공정가치측정금융자산평가손실				500,000	
대변	107	당기손익-공정가치측정금융자산					500,000

[합계잔액시산표] 매출채권과 대손충당금 잔액 확인하여 1% 보충설정액 계산
• 외상매출금의 대손충당금 보충설정액 : (420,786,000원 × 1%) - 900,000원 = 3,307,860원
• 받을어음의 대손충당금 보충설정액 : (84,200,000원 × 1%) - 200,000원 = 642,000원
[결산자료입력] 대손상각 매출채권의 보충설정액 입력

5). 대손상각		1,000,000	3,949,860	4,949,860
외상매출금			3,307,860	
받을어음			642,000	
선급금				

[원가경비별감가상각명세서] 자산별 당기상각비 확인

유형자산	무형자산	유형자산총괄	무형자산총괄

경비구분 0.전체 ▼ 자산구분 1.상각자산전체 ▼

	경비구분	계정	기초가액	당기증감	기말잔액	전기말상각누...	상각대상금액	당기상각비	당기말상각누...
1	800 번대	건물	38,000,000		38,000,000	1,800,000	38,000,000	1,900,000	3,700,000
2	800 번대	차량운반구		6,000,000	6,000,000		6,000,000	100,000	100,000
3	800 번대	비품	3,650,000		3,650,000	800,000	3,650,000	730,000	1,530,000

[결산자료입력] 감가상각비 자산별로 입력

4). 감가상각비		2,730,000	2,730,000
건물		1,900,000	
차량운반구		100,000	
비품		730,000	

[재고자산수불부] 1월 ~ 12월, 일괄마감
[재고자산명세서] 12월 조회, 기말상품재고액 88,720,000원 확인
[결산자료입력] 기말상품재고액란에 88,720,000원 입력

2. 매출원가		264,782,000
상품매출원가	264,782,000	264,782,000
(1). 기초 상품 재고액	20,000,000	
(2). 당기 상품 매입액	333,502,000	
(10).기말 상품 재고액	88,720,000	

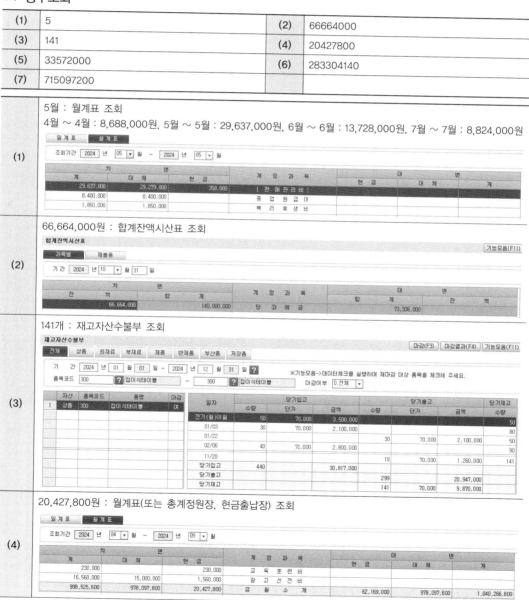

[결산자료입력] 입력하고 전표추가(F3) → **[일반전표입력]** 12월 31일 전표 생성 확인

결차	451	상품매출원가		01	상품매출원가 대체	264,782,000
결대	146	상품		04	상품매출원가 대체	264,782,000
결차	818	감가상각비		01	당기말 감가상각비계상	2,730,000
결대	203	감가상각누계액		04	당기감가충당금 설정	1,900,000
결대	209	감가상각누계액		04	당기감가충당금 설정	100,000
결대	213	감가상각누계액		04	당기감가충당금 설정	730,000
결차	835	대손상각비		01	외상매출금의 대손	3,949,860
결대	109	대손충당금		04	대손충당금 설정	3,307,860
결대	111	대손충당금		04	대손충당금 설정	642,000

※ 결산재무제표 마감순서는 모의고사 1회, 2회 정답및해설 편을 참고바랍니다.

04 장부조회

(1)	5	(2)	66664000
(3)	141	(4)	20427800
(5)	33572000	(6)	283304140
(7)	715097200		

(1) 5월 : 월계표 조회

4월 ~ 4월 : 8,688,000원, 5월 ~ 5월 : 29,637,000원, 6월 ~ 6월 : 13,728,000원, 7월 ~ 7월 : 8,824,000원

(2) 66,664,000원 : 합계잔액시산표 조회

(3) 141개 : 재고자산수불부 조회

(4) 20,427,800원 : 월계표(또는 총계정원장, 현금출납장) 조회

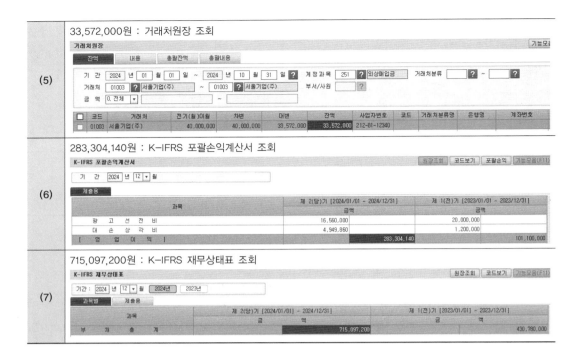

(5) 33,572,000원 : 거래처원장 조회

거래처원장   기능모음

| 잔액 | 내용 | 총괄잔액 | 총괄내용 |

기 간 2024 년 01 월 01 일 ~ 2024 년 10 월 31 일 ? 계정과목 251 ? 외상매입금 거래처분류 ? ~ ?
거래처 01003 ? 서울기업(주) ~ 01003 ? 서울기업(주) 부서/사원 ?
금 액 0. 전체 ▼ ~

	코드	거래처	전기(월)이월	차변	대변	잔액	사업자번호	코드	거래처분류명	은행명	계좌번호
	01003	서울기업(주)	40,000,000	40,000,000	33,572,000	33,572,000	212-81-12340				

(6) 283,304,140원 : K-IFRS 포괄손익계산서 조회

K-IFRS 포괄손익계산서   원장조회 코드보기 포괄손익 기능모음(F11)

기 간 2024 년 12 ▼ 월

제출용

과목	제 2(당)기 [2024/01/01 ~ 2024/12/31]		제 1(전)기 [2023/01/01 ~ 2023/12/31]	
	금액		금액	
광 고 선 전 비	16,560,000		20,000,000	
대 손 상 각 비	4,949,860		1,200,000	
[영 업 이 익]		283,304,140		101,100,000

(7) 715,097,200원 : K-IFRS 재무상태표 조회

K-IFRS 재무상태표   원장조회 코드보기 기능모음(F11)

기간 2024 년 12 ▼ 월 2024년 2023년

| 과목별 | 제출용 |

과목	제 2(당)기 [2024/01/01 ~ 2024/12/31]		제 1(전)기 [2023/01/01 ~ 2023/12/31]	
	금 액		금 액	
부 채 총 계		715,097,200		430,780,000

▶ 그린뷰티(주) [회사코드 2015]

01 기준정보입력

(1)

| 02004 (주)블랙화장품 | 0 212-81-59777 | 김검사 | 매입 ○ |

1. 사업자등록번호 212-81-59777
2. 주민등록번호
3. 대표자성명 김검사
4. 업 태 제조
5. 종 목 화장품

| 03004 노랑화장품(주) | 0 121-81-88239 | 정노랑 | 매출 ○ |

1. 사업자등록번호 121-81-88239
2. 주민등록번호
3. 대표자성명 정노랑
4. 업 태 도소매
5. 종 목 화장품

(2)

| 50 | 마케팅부 | 부서 | | 판관 | | 여 |
| 60 | 인사관리부 | 부서 | | 판관 | | 여 |

(3)

| 5 | ☐ | 상품 | 600 | | 헤어젤 | | 3호 |
| 6 | ☐ | | | | | | |

4. 규 격 군
단위명 / 재고환산단위
5. 입고(생산)단위 EA / 1 EA
6. 판매(출고)단위 EA / 1 EA
7. 자재투입단위 EA / 1 EA
8. 재 고 단 위 EA

(4)

고정자산계정과목 212 비품 | 자산구분 0.전체 | 상각방법구분 0.전체

	코드	자산	취득일	방법
1	000100	컴퓨터	2023-10-01	정액법
2	007005	사무용가구	2024-12-20	정액법
3				

주요등록사항 / 추가등록사항 / 자산변동사항

1. 기 초 가 액
2. 전기말상각누계액 0
3. 전기말장부가액 0
4. 신규취득및증가 1,500,000
5. 부분매각및폐기 0
6. 성실기초가액
7. 성실상각누계액
8. 상각기초가액 1,500,000
9. 상 각 방 법 1 정액법
10. 내용연수(상각률) 6 0.166
11. 내용연수월수 미경과 1

15. 전기말부인누계
16. 전기말자본지출계
17. 자본지출즉시상각
18. 전기말의제누계
19. 당기상각범위액 20,750
20. 회사계상상각비 20,750
  사용자수정
21. 특 별 상 각 률
22. 특 별 상 각 비 0
23. 당기말상각누계액 20,750
24. 당기말장부가액 1,479,250

1. 취 득 수 량 1
2. 경 비 구 분 0 800번대

4. 최저한세부인액
5. 당기의제상각액

02 전표입력

(1)

[일반전표입력] 12월 5일

구분	코드	계정과목	코드	거래처	적요	차변	대변
차변	962	임차보증금	00107	(주)미래건설		5,000,000	
차변	819	임차료				200,000	
대변	102	당좌예금	98004	신한은행(당좌)			5,200,000

[일반전표입력] 12월 8일, [자금관리 F3] 지급어음 관리내역 입력

(2)

구분	코드	계정과목	코드	거래처	적요	차변	대변
차변	251	외상매입금	01001	(주)드림화장품		3,000,000	
대변	252	지급어음	01001	(주)드림화장품	나다66558877-발행-[만기일자		3,000,000

삭제(F5)

● 지급어음 관리

어음상태	2 발행	어음번호	나다66558877	어음종류	1 어음	발 행 일	2024-12-08
만 기 일	2025-03-06	지급은행	98004	신한은행(당좌)		지 점	

[일반전표입력] 12월 11일

(3)

구분	코드	계정과목	코드	거래처	적요	차변	대변
차변	811	복리후생비				300,000	
차변	817	세금과공과				70,000	
대변	101	현금					370,000

[입고입력] 12월 13일 : 입고입력(지급구분 : 혼합) → 전표추가 → 전송

[매입매출전표] 12월 13일 : [1.전자입력], 보통예금 거래처를 국민은행(보통)으로 수정

(4)

[출고입력] 12월 15일 : 출고입력(수금구분 : 혼합) → 전표추가 → 전송

[매입매출전표] 12월 15일 : [1.전자입력]

(5)

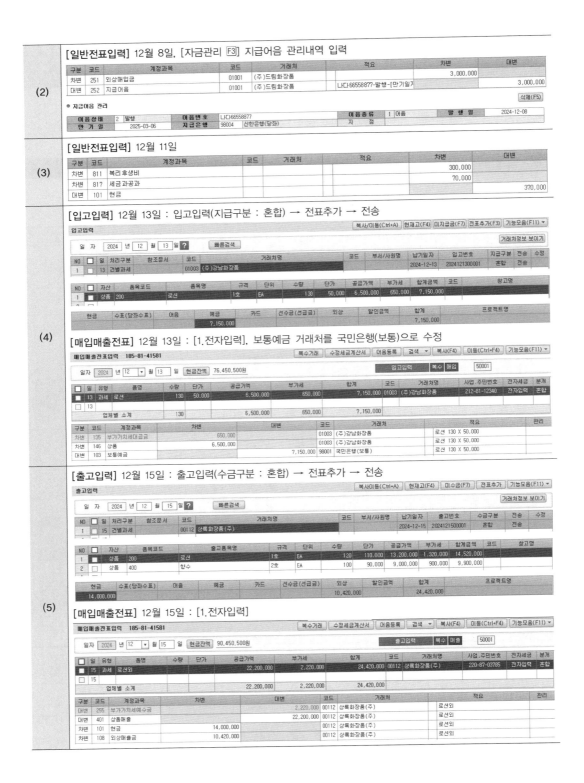

(6) [거래처등록] 카드

		코드	카드(사)명	카드(가맹점)번호	구분	사용
1	☐	99600	삼성카드	1111-8567-8523-32%	매입	○
2	☐	99601	비씨카드	1234-5678-1234-56%	매입	○
3	☐	99602	신한카드	5254-6652-5454-22%	매입	○
4	☐	99603	현대카드	1218-9696-8523-17%	매입	○
5	☑	99604	국민카드	1234-1234-1234-12%	매입	○

1. 카 드 번 호　1234-1234-1234-1234　　2. 카드구분　2　회사사업용
3. 결 제 일　　　　　일
4. 카드소유담당　　　　?
5. 결 제 계 좌　98001　?　국민은행(보통)　312-02-345678
6. 사 용 한 도

[일반전표입력] 12월 17일

구분	코드	계정과목	코드	거래처	적요	차변	대변
차변	811	복리후생비				500,000	
대변	253	미지급금	99604	국민카드			500,000

(7) [일반전표입력] 12월 20일

구분	코드	계정과목	코드	거래처	적요	차변	대변
차변	212	비품				1,500,000	
대변	103	보통예금	98001	국민은행(보통)			1,500,000

(8) [일반전표입력] 12월 24일

구분	코드	계정과목	코드	거래처	적요	차변	대변
차변	254	예수금				500,000	
대변	101	현금					500,000

(9) [일반전표입력] 12월 30일

구분	코드	계정과목	코드	거래처	적요	차변	대변
차변	101	현금				10,000,000	
대변	259	선수금	00500	백두화장품(주)			10,000,000

03 결산

(1) [일반전표입력] 12월 31일

구분	코드	계정과목	코드	거래처	적요	차변	대변
차변	101	현금				25,000	
대변	930	잡이익					25,000

(2) [합계잔액시산표] 소모품비(비용) 1,400,000원 중 미사용액 400,000원을 자산(소모품)으로 대체
[일반전표입력] 12월 31일

구분	코드	계정과목	코드	거래처	적요	차변	대변
차변	172	소모품				400,000	
대변	830	소모품비					400,000

(3) [합계잔액시산표] 매출채권과 대손충당금 잔액 확인하여 1% 보충설정액 계산
- 외상매출금의 대손충당금 보충설정액 : (302,580,000원 × 1%) − 1,000,000원 = 2,025,800원
- 받을어음의 대손충당금 보충설정액 : (125,250,000원 × 1%) − 150,000원 = 1,102,500원

[결산자료입력] 대손상각 매출채권의 보충설정액 입력

5). 대손상각			3,128,300	3,128,300
외상매출금			2,025,800	
받을어음			1,102,500	

(4) [원가경비별감가상각명세서] 자산별 당기상각비 확인

유형자산　무형자산　유형자산총괄　무형자산총괄

경비구분 0.전체 ▼　자산구분 [1.전체표시] ▼

	경비구분	계정	기초가액	당기증감	기말잔액	전기말상각누…	상각대상금액	당기상각비	당기말상각누…
1	800 번대	건물	48,000,000		48,000,000	5,000,000	48,000,000	2,400,000	7,400,000
2	800 번대	차량운반구	16,500,000		16,500,000	3,400,000	13,100,000	2,384,200	5,784,200
3	800 번대	비품	2,500,000	1,500,000	4,000,000	400,000	4,000,000	435,750	835,750

[결산자료입력] 감가상각비 자산별로 입력

4). 감가상각비			5,219,950	5,219,950
건물			2,400,000	
차량운반구			2,384,200	
비품			435,750	

PART 3

<table>
<tr><td rowspan="2">(5)</td><td colspan="2">[재고자산수불부] 1월 ~ 12월, 일괄마감
[재고자산명세서] 12월 조회, 기말상품재고액 54,870,000원 확인
[결산자료입력] 기말상품재고액란에 54,870,000원 입력</td></tr>
</table>

2. 매출원가			279,177,250
상품매출원가		279,177,250	279,177,250
(1). 기초 상품 재고액		77,416,250	
(2). 당기 상품 매입액		256,631,000	
(10).기말 상품 재고액		54,870,000	

[결산자료입력] 입력하고 전표추가(F3) → **[일반전표입력]** 12월 31일 전표 생성 확인

(3)~(5)	결차	451	상품매출원가	01	상품매출원가 대체	279,177,250	
	결대	146	상품	04	상품매출원가 대체		279,177,250
	결차	818	감가상각비	01	당기말 감가상각비계상	5,219,950	
	결대	203	감가상각누계액	04	당기감가출당금 설정		2,400,000
	결대	209	감가상각누계액	04	당기감가출당금 설정		2,384,200
	결대	213	감가상각누계액	04	당기감가출당금 설정		435,750
	결차	835	대손상각비	01	외상매출금의 대손	3,128,300	
	결대	109	대손충당금	04	대손충당금 설정		2,025,800
	결대	111	대손충당금	04	대손충당금 설정		1,102,500

※ 결산재무제표 마감순서는 모의고사 1회, 2회 정답및해설 편을 참고바랍니다.

04 장부조회

(1)	42000000	(2)	44082000
(3)	4036000	(4)	114
(5)	9	(6)	279177250
(7)	495060000		

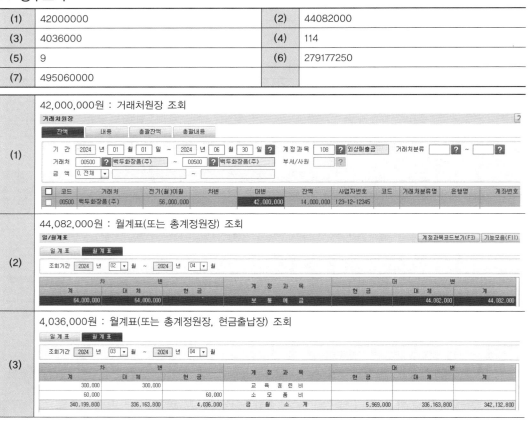

(1) 42,000,000원 : 거래처원장 조회

(2) 44,082,000원 : 월계표(또는 총계정원장) 조회

(3) 4,036,000원 : 월계표(또는 총계정원장, 현금출납장) 조회

(4) 114개 : 품목별 판매현황(또는 재고자산수불부) 조회

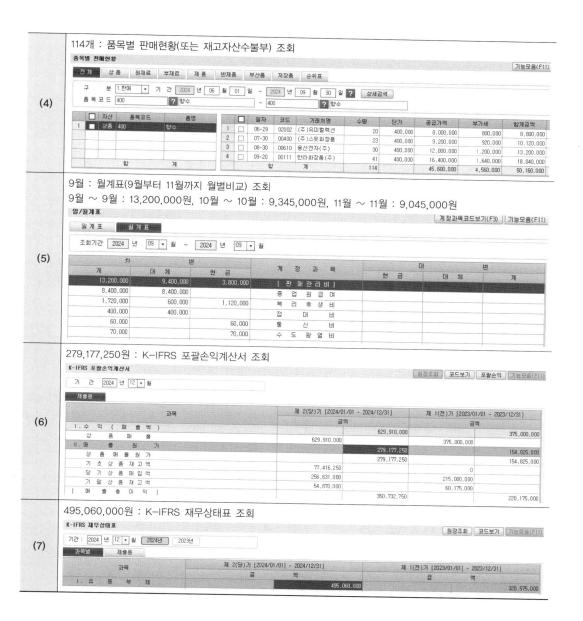

품목별 판매현황

전체 상품 원재료 부재료 제품 반제품 부산품 저장품 순위표

구 분 1.판매 ▼ 기 간 2024 년 06 월 01 일 ~ 2024 년 09 월 30 일 ? 상세검색
품목코드 400 ? 향수 ~ 400 ? 향수

	자산	품목코드	품명
1	상품	400	향수
	합	계	

	일자	코드	거래처명	수량	단가	공급가액	부가세	합계금액
1	06-29	02002	(주)유미컬렉션	20	400,000	8,000,000	800,000	8,800,000
2	07-30	00400	(주)스윗화장품	23	400,000	9,200,000	920,000	10,120,000
3	08-30	00610	용산전자(주)	30	400,000	12,000,000	1,200,000	13,200,000
4	09-20	00111	한라화장품(주)	41	400,000	16,400,000	1,640,000	18,040,000
	합	계		114		45,600,000	4,560,000	50,160,000

(5) 9월 : 월계표(9월부터 11월까지 월별비교) 조회

9월 ~ 9월 : 13,200,000원, 10월 ~ 10월 : 9,345,000원, 11월 ~ 11월 : 9,045,000원

일/월계표

일계표 월계표

계정과목코드보기(F3) 기능모음(F11)

조회기간 2024 년 09 ▼ 월 ~ 2024 년 09 ▼ 월

	차 변			계 정 과 목	대 변		
계	대 체	현 금			현 금	대 체	계
13,200,000	9,400,000	3,800,000	[판 매 관 리 비]				
8,400,000	8,400,000		종 업 원 급 여				
1,720,000	600,000	1,120,000	복 리 후 생 비				
400,000	400,000		접 대 비				
60,000		60,000	통 신 비				
70,000		70,000	수 도 광 열 비				

(6) 279,177,250원 : K-IFRS 포괄손익계산서 조회

K-IFRS 포괄손익계산서

원장조회 코드보기 포괄손익 기능모음(F11)

기 간 2024 년 12 ▼ 월

제출용

과목	제 2(당)기 [2024/01/01 ~ 2024/12/31]		제 1(전)기 [2023/01/01 ~ 2023/12/31]	
	금액		금액	
I. 수 익 (매 출 액)		629,910,000		375,000,000
상 품 매 출	629,910,000		375,000,000	
II. 매 출 원 가		279,177,250		154,625,000
상 품 매 출 원 가		279,177,250		154,625,000
기 초 상 품 재 고 액	77,416,250		0	
당 기 상 품 매 입 액	256,631,000		215,000,000	
기 말 상 품 재 고 액	54,870,000		60,175,000	
[매 출 총 이 익]		350,732,750		220,175,000

(7) 495,060,000원 : K-IFRS 재무상태표 조회

K-IFRS 재무상태표

원장조회 코드보기 기능모음(F11)

기간 : 2024 년 12 ▼ 월 2024년 2023년

과목별 제출용

과목	제 2(당)기 [2024/01/01 ~ 2024/12/31]		제 1(전)기 [2023/01/01 ~ 2023/12/31]	
	금 액		금 액	
I. 유 동 부 채		495,060,000		320,575,000

PART 3

무료 동영상 강의를 제공하는 전산회계운용사 3급 실기

개정1판1쇄 발행	2024년 3월 5일(인쇄 2024년 2월 16일)
발 행 인	박영일
책 임 편 집	이해욱
편 저	박명희
편 집 진 행	김은영, 백한강, 김홍석
표지디자인	조혜령
편집디자인	장하늬, 장성복
발 행 처	(주)시대고시기획
출 판 등 록	제10-1521호
주 소	서울시 마포구 큰우물로 75 [도화동 538 성지 B/D] 9F
전 화	1600-3600
팩 스	02-701-8823
홈 페 이 지	www.sdedu.co.kr

I S B N	979-11-383-6818-6 (13320)
정 가	18,000원

SD에듀와 함께하는
합격의 STEP

Step. 1 회계를 처음 접하는 당신을 위한 도서

★☆☆☆☆
회계 입문자

최신 기출복원문제가 수록된
**hoa 전산회계운용사
3급 필기**

무료 동영상으로 학습하는
**hoa 전산회계운용사
3급 실기**

핵심이론+기출문제 8회
**hoa 회계관리 2급
한권으로 끝내기**

자격증, 취업, 실무를 위한
기초 회계 입문서
왕초보 회계원리

Step. 2 회계의 기초를 이해한 당신을 위한 도서

★★☆☆☆
회계 초급자

최신 기출복원문제가 수록된
**hoa 전산회계운용사
2급 필기**

실기이론+모의고사
**hoa 전산회계운용사
2급 실기**

합격의 핵심이 수록된
**전산회계 1급
한권으로 끝내기**

무료 동영상으로 학습하는
**[기출이 답이다]
전산회계 1급**